P9-AOL-653

NOUVEAUX CLASSIQUES LAROUSSE

Collection fondée en 1933 par
FÉLIX GUIRAND

continuée par
LÉON LEJEALLE (1949 à 1968) et **JEAN-POL CAPUT (1969 à 1972)**
Agrégés des Lettres

RUY BLAS

drame

Librairie Larousse (Canada) limitée, propriétaire pour le Canada des droits d'auteur et des marques de commerce Larousse. – Distributeur exclusif au Canada : les Éditions Françaises Inc., licencié quant aux droits d'auteur et usager inscrit des marques pour le Canada.

« RUY BLAS » À LA COMÉDIE-FRANÇAISE (1960)
La Reine et Ruy Blas.

VICTOR HUGO

RUY BLAS

drame

avec une Notice biographique, une Notice historique et littéraire,
des Notes explicatives, une Documentation thématique, des Jugements,
un Questionnaire et des Sujets de devoirs,

par

GÉRARD SABLAYROLLES
Agrégé des Lettres

LIBRAIRIE LAROUSSE

17, rue du Montparnasse, et boulevard Raspail, 114
Succursale : 58, rue des Écoles (Sorbonne)

RÉSUMÉ CHRONOLOGIQUE
DE LA VIE DE VICTOR HUGO
1802-1885

1802 — Naissance de Victor Hugo, le 26 février, à Besançon; fils de Joseph-Léopold-Sigisbert Hugo, capitaine sorti du rang, républicain, et de Sophie Trébuchet, fervente catholique. En 1798 était né Abel et en 1800 Eugène, frères de Victor Hugo.

1803 — Son père est muté en Corse, puis va en garnison à l'île d'Elbe.

1804 — Victor Hugo vit avec sa mère à Paris, rue de Clichy, où il habitera durant quatre années.

1807 — Son père, promu colonel, est nommé près de Naples; Sophie Hugo l'y rejoint avec ses enfants.

1808 — Tandis que le colonel Hugo part pour l'Espagne, l'enfant rentre à Paris avec sa mère. Ils s'installent aux **Feuillantines**, dont Hugo conservera un souvenir poétique.

1811-1812 — Sa mère ayant rejoint son mari à **Madrid**, le jeune Hugo passe quelque temps dans un collège espagnol. A la séparation de ses parents, il revient à Paris, aux Feuillantines.

1814 — Sa mère s'installe, avec ses enfants, rue des Vieilles-Thuilleries. Un jugement sanctionnant la séparation de ses parents enlève à Sophie Hugo la garde d'Eugène et de Victor; celui-ci sera mis à la pension Cordier jusqu'en 1818. (Il suivra les cours du lycée Louis-le-Grand de 1816 à 1818.)

1817-1819 — Il obtient un certain succès dans deux concours proposés par l'Académie française (mention), au concours général (accessit en physique) et reçoit deux récompenses de l'Académie de Toulouse. Entre-temps, il était retourné chez sa mère, rue des Petits-Augustins. Il fonde *le Conservateur littéraire*, bimensuel auquel collaborent Vigny et Emile Deschamps, et qui disparaîtra deux ans plus tard, à la suite de difficultés financières. Il écrit une première version de *Bug-Jargal*.

1820 — Il reçoit une gratification de Louis XVIII pour une *Ode sur la mort du duc de Berry* et un prix de l'académie des jeux Floraux. Il est présenté à Chateaubriand.

1821 — Mort de sa mère (27 juin).

***

1822 — La publication d'*Odes et Poésies diverses* lui fait obtenir une pension royale de 2 000 francs. Il se marie le 12 octobre, à Saint-Sulpice, avec **Adèle Foucher**.

1823 — *Han d'Islande*, roman, lui rapporte ses premiers droits d'auteur. — Son premier enfant, Léopold, meurt à deux mois et demi (octobre). — Il crée *la Muse française* (revue).

© *Librairie Larousse*, 1971.   ISBN 2-03-034448-6

1824 — Le 28 août naît Léopoldine. Il publie de *Nouvelles Odes* et fréquente le Cénacle de Ch. Nodier, bibliothécaire de l'Arsenal.

1825 — Charles X lui confère la Légion d'honneur.

1826 — Naissance de Charles, fils du poète (9 novembre). — Publication des **Odes et Ballades.** Deuxième version de *Bug-Jargal.*

1827 — A la suite d'un article du *Globe* sur ses *Odes et Ballades,* Hugo lie connaissance avec Sainte-Beuve, s'installe rue Notre-Dame-des-Champs, où se réunit le nouveau Cénacle. Parution en librairie du drame de *Cromwell,* précédé d'une longue **Préface.**

1828 — Son père meurt (29 janvier). Naissance de son fils François-Victor (21 octobre).

1829 — Le Cénacle accueille de nouveaux membres, dont Musset, Mérimée, Vigny. Publication des **Orientales** et du *Dernier Jour d'un condamné,* roman. La pièce *Marion de Lorme* est interdite par la censure. Répétitions orageuses d'*Hernani* à la Comédie-Française.

⁎⁎*

1830 — Bataille, puis triomphe d'**Hernani,** dont la première représentation a eu lieu le 25 février. Hugo vit dans l'aisance et s'installe rue Jean-Goujon.

1831 — Publication de **Notre-Dame de Paris** et représentation de *Marion de Lorme* au théâtre de la Porte-Saint-Martin. En octobre, Victor Hugo s'installe au 6, place Royale (actuellement place des Vosges). En décembre paraissent **les Feuilles d'automne.**

1832 — Le gouvernement ayant interdit *Le roi s'amuse,* Hugo renonce à sa pension de 2 000 francs.

1833 — Il donne, au théâtre de la Porte-Saint-Martin, *Lucrèce Borgia* puis *Marie Tudor.* Son ménage étant désuni par les intrigues de Sainte-Beuve, il se lie avec **Juliette Drouet.** Cette liaison durera cinquante ans.

1834 — *Littérature et philosophie mêlées. Claude Gueux.*

1835 — Après la publication des **Chants du crépuscule,** Hugo présente, sans succès, sa candidature à l'Académie française. — *Angelo,* drame.

1837 — Il publie **les Voix intérieures.**

1838 — Hugo inaugure le théâtre de la Renaissance avec **Ruy Blas,** qui obtient un franc succès (50 représentations). Il prend l'habitude de noter des « choses vues ».

1839 — Intervention auprès de Louis-Philippe en faveur de Barbès, condamné à mort. — Au cours d'un séjour de vacances à Villequier, Léopoldine Hugo s'éprend de Charles Vacquerie. — Victor Hugo fait, en compagnie de Juliette Drouet, un voyage en Alsace, en Rhénanie, en Suisse et dans le Midi.

1840 — Après un nouvel échec à l'Académie, Hugo publie **les Rayons et les Ombres.** — Il fait, d'août à octobre, un nouveau voyage sur les bords du Rhin et dans la vallée du Neckar. Il publie, en décembre, *le Retour de l'Empereur,* commémorant ainsi le retour des cendres de Napoléon 1ᵉʳ.

1841 — Soutenu notamment par Thiers et Guizot, Victor Hugo est **élu à l'Académie française;** il fréquente, dès lors, assidûment chez le duc d'Orléans.

1842-1843 — Hugo mène une vie mondaine, publie *le Rhin,* et, devant l'échec des *Burgraves* (mars 1843), décide de renoncer au théâtre. — A peine mariés depuis sept mois, **Léopoldine et Charles Vacquerie se noient,** le 4 septembre 1843, à **Villequier.** Hugo apprend la nouvelle sur le chemin qui le ramenait d'Espagne, où il était en voyage, depuis juillet, avec Juliette Drouet. Son désespoir est immense.

1844-1848 — Hugo cherche un dérivatif dans le monde. Il fréquente le château de Neuilly, résidence de Louis-Philippe, et rêve peut-être d'être le conseiller du roi. Il est créé **pair de France** et voit son titre de vicomte authentifié par le roi (1845).

1848-1849 — Après une belle fidélité à Louis-Philippe, Hugo se rallie à la République; cependant, le 24 février 1848, il avait tenté de faire proclamer la régence de la duchesse d'Orléans; élu à l'Assemblée constituante, il fait de vains efforts en faveur d'un apaisement, lors des journées de Juin. Puis il soutient, dans *l'Evénement,* journal qu'il a contribué à fonder, la candidature de Louis-Napoléon Bonaparte, par réaction contre Cavaignac. Après son élection à l'Assemblée législative, ses relations avec Louis-Napoléon Bonaparte s'altèrent, en même temps qu'il se brouille avec la droite.

***

1851 — Son opposition au prince-président, puis sa vaine résistance contre le coup d'Etat du 2-Décembre l'obligent à **fuir à Bruxelles** (11 décembre), en même temps que ses collaborateurs de *l'Evénement* sont détenus à la Conciergerie.

1852 — Juliette Drouet, puis son fils Charles le rejoignent en Belgique; il publie (5 août) son pamphlet *Napoléon le Petit.* Il s'installe à Jersey, à Marine-Terrace.

1853 — *Les Châtiments,* imprimés à Bruxelles, pénètrent en France clandestinement. V. Hugo compose de *Petites Epopées* (premier titre sous lequel il pense publier la future *Légende des siècles*). Il écrit notamment la *Vision de Dante, Au lion d'Androclès,* travaille à *la Fin de Satan* et jette les bases de *Dieu* (œuvres qui paraîtront après sa mort).

1856 — Expulsé de Jersey, il s'établit à Guernesey, à Hauteville House. — *Les Contemplations* (avril) sont un succès.

1859 — Malgré un décret d'amnistie, Hugo refuse de rentrer en France. Première série de *la Légende des siècles* (26 septembre).

1861 — Au cours d'un voyage en Belgique, il visite le champ de bataille de Waterloo.

1862 — *Les Misérables.* — Voyage sur le Rhin et retour par Bruxelles.

1863-1864 — *Victor Hugo raconté par un témoin de sa vie,* œuvre de sa femme, paraît peu avant *William Shakespeare.*

1865-1869 — Publication des **Chansons des rues et des bois** (1865) et des **Travailleurs de la mer** (1866). Mort de M** Hugo à Bruxelles, le 27 août 1867. Hugo publie *L'homme qui rit* (1869).

***

1870 — Inquiet des échecs français, Hugo revient dès le 5 septembre à Paris, où, en simple citoyen, il subit le siège. Sa popularité est immense : après dix-neuf ans d'exil, il apparaît comme le symbole de la fidélité à l'idéal démocratique.

1871 — Élu à l'Assemblée nationale, Hugo revient à Paris pour assister aux obsèques de son fils Charles (mars), alors que commencent les premiers troubles de la Commune. S'il n'approuve pas ce mouvement révolutionnaire, il condamne énergiquement la répression qui suit son échec.

1872-1873 — Son intervention en faveur des communards le rend suspect. Il démissionne de son mandat de député. Publication de *l'Année terrible* (avril 1872); devant la politique réactionnaire du gouvernement français, V. Hugo repart pour Guernesey, où il séjourne; il y compose le poème *Ecrit en exil.* — François-Victor meurt à la fin de 1873.

1874-1876 — Il publie **Quatrevingt-treize,** s'installe à Paris, rue de Clichy, et est élu sénateur. Aux funérailles d'Edgar Quinet, il prononce un discours qui provoque des réactions hostiles de la part de la presse catholique. — Publication des trois volumes d'*Actes et paroles.*

1877 — Publication de *la Légende des siècles* (2ᵉ série) en février, de *l'Art d'être grand-père* (mai), et de l'*Histoire d'un crime* (octobre).

1878-1880 — La santé de l'écrivain s'altère, et il n'écrira plus d'œuvre nouvelle jusqu'à sa mort, se contentant de publier des ouvrages créés antérieurement : *le Pape* (1878), *la Pitié suprême* (1879), *Religions et religion,* et *l'Ane* (1880). Il séjourne à Guernesey pendant l'été et une partie de l'automne.

1881 — Le 27 février, à l'occasion de son anniversaire, 600 000 personnes défilent devant son domicile, avenue d'Eylau — qui, peu après, devient avenue Victor-Hugo —, et Jules Ferry apporte l'hommage du gouvernement. — Publication des *Quatre Vents de l'esprit.*

1882 — *Torquemada,* grand drame en vers.

1883 — Dernière série de *la Légende des siècles.* **Mort de Juliette Drouet** (11 mai).

1885 — Victor Hugo **meurt** le 22 mai, d'une crise cardiaque, à Paris. Après des funérailles nationales, les cendres du poète sont déposées dans la crypte du Panthéon (1ᵉʳ juin).

ŒUVRES POSTHUMES : *la Fin de Satan; le Théâtre en liberté* (1886). *Choses vues* (1887-1900). *Toute la lyre* (1888-1899). *Alpes et Pyrénées* (1890). *Dieu* (1891). *France et Belgique* (1892). *Correspondance* (1896). *Les Années funestes; Amy Robsart; les Jumeaux* (1898). *Lettres à la fiancée; Post-scriptum de ma vie* (1901). *Dernière Gerbe* (1902). *Océan. Tas de pierres* (1942).

V. Hugo avait trente-quatre ans de moins que Chateaubriand, dix-neuf de moins que Stendhal et Nodier, douze de moins que Lamartine, cinq de moins que Vigny, quatre de moins que Michelet, trois de moins que Balzac. Il avait un an de plus que Dumas père et Mérimée, deux de plus que George Sand et Sainte-Beuve, huit de plus que Musset, neuf de plus que Gautier, seize de plus que Leconte de Lisle.

VICTOR HUGO ET SON TEMPS JUSQU'EN 1843

	vie et œuvre de Victor Hugo	le mouvement intellectuel et artistique	les événements politiques
1802	Naissance de Victor Hugo à Besançon (26 février).	Chateaubriand : Génie du christianisme, René. Goethe : Iphigénie.	Vote de la Constitution de l'an X. Bonaparte, consul à vie.
1819	Victor Hugo fonde le Conservateur littéraire ; Bug-Jargal (1re version).	Publication des Œuvres d'A. Chénier. W. Scott : Ivanhoe. Géricault : le Radeau de la Méduse.	Ministère Decazes : mesures libérales. Lois de Serre favorables à la liberté de la presse.
1822	Mariage avec Adèle Foucher. Publication des Odes et Poésies diverses.	Delacroix : la Barque de Dante. Beethoven : Messe en « ré ». Champollion déchiffre les hiéroglyphes.	Congrès de Vérone, Chateaubriand étant ministre des Affaires étrangères.
1823	Han d'Islande. Création de la Muse française.	Stendhal : Racine et Shakespeare. Vigny : Poèmes. Lamartine : Nouvelles Méditations ; la Mort de Socrate.	Prise du Trocadéro à Cadix (août) par les Français. Déclaration de Monroe. Fin de la charbonnerie.
1824	Nouvelles Odes. Naissance de Léopoldine.	Mort de Byron. Delacroix : les Massacres de Chio.	Fin de la résistance espagnole en Amérique du Sud. Mort de Louis XVIII, à qui succède Charles X.
1826	Bug-Jargal (2e version). Odes et Ballades.	Vigny : Poèmes antiques et modernes.	Sièges de Missolonghi et d'Athènes par les Turcs.
1827	Cromwell et sa Préface.	F. Cooper : la Prairie. Ingres : Apothéose d'Homère. Mort de Beethoven.	Bataille de Navarin.
1829	Les Orientales. Le Dernier Jour d'un condamné. Marion de Lorme.	Vigny : Othello. Balzac : les Chouans. Fondation de la Revue des Deux Mondes.	Démission de Martignac, remplacé par Polignac. Fin de la guerre russoturque par le traité d'Andrinople.
1830	Hernani (25 février).	Musset : Contes d'Espagne et d'Italie. Th. Gautier : Poésies. Lamartine : Harmonies. Delacroix : la Barricade.	Prise d'Alger. Révolution de Juillet. Mouvements révolutionnaires en Europe.
1831	Notre-Dame de Paris. Les Feuilles d'automne.	Balzac : la Peau de chagrin. Stendhal : le Rouge et le Noir. H. Heine : Poésies.	Troubles à Lyon. Soulèvements en Italie. Écrasement de la révolution polonaise.

1832	Le roi s'amuse (interdit).	Musset : Spectacle dans un fauteuil. Vigny : Stello. Silvio Pellico : Mes prisons. Mort de Goethe, W. Scott, Cuvier.	Méhémet Ali vainqueur à Konieh. Manifestations pour l'unité allemande à Hambach. Encyclique Mirari vos contre le catholicisme libéral.
1833	Lucrèce Borgia. Marie Tudor. Liaison avec Juliette Drouet.	G. Sand : Lélia. Balzac : Eugénie Grandet. Goethe : le Second Faust. Rude : la Marseillaise.	Loi Guizot sur l'enseignement primaire. Création de la Société des droits de l'homme.
1834	Littérature et philosophie mêlées. Claude Gueux.	Sainte-Beuve : Volupté. Balzac : le Père Goriot. La Mennais condamné à Rome après les Paroles d'un croyant. Musset : Lorenzaccio. Mort de Coleridge.	Insurrections d'avril (Lyon et Paris). Quadruple-Alliance (Espagne, Portugal, Grande-Bretagne, France).
1835	Les Chants du crépuscule. Angelo.	Vigny : Chatterton. Musset : les Nuits de mai et de décembre. Conférences de Lacordaire. Gogol : Tarass Boulba.	Attentat de Fieschi (juillet). Lois répressives (septembre), concernant notamment la presse.
1837	Les Voix intérieures.	Musset : Un caprice; la Nuit d'octobre. Dickens : Oliver Twist. Rude : groupe du Départ des volontaires (Arc de triomphe).	Traité de la Tafna : cession à Abd el-Kader des provinces d'Oran et d'Alger. Conquête de Constantine.
1838	Ruy Blas.	Lamartine : la Chute d'un ange. E. A. Poe : Arthur Gordon Pym.	Coalition contre Molé. Mort de Talleyrand.
1840	Les Rayons et les Ombres.	Sainte-Beuve : Port-Royal. G. Sand : le Compagnon du tour de France. P. J. Proudhon : Qu'est-ce que la propriété?	Retour des cendres de Napoléon Ier. Traité de Londres. Démission de Thiers. Ministère Guizot.
1842	Le Rhin.	Aloysius Bertrand : Gaspard de la nuit. E. Sue : les Mystères de Paris.	Ministère Guizot (formé depuis 1840). Protectorat français à Tahiti.
1843	Les Burgraves. Mort de Léopoldine.	Lamartine : Graziella. Nerval : Voyage en Orient. R. Wagner : le Vaisseau fantôme.	Querelle scolaire.

VICTOR HUGO ET SON TEMPS DE 1843 A SA MORT

	vie et œuvre de Victor Hugo	le mouvement intellectuel et artistique	les événements politiques
1848	Élection à l'Assemblée constituante.	Dumas fils : *la Dame aux camélias* (roman). Mort de Chateaubriand. Publication des *Mémoires d'outre-tombe*.	Révolution de février. Mouvements libéraux et nationaux en Italie et en Allemagne.
1852	*Napoléon le Petit.* Début de l'exil. Installation à Marine-Terrace, à Jersey.	Th. Gautier : *Emaux et Camées.* Leconte de Lisle : *Poèmes antiques.* Dumas fils : *la Dame aux camélias* (drame).	Napoléon III, empereur héréditaire. Cavour, en Savoie-Piémont, est appelé au ministère.
1853	*Les Châtiments.*	Nerval : *Petits Châteaux de Bohême.* H. Taine : *La Fontaine et ses fables.*	Haussmann, préfet de la Seine. Début de la guerre russo-turque (guerre de Crimée).
1856	*Les Contemplations.* Installation à Hauteville House, à Guernesey; expériences de spiritisme.	Flaubert : *Madame Bovary.* Lamartine : *Cours familier de littérature.* Mort de Schumann.	Congrès et traité de Paris. Expédition de Busson et Speke aux grands lacs africains.
1859	*La Légende des siècles* (1re série). Refus de l'amnistie.	Baudelaire : *Salon de 1859.* Mistral : *Mireille.* Darwin : *De l'origine des espèces.* Wagner : *Tristan et Isolde.*	Amnistie accordée par Napoléon III aux condamnés politiques. Percement de l'isthme de Suez.
1862	*Les Misérables.*	Flaubert : *Salammbô.* Baudelaire : 21 *Petits Poèmes en prose.* Leconte de Lisle : *Poèmes barbares.*	Campagne du Mexique. Tentative de Garibaldi contre Rome. Bismarck, Premier ministre.
1864	*William Shakespeare.*	Vigny : *les Destinées* (posthumes). Fustel de Coulanges : *la Cité antique.* Meilhac et Halévy : *la Belle Hélène* (musique d'Offenbach).	Guerre austro-prussienne contre le Danemark. Fondation de l'internationale. Création du comité des Forges.
1865	*Chansons des rues et des bois.*	Cl. Bernard : *Introduction à la médecine expérimentale.* K. Marx : *le Capital.* Lois de Mendel.	Abolition de l'esclavage aux Etats-Unis. Union télégraphique internationale.
1866	*Les Travailleurs de la mer.*	Verlaine : *Poèmes saturniens.* Premier *Parnasse contemporain.* Dostoïevski : *Crime et Châtiment.*	L'Autriche est battue, à Sadowa, par la Prusse, alliée à l'Italie.
1869	*L'homme qui rit.*	Verlaine : *Fêtes galantes.* Flaubert : *l'Éducation sentimentale.*	Inauguration du canal de Suez. Congrès socialiste de Bâle.

	Élu député de Paris après son retour d'exil	Deuxième Parnasse contemporain	Soulèvement parisien de la Commune. Traité de Francfort.
1871	Élu député de Paris après son retour d'exil.	Deuxième Parnasse contemporain.	Soulèvement parisien de la Commune. Traité de Francfort.
1872	L'Année terrible. Mort de François-Victor Hugo.	Jules Verne : le Tour du monde en quatre-vingts jours. Bizet : l'Arlésienne. Daumier : la Monarchie.	Début du Kulturkampf.
1874	Quatrevingt-treize.	Flaubert : la Tentation de saint Antoine. Exposition des impressionnistes.	Septennat militaire en Allemagne. Les Anglais aux îles Fidji.
1876	Actes et Paroles. Élu sénateur.	Mallarmé : l'Après-midi d'un faune. Renoir : le Moulin de la Galette.	Mac-Mahon président (depuis 1873). Stanley au Congo.
1877	La Légende des siècles (2ᵉ série). L'Art d'être grand-père. Histoire d'un crime.	Flaubert : Trois Contes. E. Zola : l'Assommoir. R. Wagner : Parsifal.	Crise du 16 mai : Mac-Mahon renvoie le ministre Jules Simon.
1878	Le Pape.	Mort de Claude Bernard. Engels : l'Anti-Dühring.	Congrès de Berlin sur la question des Balkans.
1880	Religions et religion. L'Âne.	Recueil des Soirées de Médan. Mort de G. Flaubert. Maupassant : Boule-de-Suif. Dostoïevski : les Frères Karamazov.	Premier ministère Jules Ferry. Le 14 juillet devient fête nationale. Loi d'amnistie : retour des anciens communards.
1881	Les Quatre Vents de l'esprit. Le 27 février, immense défilé devant son domicile et hommage du gouvernement présenté par Jules Ferry.	Maupassant : la Maison Tellier. A. France : le Crime de Sylvestre Bonnard. Verlaine : Sagesse. Renoir : le Déjeuner des canotiers.	Loi sur la liberté de la presse. Élections législatives. Ministère Gambetta. Protectorat sur la Tunisie.
1882	Torquemada (drame).	Maupassant : Mademoiselle Fifi. Koch découvre le bacille de la tuberculose. Pasteur découvre la vaccination anticharbonneuse.	Loi organisant l'enseignement primaire : scolarisation obligatoire. Constitution de la Triple-Alliance (Allemagne-Autriche-Italie).
1883	La Légende des siècles (dernière série). Mort de Juliette Drouet.	Maupassant : Une vie. Renan : Souvenirs d'enfance et de jeunesse. Nietzsche : Ainsi parla Zarathoustra.	Ministère Jules Ferry. Guerre du Tonkin. Intervention française à Madagascar.
1885	22 mai : mort de Victor Hugo. 1ᵉʳ juin : funérailles nationales.	E. Zola : Germinal. Maupassant : Bel-Ami. A. France : le Livre de mon ami. Pasteur découvre la vaccination antirabique.	Évacuation de Lang Son. Chute de Jules Ferry. Élections générales : recul des républicains.

BIBLIOGRAPHIE SOMMAIRE

ÉTUDES GÉNÉRALES
SUR LA VIE ET L'ŒUVRE DE VICTOR HUGO

Paul Berret — *Victor Hugo* (Paris, Garnier, 1927).

André Bellessort — *Victor Hugo, essai sur son œuvre* (Paris, Perrin, 1929).

Pierre Audiat — *Ainsi vécut Victor Hugo* (Paris, Hachette, 1947).

Henri Guillemin — *Victor Hugo par lui-même* (Paris, Ed. du Seuil, 1951).

André Maurois — *Olympio ou la Vie de Victor Hugo* (Paris, Hachette, 1954).

Fernand Gregh — *Victor Hugo, sa vie, son œuvre* (Paris, Flammarion, 1954).

Pierre Moreau — *le Romantisme* (Paris, Del Duca, 1957).

RUY BLAS
1838

NOTICE

CE QUI SE PASSAIT EN 1838

■ *EN POLITIQUE. France et Angleterre :* Louis-Philippe, qui a tenté d'assurer son pouvoir personnel en remplaçant Thiers par Molé, essaie de rétablir l'entente cordiale avec l'Angleterre en envoyant le maréchal Soult au couronnement de la reine Victoria (28 juin). Mort de Talleyrand. Naissance du comte de Paris, fils aîné du duc d'Orléans. Une escadre française va imposer au Mexique le respect des droits de la France. *Allemagne :* L'empereur reçoit, à Milan, la couronne lombardo-vénitienne (1er septembre). *Espagne :* Guerre carliste. *Portugal :* Insurrection d'ouvriers et de gardes nationaux. Les Cortès achèvent la constitution. *Turquie :* Méhémet-Ali réclame l'hérédité pour le gouvernement de l'Égypte et de la Syrie, et prépare la guerre. *Brésil :* Révolte de Bahia, incendiée par les Noirs révoltés.

■ **DANS LES LETTRES. France :** Lamartine, la Chute d'un ange. Musset, l'Espoir en Dieu, Dupont et Durand, Frédéric et Bernerette, le Fils du Titien, Margot, Un souper chez Rachel. (Cette tragédienne a débuté le 13 juin, au Théâtre-Français, en jouant du Corneille.) Théophile Gautier, la Comédie de la mort. Hégésippe Moreau, le Myosotis. Balzac, la Maison Nucingen, les Employés, Mercadet. George Sand, la Dernière Aldini, les Maîtres mosaïstes. Stendhal, Mémoires d'un touriste. Alex. Dumas père, Paul Jones. Joubert, Pensées. Chateaubriand lit ses Mémoires d'outre-tombe chez Mme Récamier. Renan entre au séminaire. Michelet est nommé professeur d'histoire au Collège de France. Sainte-Beuve fait à Lausanne son cours sur Port-Royal. Vigny s'installe au Maine-Giraud. *Allemagne :* Lenau, Savonarola, poème dramatique. *Angleterre :* Wordsworth, Sonnets. Bulwer Lytton, la Dame de Lyon. Dickens, Nicolas Nickleby. *Pays-Bas :* Henri Conscience, le Lion de Flandre, grand roman historique et national. *Amérique :* Edgar Poe, les Aventures d'Arthur Gordon Pym, roman fantastique.

D' « HERNANI » À RUY BLAS

Le triomphe tumultueux d'Hernani avait enfin ouvert la carrière théâtrale aux poètes romantiques. La révolution de 1830 permit à Hugo de faire représenter Marion de Lorme, drame interdit par la censure de Charles X; Hugo résolut de quitter le Théâtre-Français pour le théâtre de la Porte-Saint-Martin, car il s'était senti peu soutenu par les acteurs et l'administration du Théâtre-Français.

C'était sur le Boulevard qu'on jouait la même année l'*Antony* d'Alexandre Dumas : le public, plus populaire, y était aussi plus accessible au drame romantique et à son pathétique violent. Après l'échec du *Roi s'amuse* et son interdiction par le gouvernement en 1832, Hugo fit représenter l'année suivante, sur la scène du Boulevard, *Lucrèce Borgia*, drame en prose; le succès fut très vif grâce à Mlle Georges et à Frédérick Lemaître. Hugo se rapprochait du mélodrame, qui était d'ailleurs la spécialité du Boulevard; on sent aussi chez lui le désir de rivaliser avec les pièces en prose de Dumas.

Cette carrière mouvementée de Hugo dramaturge, ces échecs et ces succès plus brillants que solides prouvent bien qu'en 1833 le drame romantique est encore à la recherche de son public. Les nouvelles classes sociales issues de la Révolution, haute et moyenne bourgeoisie, éléments plus populaires, jeunesse des écoles, se désintéressent de la tragédie traditionnelle, aristocratique et fanée. Mais si la jeunesse, nerveuse et imaginative, marquée par le mal du siècle, goûte dans le drame romantique la résurgence du baroque, la bourgeoisie de Louis-Philippe renonce bientôt aux récits héroïques et aux rêves d'aventures : elle va préférer dans quelques années le plat « bon sens » de Ponsard ou d'Émile Augier; elle réserve à l'opéra, dont la musique et le chant font oublier le livret, les grandes envolées lyriques et les émotions superficielles et agréables. Encore faut-il que cet opéra ne la choque pas dans ses goûts traditionnels; sous le second Empire, elle sifflera Wagner.

Hugo, très conscient de ces difficultés, cherche à faire de son théâtre une tribune morale pour le peuple. Dans *Le roi s'amuse*, il avait voulu montrer « la paternité sanctifiant la difformité physique », dans *Lucrèce Borgia*, « la maternité purifiant la difformité morale ». *Marie Tudor*, autre drame en prose, représenté la même année, en 1833, fut un échec retentissant. Dégoûté un instant du Boulevard, Hugo revint au Théâtre-Français avec *Angelo, tyran de Padoue*. Mlle Mars fut encore interprète de Hugo, face à Marie Dorval, échappée du Boulevard; ce choix était habile, parce qu'il réconciliait les admirateurs du théâtre traditionnel et la bohème, qui se faisait une idole de Marie Dorval. La pièce réussit. Après une tentative malheureuse d'opéra, *la Esmeralda*, Hugo ne revint au théâtre qu'en 1838 avec justement *Ruy Blas*. Le duc d'Orléans et Guizot avaient aidé Hugo à créer une nouvelle scène, baptisée le « théâtre de la Renaissance », vouée à « l'art moderne et à l'opéra-comique » (cette double mission prouve encore que l'art moderne ne suffisait pas à faire vivre un théâtre). Les fonds manquèrent, et, au lieu de construire un nouvel édifice près de la porte Saint-Denis, comme l'aurait souhaité Hugo, on se contenta de reprendre et de moderniser l'ancien théâtre Ventadour. *Ruy Blas* fut le « drame d'ouverture ». « Hugo écrivit la première scène le 4 juillet et la dernière le 11 août [...]. Le dernier acte fut écrit en un jour. » (Voir *Victor Hugo raconté par un témoin de sa vie.*)

Hugo voulut comme acteur principal Frédérick Lemaître. Comme le théâtre en réparation résonnait de coups de marteau, la lecture eut lieu dans l'appartement du poète, place des Vosges. « Frédérick, radieux aux trois premiers actes, inquiet au quatrième, sombre au cinquième, s'esquiva sans rien dire [...]. Le lendemain, l'auteur distribua les rôles; M. Frédérick Lemaître reçut le sien d'un air résigné, mais il y eut à peine jeté les yeux qu'il poussa un cri d'étonnement et de joie : « C'est donc Ruy Blas que je joue? » Il avait cru que c'était Don César. » Les répétitions se firent très mal : « En même temps que *Ruy Blas*, on répétait un opéra-comique. » Hugo a dû même lutter pour qu'on laisse au public populaire le parterre et les galeries : le directeur voulait un théâtre de riches. « Le soir même de la représentation, la salle n'était pas terminée; les portes des loges, posées précipitamment, grinçaient sur leurs gonds et ne fermaient pas; les calorifères ne chauffaient pas; le froid de novembre glaçait les spectateurs. » Le succès fut réel, mais disputé, comme pour toutes les pièces de Hugo; le quatrième acte ne plut pas. « Un détail à noter, c'est que le parterre et les stalles applaudirent moins que les loges [...]. *Ruy Blas* eut une cinquantaine de représentations. Les sifflets persistèrent jusqu'à la dernière, mais ils s'en tinrent toujours aux troisième et quatrième actes. » La note que nous donnons à la fin de la pièce (page 197) nous renseigne, par la plume de Hugo lui-même, sur ce que fut le jeu des acteurs.

La Préface de *Ruy Blas*, très importante pour la connaissance des intentions de Hugo dramaturge, insiste sur sa préoccupation essentielle de toujours : la recherche d'un public. Hugo essaie de faire de son drame une synthèse, où pourraient communier les éléments d'un public que Hugo voulait divers. Le public populaire s'intéresse à l'action; les penseurs, bourgeois cultivés, cherchent une philosophie, une morale, des caractères; quant aux femmes (dans la bourgeoisie du XIX°, la femme n'a guère reçu d'instruction; elle est essentiellement être de sentiment et d'instinct), elles veulent avant tout de la passion, de l'amour, du romanesque. Après *Lucrèce Borgia* et *Angelo*, où Hugo avait surtout visé un public de mélodrame, il écrit une pièce capable de plaire aussi bien au peuple qu'aux philosophes ou aux artistes. Il semble, en fait, que, lors des premières représentations, ses espoirs aient été déçus : le public populaire a boudé; le succès est venu des loges.

Une reprise, en 1841, à la Porte-Saint-Martin, avec Frédérick Lemaître, admirable créateur du rôle, ne rencontra plus de résistance. Enfin l'œuvre, devenue classique, s'installa, en 1872, à l'Odéon et, en 1879, à la Comédie-Française, où Sarah Bernhardt et Mounet-Sully montrèrent au vieux poète qu'il y avait encore pour le romantisme des interprètes dignes de leurs aînés. Les représentations du centenaire (1938), puis celles de 1954 au Théâtre national populaire ont prouvé que *Ruy Blas* était, avec *Hernani*, le drame le plus vivace de Victor Hugo.

LES SOURCES

D'où est venue à Hugo l'idée de *Ruy Blas*?

LES SOURCES LITTÉRAIRES. Le thème du valet revêtu des habits du maître, ou du valet déclassé, sort probablement des *Précieuses ridicules* et des *Confessions* de Rousseau. Vacquerie, un ami de Hugo, avait déclaré, d'après les propos de Hugo lui-même : « *Ruy Blas*, c'est *les Précieuses ridicules* après la Révolution. » *Ruy Blas* reprend en effet, mais d'un point de vue tragique, l'histoire des *Précieuses*. Supposez un moment Mascarille vraiment amoureux de Cathos; ôtez-lui son ridicule maniéré, ses prétentions littéraires, faites-le gauche, timide, et vous obtenez un drame, par exemple celui que nous peint Rousseau dans les *Confessions*. Le jeune Jean-Jacques, valet fier et intelligent, s'éprend de sa jeune maîtresse et veut briller par quelques savantes réponses aux yeux de Mᴵᴵᵉ de Breil (livre III). Comme il est heureux un jour de pouvoir expliquer à la jeune fille le sens du mot archaïque *férir*! Jean-Jacques est déjà Ruy Blas. Quelques années plus tard, comme Ruy Blas, il veut réformer l'humanité, sauver le peuple; il écrit le *Contrat social*; écrivain connu, il souffre toujours de sa condition de déclassé dans un monde d'aristocrates. Poussez jusqu'au bout l'antithèse; à la place d'une jeune fille de la haute société, supposez qu'il s'agisse de la reine, que le valet n'ait plus dix-huit ans, mais qu'il soit un homme fait; le thème même de *Ruy Blas* est trouvé. Hugo l'a nourri, tout à fait inconsciemment d'ailleurs, de ses propres ambitions politiques et de son attachement passionné pour Hélène de Mecklembourg[1], qu'il pouvait considérer comme la future reine de France, et qu'il a essayé en vain de faire nommer régente en 1848.

L'idée de la vengeance à tirer, en suscitant un amour ridicule et disproportionné, lui était encore fournie par *les Précieuses ridicules*. Diderot, dans *Jacques le Fataliste,* raconte aussi la vengeance d'une grande dame délaissée qui conduit perfidement son ami à épouser une fille de rien. Un roman contemporain, surtout, *Angelica Kaufmann,* d'un certain Léon de Wailly, traite le même sujet; et il s'agit d'une histoire réelle. Angelica, artiste peintre, courtisée jadis par Reynolds, épousa un prétendu comte de Horn et découvrit bientôt que son mari était un ancien laquais. « Reynolds avait choisi dans la basse classe du peuple un jeune homme bien fait et d'une belle figure; il le revêtit d'habits magnifiques et lui fit étudier quelque temps les habitudes, le ton, le langage des hommes de haute condition. » G. Lanson fait de nombreux rapprochements avec Ruy Blas. En voici quelques-uns : le lendemain de ses noces, Shelton, le don

---

1. Elle était la femme du fils aîné de Louis-Philippe, le duc d'Orléans, qui devait mourir en 1842; deux fils étaient nés de ce mariage.

Salluste du roman, découvre la véritable identité de son mari à la jeune mariée et lui déclare : « Vous devez comprendre le besoin que j'avais de *me venger*. — *Vous venger, et de qui?* — *D'une femme* » riposte Shelton. Le laquais provoque alors Shelton : « Un laquais! eh bien soit! Vous vous battrez avec un laquais. » (Voir vers 2196.) Quand Angelica pardonne, son mari, épuisé par la souffrance, meurt. — Il semble peu probable, au contraire, que Hugo ait connu la pièce de Bulwer-Lytton, *la Dame de Lyon,* qui n'avait pas été encore traduite : Hugo ne savait pas l'anglais.

HUGO ET L'HISTOIRE. Restent à connaître les sources d'où Hugo a tiré sa description précise de la cour d'Espagne, l'évocation historique des conditions de vie de la reine, les nombreuses allusions à la politique, aux coutumes de l'époque... Hugo avait pratiqué les mémoires de Mme d'Aulnoy et y avait trouvé l'anecdote de la lettre d'amour laissée par un inconnu, les détails sur l'étiquette de la cour d'Espagne, le contenu du message royal (« Madame, il fait grand vent; j'ai tué six loups »), transcrit presque tel quel, les silhouettes de la Camerera Mayor et de don Guritan. Les précisions sur les coutumes et les termes de couleur locale, il les doit à l'abbé de Vayrac (*État présent de l'Espagne,* 1718).

On le voit, les sources historiques de Hugo sont sérieuses. Les événements dans l'ensemble sont exacts : toutes les allusions à la situation géographique et historique de l'Espagne ont des bases solides. Sur un point important pourtant, Hugo n'a pas respecté l'histoire : il a attribué à la seconde femme de Charles II, qui fut sèche, rude, mâle, le caractère doux et tendre de la première, Marie-Louise d'Orléans, morte probablement empoisonnée. Mais les poètes classiques ont souvent eux aussi créé des personnages (par exemple, Junie de *Britannicus*) ou transformé la légende (voir la fin d'*Iphigénie*). Ajoutons que l'imagination et la mémoire de V. Hugo, à jamais marquées par son voyage en Espagne en 1811, lui ont fourni quelques noms propres, comme celui de la rue Ortaleza (vers 395), qui viennent s'ajouter aux sources livresques pour jalonner le drame de sonorités espagnoles.

La partie comique de la pièce, le personnage de don César sortent du roman picaresque espagnol, de la peinture réaliste des gueux, si courante en Espagne, des gravures de Callot (les soudards de la première moitié du XVIIe siècle que nous campe Callot avaient sans doute même allure que don César), peut-être aussi d'un vaudeville contemporain, sur bien des points semblable à l'acte IV de *Ruy Blas* (chute par la cheminée, laquais avec de l'argent, repas tout préparé, etc.). Ce personnage, haut en couleur, hante l'imagination de Hugo; il a même, en 1838, déjà esquissé une comédie grotesque sur lui, intitulée justement *Don César*.

Les sources de Hugo sont donc très diverses, mais de tous ces débris morcelés le génie de Hugo a su faire une œuvre vivante.

ANALYSE DE LA PIÈCE

(Les scènes principales sont indiquées entre parenthèses. Les titres des actes sont de V. Hugo lui-même.)

■ *ACTE PREMIER.* **Don Salluste.**

Un grand d'Espagne, don Salluste de Bazan, disgracié par la reine pour avoir séduit et refusé d'épouser une de ses filles d'honneur, veut se venger. Comme son cousin, don César de Bazan, noble dévoyé mais resté chevaleresque, refuse de l'aider **(scène I)**, il le fait enlever et lui substitue par surprise Ruy Blas, son valet, qui vient de se révéler à ses yeux ancien compagnon de misère du bohème. Cet homme du peuple, intelligent et rêveur, aime la reine en secret. Don Salluste, caché derrière la porte, vient d'apprendre son secret, qu'il découvrait à son vieil ami **(scène III)**. Il décide de l'utiliser à son profit : quand don Salluste l'engage à se faire aimer de la reine, Ruy Blas n'a pas la force de refuser **(scène IV)**.

■ *ACTE II.* **La reine d'Espagne.**

La jeune femme du roi Charles II s'ennuie, loin de son Allemagne natale. Le formalisme de l'étiquette, l'indifférence d'un mari vieux à trente ans l'incitent à l'échappée sentimentale **(scène première)**. Or, sur un banc du parc, chaque jour, un inconnu dépose un bouquet de ses fleurs préférées, et il vient d'y joindre une lettre **(scène II)**. Elle a l'émotion d'identifier l'épistolier en la personne de don César-Ruy Blas, qui lui apporte, de la part du roi, un laconique billet de chasse. Le trouble de Ruy Blas devant son idole enfin approchée va jusqu'à la syncope **(scène III)**. Don Guritan, majordome, amoureux lui aussi de la princesse et inquiet de l'idylle naissante, ayant provoqué Ruy Blas en duel, la reine, pour sauver son jeune adorateur, envoie le vieux soupirant porter un coffret à ses parents.

■ *ACTE III.* **Ruy Blas.**

Devenu Premier ministre par la faveur de la reine, Ruy Blas dit leur fait à ses collègues qui pillent l'État **(scène II)**. Il mérite ainsi l'aveu d'amour et le baiser de sa souveraine **(scène III)**. Mais, tandis qu'il remercie Dieu de son bonheur **(scène IV)**, don Salluste vient lui rappeler sa condition et son rôle; Ruy Blas comprend que don Salluste a monté toute cette machination pour exercer la plus cruelle des vengeances sur leur reine.

■ *ACTE IV.* **Don César.**

Dans la demeure secrète de don Salluste, où Ruy Blas s'efforce de retarder l'accomplissement de la vengeance, un homme descend par la cheminée : c'est le vrai don César, qui, évadé d'Afrique, vient d'échapper aux policiers par cette retraite insolite **(scène II)**, où il va de surprise en surprise : un laquais lui apporte une bourse

(scène III), une duègne un rendez-vous d'amour et don Guritan, deux épées pour le duel promis à Ruy Blas **(scène V)**. Il empoche l'argent, confirme le rendez-vous et tue don Guritan. Il déjouerait joyeusement les plans de don Salluste si celui-ci, mettant à profit les quiproquos des scènes précédentes, ne le faisait arrêter comme étant le fameux voleur Matalobos **(scènes VII et VIII)**.

■ *ACTE V.* **Le tigre et le lion.**

Tandis que Ruy Blas croit l'avoir mise hors de danger, la reine est prise au piège. Un billet, dicté dès le début de l'action par don Salluste à son laquais, sans que celui-ci en comprenne la destination, l'attire dans sa maison secrète, où il la surprend à minuit avec le faux don César. Don Salluste s'engage au secret, à condition qu'elle renonce au trône et parte avec son complice. Elle va y consentir quand Ruy Blas, se libérant enfin, révèle son état, tue son maître avec l'épée qu'il lui dérobe par surprise **(scène II)** et s'empoisonne **(scène IV)**, apaisé par le pardon de celle qu'il n'a dupée que par amour.

L'ACTION

L'action, très minutieusement montée, se déroule avec une parfaite logique. Le point de départ, c'est le projet de vengeance de don Salluste, vague d'abord, précis ensuite. Don Salluste convoque à tout hasard don César : il ne peut rien obtenir; mais il découvre, grâce à un geste, l'amitié de Ruy Blas et de don César; il écoute derrière la porte, apprend le secret de Ruy Blas; il a remarqué la ressemblance entre les deux hommes (Hugo nous le signale très tôt, aux vers 287-288). Il profite de cette passion extraordinaire de Ruy Blas; il lui donne l'ordre de séduire la reine; auparavant, il l'a substitué à don César, qu'il fait vendre aux pirates d'Afrique : il sait que Ruy Blas ne fera que peu de résistance. Reste à préparer l'avenir : Ruy Blas, dans une lettre, reconnaît sa condition, et cette lettre est de sa main. Il écrit une lettre de rendez-vous pour la reine et signe « César ». Cette lettre étant écrite avant la substitution, Ruy Blas ne se méfie pas; il prend le mot « la reine » pour un compliment galant... il oubliera cette lettre. Le piège se refermera à l'acte V. Dans cet acte d'exposition, Hugo a habilement préparé et justifié les événements à venir : nous avons appris que Ruy Blas était un homme cultivé, qu'il avait des ambitions politiques, qu'il avait déjà réfléchi à l'art de gouverner. De petits détails apparemment insignifiants (nous savons que tous les jours Ruy Blas dépose un bouquet de fleurs au parc royal) auront bientôt leur utilité.

L'acte II explique d'abord comment l'amour a pu naître dans le cœur de la reine; Hugo nous fait partager cette atmosphère d'ennui morne où l'étiquette, la décrépitude prématurée de son mari la plongent. Son monologue (acte II, scène II) nous fait comprendre, justement par le biais de ces fleurs, déjà évoquées aux vers 397-401 (acte premier, scène III), que son inconnu, qui lui écrit, est bien Ruy Blas et nous apprend aussi que Ruy Blas, comme César l'avait prévu (vers 413-418), a été blessé, point important pour la suite. Ruy Blas, survenant à ce moment-là, est vite reconnu grâce à son écriture, à sa blessure, à la dentelle de sa manche. Un geste involontaire de la reine lui fait découvrir que sa lettre est « sur son cœur ». L'habileté de Hugo est grande : tous ces détails, habilement glissés au premier acte et à la scène première de l'acte II, ont permis une très rapide et muette reconnaissance. Quant au personnage épisodique de don Guritan, il apparaît et disparaît selon la fantaisie de Hugo.

L'acte III, qui nous montre Ruy Blas au sommet de sa puissance, ne nous surprend pas; la présence de la reine derrière la tapisserie non plus. Le retour de don Salluste était attendu dès l'acte premier, et l'effondrement de Ruy Blas, pris au piège tendu par don Salluste, est dans la ligne de son caractère, tel qu'il a été décrit à l'acte premier.

L'acte IV est très habilement rattaché à l'acte III. Une fois admise la chute providentielle de don César dans la cheminée de cette maison-là, tout s'explique très bien : le repas déjà préparé, l'obéissance des muets, l'arrivée du laquais apportant l'argent, le billet de la duègne, la venue de don Guritan, le duel et le retour de don Salluste. C'est un vrai mouvement d'horlogerie. Nous avons noté d'ailleurs qu'en grande partie tout cet acte n'était qu'un savant trompe-l'œil : on peut ôter l'acte IV sans que le spectateur s'en aperçoive, puisqu'il est pratiquement sans rapport avec l'acte V. Il suffirait de supprimer le retour de don Guritan et la lettre de la reine confirmant le rendez-vous.

L'acte V est très logiquement prévu par l'acte premier. La reine arrive; don Salluste la surprend, il veut lui faire signer une renonciation au trône, mais survient un double rebondissement psychologique, normal d'ailleurs : Ruy Blas parle trop tôt, ensuite il réagit et tue don Salluste. Le suicide et le pardon sont attendus. Ruy Blas n'avait pas d'autre issue. La reine, devant le mourant, redevient une simple femme et ne peut que pardonner.

Cette action, si bien filée, présente un certain nombre de particularités :

— Elle dépend pratiquement d'un seul personnage: don Salluste; les autres sont passifs et jouent, consciemment ou non, le rôle qu'on leur attribue : ils se laissent aller dans le sens de leur pente sentimentale. Deux exceptions : le retour inopiné de don César, mais qui finalement est sans conséquence; la révolte de Ruy Blas à l'acte V, qui constitue le grand retournement de la pièce.

— Des gestes, une mimique déterminent parfois cette action. C'est le geste de surprise de Ruy Blas apercevant don César qui pousse don Salluste à les écouter. Ce sont les regards, l'évanouissement de Ruy Blas, les gestes maladroits de la reine qui permettent aux amoureux de se reconnaître à l'acte II; la disposition des lieux, par exemple les portes derrière lesquelles on écoute (à l'acte premier, don Salluste, à l'acte III, la reine), dirige aussi le mouvement de la pièce. Par là intervient le hasard ou, si l'on préfère, le romanesque, élément déterminant du drame romantique.

— Enfin, tout l'acte IV est bâti sur une énorme coïncidence : la chute de don César par la cheminée de la maison de don Salluste.

En somme, V. Hugo n'écrivit jamais d'intrigue plus cohérente et mieux liée. Mais cette construction savante est plus près du roman ou du mélodrame que de la tragédie classique. Le spectateur romantique, nous l'avons vu, a le goût de l'action et du mouvement.

Les décors, très soignés, somptueux, visent à une reconstitution historique exacte. Le premier acte se passe dans le salon de Danaé, au palais royal de Madrid, le second dans l'appartement de la reine, le troisième dans la « salle du gouvernement », le quatrième dans la maison privée de don Salluste. Le cinquième acte, initialement rattaché au quatrième, se passe dans la même pièce.

La durée des événements représentés par la pièce est de six mois. Par une savante étude, Maurice Levaillant a réussi à dater l'action : acte premier, 28 mai 1698; acte II, 29 juin; acte III, 29 décembre; acte IV, 30 décembre au matin; acte V, 30 décembre au soir.

Sur ce point donc, Hugo est resté fidèle à la grande nouveauté de la *Préface de « Cromwell »*, la suppression des unités de temps et de lieu.

LES CARACTÈRES

Les caractères sont beaucoup plus variés et plus fouillés qu'on ne le dit habituellement.

Ruy Blas est évidemment le caractère le plus complexe. Le fond, c'est celui d'un nerveux et d'un tendre. Sentimental et passionné, il bâtit des songes et s'enferme dans un monde de chimères; toute son énergie psychique se dépense à rêver et à imaginer. Son amour pour la reine, un peu surprenant sans doute, s'explique par ce trait de caractère; rappelons-nous la célèbre lettre de Rousseau à M. de Malesherbes : « Mon imagination ne laissait pas longtemps déserte la terre ainsi parée. Je la peuplais bientôt d'êtres selon mon cœur et, chassant bien loin l'opinion, les préjugés, toutes les passions factices, je transportais dans les asiles de la nature des hommes dignes de les habiter. Je m'en formais une société charmante. » Il a suffi à Ruy Blas de connaître par ouï-dire le sort de la reine, de l'apercevoir, et cet amoureux de l'impossible (Ruy Blas n'est pas un être de désir, comme les personnages de Racine, il « cristallise » comme un héros de Stendhal) s'éprend d'une image divinisée. Tempérament fait pour l'amour idyllique et la passion sentimentale, il a la pudeur du timide; né dans la bonne société, il eût pu devenir un poète de la solitude et de la tendresse. Faible, il n'est pas né pour l'action. Quelquefois poussé par l'amour, éclairé par une intelligence puissante, il peut faire illusion (acte III, scènes II et III). Mais quand l'obstacle se dresse, alors qu'il suffirait d'un peu de sangfroid et d'énergie pour l'abattre, ou le contourner, il s'affole. L'action est toujours chez lui à la remorque de l'émotion; jamais l'acte ne procède d'une décision délibérée; ou bien l'émotion le paralyse (acte III, scène V), ou bien elle l'entraîne brusquement à des violences, par hasard heureuses, comme à la fin de la pièce. S'il tue don Salluste, ce n'est pas par volonté consciente (il aurait mieux valu se débarrasser de lui à l'acte IV; c'était facile...), c'est parce que don Salluste a devant lui insulté la reine, que lui, Ruy Blas, ne peut le supporter, et qu'il comprend enfin la nécessité de cet acte. Le point de départ, c'est une réaction purement nerveuse. Cette discontinuité de caractère si fréquente chez les hommes, Hugo l'a déjà peinte dans Hernani. C'est en cela que réside la fatalité de ces caractères.

L'autre aspect capital de Ruy Blas, c'est son origine sociale. Orphelin, comme Jean-Jacques, il est par hasard élevé dans un collège; on y développe son esprit; son tempérament propre donne à cette intelligence une tournure philosophique et morale. Or l'Espagne n'offre à cette époque aucune place à un plébéien intelligent et cultivé. Dégoûté par son instruction d'un métier manuel, il devient le type même du déclassé. Ruy Blas médite alors sur la société, sur ses tares, sur les réformes possibles, et nous retrouvons encore l'ombre de Jean-Jacques. Ce philosophe rêveur, le voilà ambitieux, orgueilleux! Il se fait aussi des illusions sur lui-même et sur ses capacités de réalisation. En attendant, pendant qu'il songe au destin de l'humanité, il ne travaille pas, il erre sur les chemins, il glisse au vagabondage (comme Jean-Jacques jeune), il a faim — et un matin, il se retrouve laquais, la rage au cœur. Plusieurs fois, le plébéien apparaît dans Ruy Blas. Son discours aux ministres, ses attaques virulentes contre le népotisme, son amour du peuple, son mépris du duel ou des rites de la noblesse, sa sincérité de ton, sa foi même dans l'avenir et dans les réformes, tout cela ressortit à ce trait si important de sa personnalité. Mais, rappelons-nous que le fond est celui d'un tendre, d'un rêveur, d'un nerveux et d'un faible. D'où le fossé entre les intentions et les réalisations, les aveux gênants comme :

> Je ne m'occupe pas de ces hommes du tout,
> Je vous aime!... (Vers 1224-1225.)

En somme, Ruy Blas présente un caractère complexe et parfaitement cohérent, d'une rare richesse, que les critiques n'ont guère voulu apercevoir.

La reine a un caractère beaucoup plus simple. Les jeunes femmes, dans le drame romantique, et surtout les jeunes filles ont toutes des traits communs. Les auteurs, issus pour la plupart de milieux bourgeois, peignaient leurs héroïnes d'après les jeunes femmes de leur entourage. Or, si la haute société de l'Ancien Régime avait accordé une grande liberté de ton et permis le développement des fortes personnalités aux femmes de la Cour et des salons, la bourgeoisie étouffante du XIXᵉ siècle n'instruit guère les jeunes filles ni les jeunes femmes. La création des lycées de jeunes filles à la fin du siècle rencontrera une très violente résistance : on reprochera à V. Duruy et à J. Ferry de détruire le charme propre de la femme. Cette conception bourgeoise de la femme apparaît chez Doña Sol ou même chez la reine; on la retrouve dans le roman stendhalien qui oppose la sentimentale et naïve Mᵐᵉ de Rénal à l'intellectuelle Mathilde. Hugo, pour justifier cette simplicité sentimentale, un peu inattendue tout de même chez une reine, a supposé, contrairement à l'histoire, qu'Allemande, élevée dans une famille de mœurs presque paysannes, elle n'avait pas reçu l'éducation destinée à une reine. Aussi ressemble-t-elle aux jeunes filles de 1830 : sensible, délicate, facilement superstitieuse, elle rêve de tendresse. Son mari, « vieux à trente ans », la délaisse : elle s'éprend, contre son gré d'ailleurs, du premier jeune homme qui lui parle d'amour. Elle est capable alors de perspicacité, de ténacité même. Notez avec quelle adresse elle interroge Ruy Blas à l'acte II. Elle dupe avec finesse son vieux soupirant et se comporte dans cette scène de marivaudage beaucoup plus comme une jeune fille futée et amoureuse que comme une reine d'Espagne. L'amour lui ouvre l'intelligence. Elle use de son influence pour porter Ruy Blas au rang de Premier ministre, elle admire sa largeur de vues et finit par comprendre ses aspirations démocratiques — ou, à défaut de culture, par en sentir la générosité. Persuadée à l'acte V que Ruy Blas est en danger, elle court à son aide, refuse de l'abandonner. Écrasée par l'arrivée de don Salluste et la supercherie de Ruy Blas, qu'elle découvre, elle est sur le point de signer sa propre condamnation. A l'heure du châtiment, la pitié et la tendresse l'emportent. Après avoir en vain demandé la grâce de don Salluste, elle finit par accorder le pardon à Ruy Blas mourant, par pitié d'abord, par amour ensuite. Le caractère est vrai. Mais on peut reprocher à Hugo de se faire de la femme une idée un peu simple. C'est aux mœurs de son époque qu'il faut demander l'explication et la source de tous ces anges romantiques.

Don Salluste, le bourreau de ce couple, est, sous ses apparences glacées, un violent. Il se découvre deux fois au spectateur : à la scène première de l'acte premier devant Gudiel, sa rage est effrayante. Cet ambitieux, qui pendant vingt ans a travaillé à conquérir la première place, perd tout en quelques minutes (vers 15-20). Cette énergie qu'il avait employée à satisfaire son ambition, il va la mettre au service de sa vengeance : à l'acte V, il n'a plus besoin de dissimuler : « il se redresse avec une voix tonnante » et insulte la reine (v. 2156-2167). Mais cette violence intérieure, le plus souvent, il la cache avec adresse; son plan de vengeance, qu'il improvise d'abord au gré des événements (il écoute derrière la porte et profite de la confidence de Ruy Blas), est ensuite un prodige de calcul et de préméditation. La pratique de la politique lui a donné l'habitude de ces desseins longuement concertés; son apparition en pleine cour sous l'habit d'un valet surprend de la part de cet homme si fin. Tout autre que Ruy Blas aurait saisi l'occasion de se débarrasser de lui; mais don Salluste méprise tout ce qui est populaire. Hugo a voulu représenter en lui la noblesse de cour pourrie jusqu'au cœur. Indifférent à tout ce qui n'est pas son intérêt immédiat, il se moque de toute forme d'idéalisme ou d'espérance. Il ne croit positivement à rien d'autre qu'au plaisir et à l'ambition satisfaite. C'est ce qui le perdra : une première fois, il se trompe dans son jugement sur don César (acte II); à l'acte V, son mépris du populaire, sa méconnaissance de l'amour et des nobles sentiments l'empêchent de comprendre d'abord que Ruy Blas parlera et n'acceptera pas son marché sordide, ensuite qu'il est dangereux pour lui d'humilier tellement un homme et de le blesser dans ses sentiments les plus hauts, en particulier dans son amour. La mort est le châtiment juste et souhaité de son ignominie morale.

Hugo a voulu faire de **don César** le produit d'une société en décomposition. Celui-ci représenterait le noble ruiné, mais resté de cœur généreux. Il s'apparente en fait au type du brigand gentilhomme tel qu'on le trouve dans la littérature européenne, des *Brigands* de Schiller à *Hernani* de V. Hugo lui-même; mais il est dépouillé ici de tout rôle politique ou justicier. Si ce voleur ne vole que les riches, méprise l'argent pour lui-même, prêt à le partager avec ses amis ou avec les malheureux, s'il ne s'attaque qu'aux hommes, capables de se battre, s'il se pose en défenseur des femmes ou des faibles, il est aussi insouciant, léger, paresseux et ne croit plus à rien : c'est par ce dernier point surtout qu'il se différencie de Ruy Blas. Le scepticisme tient à ses origines et au pourrissement de tout l'ordre social. Le personnage de Hugo a, avouons-le, assez peu de richesse intérieure. Prodigieux de pittoresque, de relief, de verbe, il est tout extérieur. Certains des gestes que lui attribue Hugo sont aussi inexplicables : comment ce sympathique malandrin peut-il appeler la police pour se défendre (acte IV, scène VIII)? Sa naïveté est souvent inconcevable.

Les autres personnages sont des silhouettes souvent pittoresques et bien vivantes : don Guritan, vieux beau, romanesque et galant, tout imprégné des usages de la vieille noblesse; la Camerera Mayor, figure sinistre de l'étiquette; la duègne, entremetteuse, digne descendante de Macette; Casilda, vive, espiègle, très différente des confidentes de tragédie, un peu inattendue dans l'entourage d'une reine d'Espagne. Les courtisans, çà et là, individualisés par un ridicule, comme M. de Santa-Cruz, se distinguent tous par leur avidité, leur cynisme, leur népotisme et leur orgueil.

LE STYLE

Mélange des styles. Mélange des genres.

Hugo, dans une note de sa Préface, définit le style comme la seule expression des passions et des caractères.

Le style de *Ruy Blas* est-il toujours en situation? Une première convention nous frappe d'abord. Encore plus que dans la tragédie classique, tous les personnages sont poètes et s'expriment dans une langue imagée et brillante. En ce sens, tous les rôles sont revêtus du merveilleux éclat hugolien. Sur ce point, le drame romantique n'innove pas dans le sens d'un plus grand réalisme. Il y a beaucoup plus de diversité dans la langue des personnages de Molière.

Plus que des caractères nettement marqués qui ne s'individualisent guère par l'expression, il vaudrait mieux chercher dans le style les divers genres, lyrique, épique, comique, indépendamment des rôles.

Le lyrisme hugolien prend souvent le large envol oratoire. L'indignation de don César se développe dans une tirade antithétique savante, au rythme heurté, aux rimes sonores, et culmine sur une image réaliste atroce qui reste dans l'imagination :

> Celui-là, — fût-il grand de Castille, fût-il
> Suivi de cent clairons sonnant des tintamarres,
> Fût-il tout harnaché d'ordres et de chamarres, [...]
> Voir pendre à quatre clous au gibet de la ville! (Vers 224-230.)

Le discours de Ruy Blas aux ministres (acte III, scène II), fortement charpenté, utilise toutes les ressources de l'image et du rythme. Tantôt il s'élargit en puissantes visions épiques :

> Ce grand peuple espagnol aux membres énervés,
> Qui s'est couché dans l'ombre et sur qui vous vivez,
> Expire dans cet antre où son sort se termine,
> Triste comme un lion mangé par la vermine! (Vers 1135-1138.)

tantôt il se colore de comparaisons réalistes, plébéiennes, burlesques même :

> Et l'aigle impérial qui jadis, sous ta loi,
> Couvrait le monde entier de tonnerre et de flamme,
> Cuit, pauvre oiseau plumé, dans leur marmite infâme! (Vers 1156-1158.)

L'amour trouve des accents variés. Tantôt c'est la grâce légère d'une chanson :

> A quoi bon entendre
> Les oiseaux des bois?
> L'oiseau le plus tendre
> Chante dans ta voix. (Vers 719-722.)

tantôt ce sont de puissantes tirades, animées d'un large souffle :

> Parce que je vous aime!
> Parce que je sens bien, moi qu'ils haïssent tous,
> Que ce qu'ils font crouler s'écroulera sur vous! (Vers 1210-1212.)

ou encore un couplet où l'exaltation s'élève jusqu'au sublime :

> Devant mes yeux c'est le ciel que je voi!... (Vers 1276-1284.)

Dans l'ensemble, le lyrisme amoureux s'épanouit moins que dans *Hernani*. Hugo suggère souvent plus qu'il n'exprime dans des phrases inachevées ou heurtées, qui traduisent mieux l'émotion du timide. Le rythme du vers halète, la phrase est saccadée, le vers enjambe, on croit entendre à travers la cadence le battement du cœur ou la respiration (vers 385-405 et 2213-2222).

Mais le point le plus nouveau de *Ruy Blas*, c'est le grotesque verbal. Tout le rôle de don César et surtout l'acte IV sont une réussite parfaite de ce comique d'imagination verbale qui heurte les mots, les brasse dans un mélange bariolé ou les fait cliqueter dans des rimes bizarres :

> Voyons, ceci m'a l'air d'une bibliothèque.
> Justement. — Un pâté, du vin, une pastèque [...]
> Lisons d'abord ceci. C'est une œuvre admirable
> De ce fameux poète appelé le soleil!
> Xérès-des-Chevaliers n'a rien de plus vermeil.
> Quel livre vaut cela? Trouvez-moi quelque chose
> De plus spirituel! (Vers 1617-1626.)

> Voyons, — si je payais mes créanciers? — fi donc!
> — Du moins, pour les calmer, âmes à s'aigrir promptes,
> Si je les arrosais avec quelques acomptes? (Vers 1720-1722.)

> Point marié! Monsieur prend depuis un quart d'heure
> L'air d'un mari qui hurle ou d'un tigre qui pleure,
> Si bien que je lui donne, avec simplicité,
> Un tas de bons conseils en cette qualité!
> Mais, si vous n'êtes pas marié, par Hercule!
> De quel droit êtes-vous à ce point ridicule? (Vers 1901-1906.)

Ce comique verbal, qu'essaiera d'imiter Edmond Rostand dans son *Cyrano de Bergerac*, s'ajoute à l'acte IV au comique de situation et au comique de gestes. Cet acte, bien qu'il ne soit en lui-même qu'une sorte d'intermède bouffon, est un des chefs-d'œuvre comiques du XIX° siècle.

C'est cette variété de tons, cette réussite parfaite dans tous les styles, lyrique, épique, comique, cette maîtrise géniale de la langue et du vers qui ont assuré à *Ruy Blas*, même auprès des critiques qui refusent toute profondeur au théâtre de Hugo, une admiration durable.

« HERNANI » ET « RUY BLAS »

La technique dramatique.

Les principes de composition dramatique restent les mêmes d'une pièce à l'autre, mais les différences s'accusent pourtant d'*Hernani* à *Ruy Blas*. Le comique, dans *Ruy Blas*, remplit un acte entier, s'épanouit presque séparément, tend vers ce grotesque verbal défendu par la *Préface de « Cromwell »* et si peu représenté dans *Hernani*, redécouvre la valeur du geste et de la mimique, d'une manière qui annonce parfois le cinéma muet. A l'acte II, Hugo tente une subtile synthèse des genres comique et tragique et réinvente l'humour grinçant : la duchesse d'Albuquerque est à la fois comique, dans son rôle de pantin mécanique, et terrifiante comme, par exemple, le garde dans *Antigone*. Cette fusion, si moderne déjà, se retrouve aussi à l'acte IV. L'acceptation si allègre du rendez-vous donné à Don César, dans l'ambiance joyeuse du quiproquo, met en marche le destin qui frappera à l'acte V.

L'esthétique d'opéra qui existait déjà dans *Hernani*, ce brusque pas en avant d'un personnage solitaire qui chante sa tirade devant le public et ses partenaires muets, cette absence de vrais dialogues, tout cela s'estompe dans *Ruy Blas*. Le goût de l'éloquence ne disparaît pas (voir les tirades de don César à la scène II de l'acte premier, les récits de Ruy Blas à la scène II du même acte, le discours aux ministres à la scène II de l'acte III), mais les dialogues où les arguments se heurtent aux arguments deviennent plus nombreux.

L'amour fait entendre un duo vibrant à l'acte III, comme dans le célèbre chant nuptial d'*Hernani*, mais plusieurs scènes d'amour ou bien sont muettes (acte II, scène III), tout en gestes et en sous-entendus, ou très condensées : un mot (comme le dernier vers de la pièce), une intonation (vers 836-837) suffisent à faire deviner l'harmonie secrète de deux âmes.

L'action est plus resserrée que dans *Hernani*. Là on pouvait discerner deux centres d'intérêt : la querelle d'Hernani et de don Carlos, la rivalité de don Ruy Gomez et d'Hernani. L'acte IV paraissait conclure, mais l'acte V relançait l'action pour lui donner un dénouement contraire. Tout converge, dans *Ruy Blas*, vers le thème de la vengeance : l'acte premier explique où tend le déroulement des faits ; l'acte V voit aboutir les projets de l'acte premier. Seul l'acte IV donne l'impression d'un adroit trucage, encore qu'il soit fortement lié à la fin de l'acte III.

Le goût de la surprise, du pathétique violent se retrouve dans *Ruy Blas*. Même recherche de l'effet : les personnages surviennent au moment précis où leur présence doit causer le plus grand ébranlement nerveux (par exemple, l'arrivée de Ruy Blas à l'acte II, les venues antithétiques de la reine et de don Salluste à l'acte III, la chute de don César dans la cheminée à la seconde près). L'acte V, si bref, contient de nombreuses péripéties : mais les moyens sont moins brutaux que dans *Hernani* ; les effets macabres sont supprimés (la mort de don Salluste se passe dans les coulisses) ; les coïncidences merveilleuses sont en somme, sauf à l'acte IV, moins nombreuses dans *Ruy Blas* que dans *Hernani*, où chaque scène, ou presque, contient son coup de théâtre. Bref, la recherche du pathétique à tout prix semble moins constante.

Sur un point, les deux pièces se ressemblent totalement : sur le goût de l'image et de la couleur. La figuration, le costume, le décor sont des fêtes pour les yeux. L'architecture, l'ameublement sont d'époque et choisis dans ce qu'ils peuvent avoir de plus somptueux et de plus caractéristique (le salon de Danaé, la salle du gouvernement). Les personnages semblent sortis des grandes œuvres de la peinture espagnole, tel don Guritan, à la silhouette grande, sèche, aux moustaches en croc, tel encore don César, qui

> Promène, d'une mine altière et magistrale,
> Sa cape en dents de scie et ses bas en spirale? (Vers 109-110.)

Des reconstitutions splendides font songer à de grandes fresques.

La reine, vêtue magnifiquement, paraît, entourée de dames et de pages sous un dais de velours écarlate porté par quatre gentilshommes de chambre, tête nue [...] *Tous les grands d'Espagne se couvrent...* (acte premier, scène V). Notez aussi l'éclatante apparition de la reine, couronne en tête, à la scène III de l'acte III : *Tout à coup, à l'angle du salon, la tapisserie s'écarte et la reine apparaît. Elle est vêtue de blanc avec la couronne en tête...*

Le récit ou le dialogue contiennent eux aussi d'admirables tableaux comme la célèbre cérémonie du baise-main :

> Et, comme à l'ordinaire, il vint au baise-main.
> Tous les grands s'avançaient vers le trône à la file.
> Je leur livrais ma main, j'étais triste et tranquille,
> Regardant vaguement, dans le salon obscur,
> Une bataille au fond peinte sur un grand mur. (Vers 592-596.)

Le drame romantique, tel que le conçoit Hugo, préfigure vraiment notre cinéma en couleurs; notre époque comprend mieux ce besoin d'images, de formes et de couleurs que les critiques du XIXᵉ siècle ont souvent raillé.

Cette pièce, finalement, se ressent de l'expérience acquise par Hugo au cours des huit dernières années. Moins lyrique, plus dialoguée, plus resserrée dans son action, dans sa composition même, plus originale dans son comique, plus discrète dans ses procédés théâtraux, mais aussi riche d'images et de couleurs, moins jeune et moins éclatante sans doute, mais plus solide et plus dense, elle est la plus belle réussite de Hugo dramaturge, parce qu'elle offre une synthèse harmonieuse et vivante des éléments complexes que le drame romantique a voulu réunir sur une scène.

Un témoignage de l'évolution politique de V. Hugo.

C'est Hugo lui-même, dans sa Préface, qui nous invite à étudier la pièce sous l'angle « de la philosophie de l'histoire ».

« Au moment où une monarchie va s'écrouler, plusieurs phénomènes peuvent être observés. Et d'abord la noblesse tend à se dissoudre. » Hugo analyse les symptômes de l'Ancien Régime décadent; l'on sent bien qu'à travers l'Espagne du XVIIᵉ siècle il vise la France de Louis XVI.

« Comme la maladie de l'État est dans la tête, la noblesse, qui y touche, en est la première atteinte. » *Ruy Blas* est une satire virulente de la noblesse de cour, qu'il incarne dans don Salluste. « Comme cette vie acharnée aux vanités et aux jouissances de l'orgueil a pour première condition l'oubli de tous les sentiments naturels, on y devient féroce. » Le discours de Ruy Blas aux ministres fustige tous les vices, débauche, escroquerie, bassesse, indifférence au bien public, de cette haute noblesse.

Don César, nous l'avons vu, représenterait la noblesse qui « rentre dans ses palais, dans ses châteaux, dans ses seigneuries ». Notons que, s'il a conservé une « bonne, brave, loyale et intelligente nature », il a un vif sentiment de son inutilité. Il a « horreur des affaires, il n'y peut rien, la fin du monde approche ».

Aux yeux de Hugo, la noblesse est donc une classe sociale finie. Elle ne peut retrouver la vie qu'en « s'enfonçant et disparaissant dans la foule, grande masse terne et noire que jusqu'à ce jour elle a à peine entrevue de loin sous ses yeux ».

Déjà *Hernani* contenait quelques attaques violentes contre la monarchie traditionnelle et quelques vers audacieux :

> Crois-tu donc que les rois à moi me soient sacrés ? (Vers 591.)

> Quand un roi m'insulte et pour surcroît me raille,
> Ma colère va haut et me monte à sa taille. (Vers 561-562.)

Mais Hernani est un grand seigneur qui se révolte contre une injustice. Ruy Blas représente, lui, le peuple. Sans doute V. Hugo se montre plus hardi au théâtre que dans ses œuvres lyriques et surtout que dans son attitude politique. Dans quelques années, Hugo se rapprochera de la famille royale, sera élu à l'Académie française grâce au soutien de Thiers et de Guizot, deviendra en 1845 pair de France, mais l'on sent bien que cette apparence bourgeoise cache mal une inquiétude sociale constante (Hugo, en 1839, visite le bagne de Toulon, s'intéresse au problème ouvrier, réunit la documentation pour *les Misérables*). En fait, *Ruy Blas* contient le germe des idées républicaines de Hugo.

Ruy Blas est un plébéien, et dans son discours aux ministres il est le porte-parole de sa classe.

> Le peuple, — j'en ai fait le compte et c'est ainsi ! —
> Portant sa charge énorme et sous laquelle il ploie,
> Pour vous, pour vos plaisirs, pour vos filles de joie,
> Le peuple misérable, et qu'on pressure encor,
> A sué quatre cent trente millions d'or ! (Vers 1092-1096.)

Il oppose sa foi dans l'avenir, les réformes, l'honnêteté au scepticisme élégant et cynique de don Salluste :

RUY BLAS

Sauvons ce peuple ! Osons être grands, et frappons ! (Vers 1355.)

DON SALLUSTE

Le salut de l'Espagne est un mot creux que d'autres
Feront sonner, mon cher, tout aussi bien que vous. (Vers 1370-1371.)

Quand il châtie don Salluste, il trouve sa force dans le sentiment de sa condition :

Maître! est-ce que je suis un gentilhomme, moi?
Un duel! fi donc! je suis un de tes gens à toi. (Vers 2203-2204.)

Hugo peut donc écrire : «[...] au-dessous de la noblesse ainsi partagée [...], on voit remuer dans l'ombre quelque chose de grand, de sombre et d'inconnu. C'est le peuple. Le peuple qui a l'avenir et n'a pas le présent, le peuple, orphelin, pauvre, intelligent et fort; placé très bas et aspirant très haut; ayant sur le dos les marques de la servitude et dans le cœur les préméditations du génie [...]. Le peuple, ce serait Ruy Blas [...]. Le sujet philosophique de *Ruy Blas,* c'est le peuple aspirant aux régions élevées. »

Cette prise de position va rejoindre le souci, que Hugo affirme de plus en plus, d'atteindre un public populaire, d'écrire des pièces de théâtre qui s'adressent à la foule et cherchent à l'élever. Elle nous permet de comprendre le sens profond du drame romantique, de bien y voir une rupture avec la littérature aristocratique, une tentative peut-être prématurée d'un art populaire qui trouvera son épanouissement dans le roman *les Misérables.*

PRÉFACE

Trois espèces de spectateurs[1] composent ce qu'on est convenu d'appeler le public : premièrement, les femmes; deuxièmement, les penseurs; troisièmement, la foule proprement dite. Ce que la foule demande presque exclusivement à l'œuvre dramatique,
5 c'est de l'action; ce que les femmes y veulent avant tout, c'est de la passion; ce qu'y cherchent plus spécialement les penseurs, ce sont des caractères. Si l'on étudie attentivement ces trois classes de spectateurs, voici ce qu'on remarque : la foule est tellement amoureuse de l'action qu'au besoin elle fait bon marché des
10 caractères et des passions[2]. Les femmes, que l'action intéresse d'ailleurs, sont si absorbées par les développements de la passion qu'elles se préoccupent peu du dessin des caractères; quant aux penseurs, ils ont un tel goût de voir des caractères, c'est-à-dire des hommes vivre sur la scène, que tout en accueillant volon-
15 tiers la passion comme incident naturel dans l'œuvre drama-tique, ils en viennent presque à y être importunés par l'action. Cela tient à ce que la foule demande surtout au théâtre des sensations; la femme, des émotions; le penseur, des médita-tions. Tous veulent un plaisir; mais ceux-ci, le plaisir des
20 yeux; celles-là, le plaisir du cœur; les derniers, le plaisir de l'esprit. De là, sur notre scène, trois espèces d'œuvres bien distinctes : l'une vulgaire et inférieure, les deux autres illustres et supérieures, mais qui toutes les trois satisfont un besoin : le mélodrame pour la foule; pour les femmes, la tragédie qui
25 analyse la passion; pour les penseurs, la comédie qui peint l'humanité.

Disons-le en passant, nous ne prétendons rien établir de rigoureux et nous prions le lecteur d'introduire de lui-même

---

1. Cette Préface débute comme celle de *Chatterton* (1835). Aussi bien Hugo veut-il répondre ici à Vigny, qui contestait la portée philosophique du drame romantique; 2. C'est-à-dire du style, car, si l'action peut, dans beaucoup de cas, s'exprimer par l'action même, les passions et les caractères, à très peu d'exceptions près, ne s'ex-priment que par la parole. Or la parole, au théâtre, la parole fixée et non flottante, c'est le style. Que le personnage parle comme il doit parler, *sibi constet* (« soit d'accord avec lui-même »), dit Horace. Tout est là. (Note de l'auteur.) — Cette Note et la phrase qu'elle explique visent indirectement le mélodrame et peut-être l'œuvre de Dumas père.

dans notre pensée les restrictions qu'elle peut contenir. Les généralités admettent toujours les exceptions; nous savons fort bien que la foule est une grande chose dans laquelle on trouve tout, l'instinct du beau comme le goût du médiocre, l'amour de l'idéal comme l'appétit du commun; nous savons également que tout penseur complet doit être femme par les côtés délicats du cœur; et nous n'ignorons pas que, grâce à cette loi mystérieuse qui lie les sexes l'un à l'autre aussi bien par l'esprit que par le corps, bien souvent dans une femme il y a un penseur. Ceci posé, et après avoir prié de nouveau le lecteur de ne pas attacher un sens trop absolu aux quelques mots qui nous restent à dire, nous reprenons. **(1)**

Pour tout homme qui fixe un regard sérieux sur les trois sortes de spectateurs dont nous venons de parler, il est évident qu'elles ont toutes les trois raison. Les femmes ont raison de vouloir être émues, les penseurs ont raison de vouloir être enseignés, la foule n'a pas tort de vouloir être amusée. De cette évidence se déduit la loi du drame. En effet, au-delà de cette barrière de feu qu'on appelle la rampe du théâtre, et qui sépare le monde réel du monde idéal, créer et faire vivre, dans les conditions combinées de l'art et de la nature, des caractères, c'est-à-dire, et nous le répétons, des hommes; dans ces hommes, dans ces caractères, jeter des passions qui développent ceux-ci et modifient ceux-là; et enfin, du choc des caractères et de ces passions avec les grandes lois providentielles, faire sortir de la vie humaine, c'est-à-dire des événements grands, petits, douloureux, comiques, terribles, qui contiennent pour le cœur ce plaisir qu'on appelle l'intérêt, et pour l'esprit cette leçon qu'on appelle la morale : tel est le but du drame. On le voit, le drame tient de la tragédie par la peinture des passions, et de la comédie par la peinture des caractères. Le drame est la troisième grande forme de l'art, comprenant, enserrant et

---

QUESTIONS

1. Analysez la psychologie du public selon V. Hugo. Montrez que la distinction proposée entre les trois catégories de spectateurs n'est pas aussi factice qu'elle peut le paraître dès l'abord; en quoi correspond-elle à trois tendances fondamentales de l'âme humaine? Comment le deuxième paragraphe (lignes 26-40) rectifie-t-il sur ce point le caractère un peu trop schématique du premier? — La définition des trois grands genres dramatiques est-elle déterminée par les considérations psychologiques qui précèdent, ou inversement? — Commentez l'importance de la phrase (ligne 19). *Tous veulent un plaisir...*; par quels moyens la pièce de théâtre peut-elle satisfaire à cette triple nécessité?

fécondant les deux premières. Corneille et Molière existeraient indépendamment l'un de l'autre, si Shakespeare n'était entre eux, donnant à Corneille la main gauche, à Molière la main droite. De cette façon, les deux électricités opposées de la
55 comédie et de la tragédie se rencontrent et l'étincelle qui en jaillit, c'est le drame. (2)

En expliquant, comme il les entend et comme il les a déjà indiqués plusieurs fois, le principe, la loi et le but du drame, l'auteur est loin de se dissimuler l'exiguïté de ses forces et la
70 brièveté de son esprit. Il définit ici, qu'on ne s'y méprenne pas, non ce qu'il a fait, mais ce qu'il a voulu faire. Il montre ce qui a été pour lui le point de départ. Rien de plus.

Nous n'avons en tête de ce livre que peu de lignes à écrire, et l'espace nous manque pour les développements nécessaires.
75 Qu'on nous permette donc de passer, sans nous appesantir autrement sur la transition, des idées générales que nous venons de poser et qui, selon nous, toutes les conditions de l'idéal étant maintenues du reste, régissent l'art tout entier, à quelques-unes des idées particulières que ce drame, *Ruy Blas*, peut sou-
80 lever dans les esprits attentifs.

Et premièrement, pour ne prendre qu'un des côtés de la question, au point de vue de la philosophie de l'histoire, quel est le sens de ce drame? — Expliquons-nous.

Au moment où une monarchie va s'écrouler, plusieurs phé-
85 nomènes peuvent être observés. Et d'abord la noblesse tend à se dissoudre. En se dissolvant, elle se divise, et voici de quelle façon :

Le royaume chancelle, la dynastie s'éteint[1], la loi tombe en ruine; l'unité politique s'émiette aux tiraillements de l'intrigue;

---

1. Charles II n'avait pas d'enfants; sa succession devait donner lieu à des intrigues diplomatiques et à des conflits (désignation du duc d'Anjou, petit-fils de Louis XIV, et guerre de succession d'Espagne).

QUESTIONS

2. Quelles idées fondamentales de la *Préface de « Cromwell »* se retrouvent dans cette définition du drame? Dans quelle mesure cet effort de synthèse et d'égalisation entre les grands genres dramatiques de l'époque antérieure (tragédie et comédie) s'explique-t-il par l'influence sociale de la Révolution et la nouveauté du public? — Précisez l'attitude de Hugo à l'égard du mélodrame : ne réussit-il pas à l'escamoter dans la partie finale de son raisonnement? Pourquoi? — Quels sont les trois modèles dont se réclame Hugo, ici comme dans la *Préface de « Cromwell »?* En quoi est-il habile de se réclamer de Corneille et de Molière, autant que de Shakespeare?

CAROLUS SECUNDUS
HISPANIARUM ET INDIARUM REX.

Phot. Larousse.

LE ROI CHARLES II D'ESPAGNE
(Voir Notice, page 17.)

MARIA ANNA Pᵃ NEOBURGICA
SPONSA CAROLI II HISP. ET IND. REGIS

LA REINE MARIE-ANNE DE NEUBOURG
(Voir Notice, page 17.)
Bibliothèque des Arts décoratifs.

90 le haut de la société s'abâtardit et dégénère; un mortel affai-
blissement se fait sentir à tous, au dehors comme au dedans;
les grandes choses de l'État sont tombées, les petites seules sont
debout, triste spectacle public; plus de police, plus d'armée,
plus de finances; chacun devine que la fin arrive. De là, dans
95 tous les esprits : ennui de la veille, crainte du lendemain,
défiance de tout homme, découragement de toute chose, dégoût
profond. Comme la maladie de l'État est dans la tête, la noblesse,
qui y touche, en est la première atteinte. Que devient-elle alors?
Une partie des gentilshommes, la moins honnête et la moins
100 généreuse, reste à la cour. Tout va être englouti, le temps
presse, il faut se hâter, il faut s'enrichir, s'agrandir, et profiter
des circonstances. On ne songe plus qu'à soi. Chacun se fait,
sans pitié pour le pays, une petite fortune particulière dans un
coin de la grande infortune publique. On est courtisan, on est
105 ministre, on se dépêche d'être heureux et puissant. On a de
l'esprit, on se déprave, et l'on réussit. Les ordres de l'État, les
dignités, les places, l'argent, on prend tout, on veut tout, on
pille tout. On ne vit plus que par l'ambition et la cupidité. On
cache les désordres secrets que peut engendrer l'infirmité
110 humaine sous beaucoup de gravité extérieure. Et, comme cette
vie acharnée aux vanités et aux jouissances de l'orgueil a pour
première condition l'oubli de tous les sentiments naturels, on
y devient féroce. Quand le jour de la disgrâce arrive, quelque
chose de monstrueux se développe dans le courtisan tombé, et
115 l'homme se change en démon.

   L'état désespéré du royaume pousse l'autre moitié de la
noblesse, la meilleure et la mieux née, dans une autre voie. Elle
s'en va chez elle, elle rentre dans ses palais, dans ses châteaux,
dans ses seigneuries. Elle a horreur des affaires, elle n'y peut
120 rien, la fin du monde approche; qu'y faire et à quoi bon se
désoler? Il faut s'étourdir, fermer les yeux, vivre, boire, aimer,
jouir. Qui sait? A-t-on même un an devant soi? Cela dit, ou
même simplement senti, le gentilhomme prend la chose au vif,
décuple sa livrée[1], achète des chevaux, enrichit des femmes,
125 ordonne[2] des fêtes, paie des orgies, jette, donne, vend, achète,
hypothèque[3], compromet, dévore, se livre aux usuriers et met
le feu aux quatre coins de son bien. Un beau matin, il lui arrive
un malheur. C'est que, quoique la monarchie aille grand train,

---

   1. *Livrée* : ensemble des domestiques; 2. *Ordonner* : organiser; 3. *Hypothéquer* :
conférer à un créancier un droit sur des propriétés qu'on possède.

il s'est ruiné avant elle. Tout est fini, tout est brûlé. De toute cette belle vie flamboyante, il ne reste pas même de la fumée; elle s'est envolée. De la cendre, rien de plus. Oublié et abandonné de tous, excepté de ses créanciers, le pauvre gentilhomme devient alors ce qu'il peut : un peu aventurier, un peu spadassin, un peu bohémien. Il s'enfonce et disparaît dans la foule, grande masse terne et noire que, jusqu'à ce jour, il a à peine entrevue de loin sous ses pieds. Il s'y plonge, il s'y réfugie. Il n'a plus d'or, mais il lui reste le soleil, cette richesse de ceux qui n'ont rien. Il a d'abord habité le haut de la société, voici maintenant qu'il vient se loger dans le bas, et qu'il s'en accommode; il se moque de son parent l'ambitieux, qui est riche et qui est puissant; il devient philosophe, et il compare les voleurs aux courtisans. Du reste, bonne, brave, loyale et intelligente nature; mélange du poète, du gueux et du prince; riant de tout; faisant aujourd'hui rosser le guet par ses camarades comme autrefois par ses gens, mais n'y touchant pas; alliant dans sa manière, avec quelque grâce, l'impudence du marquis à l'effronterie du zingaro[1]; souillé au dehors, sain au dedans; et n'ayant plus du gentilhomme que son honneur qu'il garde, son nom qu'il cache, et son épée qu'il montre.

Si le double tableau que nous venons de tracer s'offre dans l'histoire de toutes les monarchies à un moment donné, il se présente particulièrement en Espagne d'une façon frappante à la fin du XVIIe siècle. Ainsi, si l'auteur avait réussi à exécuter cette partie de sa pensée, ce qu'il est loin de supposer, dans le drame qu'on va lire, la première moitié de la noblesse espagnole à cette époque se résumerait en don Salluste, et la seconde moitié en don César. Tous deux cousins, comme il convient.

Ici, comme partout, en esquissant ce croquis de la noblesse castillane vers 1695, nous réservons, bien entendu, les rares et vénérables exceptions. — Poursuivons.

En examinant toujours cette monarchie et cette époque, audessous de la noblesse ainsi partagée, et qui pourrait, jusqu'à un certain point, être personnifiée dans les deux hommes que nous venons de nommer, on voit remuer dans l'ombre quelque chose de grand, de sombre et d'inconnu. C'est le peuple. Le peuple, qui a l'avenir et qui n'a pas le présent; le peuple, orphelin, pauvre, intelligent et fort; placé très bas, et aspirant très haut; ayant sur le dos les marques de la servitude et dans le

---

1. *Zingaro* : bohémien.

cœur les préméditations du génie; le peuple, valet des grands
170 seigneurs, et amoureux, dans sa misère et dans son abjection,
de la seule figure qui, au milieu de cette société écroulée, représente pour lui, dans un divin rayonnement, l'autorité, la cha-
rité et la fécondité. Le peuple, ce serait Ruy Blas. (3)

Maintenant, au-dessus de ces trois hommes qui, ainsi consi-
175 dérés, feraient vivre et marcher, aux yeux du spectateur, trois
faits, et dans ces trois faits, toute la monarchie espagnole du
XVIIᵉ siècle; au-dessus de ces trois hommes, disons-nous, il y a
une pure et lumineuse créature, une femme, une reine. Malheureuse comme femme, car elle est comme si elle n'avait pas de
180 mari; malheureuse comme reine, car elle est comme si elle
n'avait pas de roi; penchée vers ceux qui sont au-dessous d'elle
par pitié royale et par instinct de femme aussi peut-être, et
regardant en bas pendant que Ruy Blas, le peuple, regarde
en haut.

185 Aux yeux de l'auteur, et sans préjudice de ce que les personnages accessoires peuvent apporter à la vérité de l'ensemble,
ces quatre têtes ainsi groupées résumeraient les principales
saillies qu'offrait au regard du philosophe historien la monarchie espagnole il y a cent quarante ans. A ces quatre têtes il
190 semble qu'on pourrait en ajouter une cinquième, celle du roi
Charles II. Mais, dans l'histoire comme dans le drame, Charles II
d'Espagne n'est pas une figure, c'est une ombre[1].

A présent, hâtons-nous de le dire, ce qu'on vient de lire n'est
point l'explication de *Ruy Blas*. C'en est simplement un des
195 aspects. C'est l'impression particulière que pourrait laisser ce
drame, s'il valait la peine d'être étudié, à l'esprit grave et

---

1. Ce dernier roi de la maison de Charles Quint régna sans grandeur de 1665 à
1700.

--- **QUESTIONS** ---

3. Dans quelle mesure *Ruy Blas* est-il une peinture politique, sociale
de la décomposition de l'Ancien Régime? Quels sont les avatars de la
noblesse? A quoi se marque l'avenir politique du peuple? Précisez les
rapports entre cette société décrite par Hugo et la France à la veille de
1789. Rapprochez ce passage de la célèbre image de la pyramide humaine
dans le monologue de don Carlos (*Hernani*, vers 1515-1553). — Étudiez
en particulier le dernier paragraphe (lignes 161-173) : comment s'esquisse,
à travers cette image du peuple, l'idéal humanitaire et social de Hugo?
— Montrez que Hugo tire ses personnages vers des types représentatifs,
qui touchent même au symbole. Peut-on lui en faire grief?

consciencieux qui l'examinerait, par exemple, du point de vue de la philosophie de l'histoire. (4)

Mais, si peu qu'il soit, ce drame, comme toutes les choses de ce monde, a beaucoup d'autres aspects et peut être envisagé de beaucoup d'autres manières. On peut prendre plusieurs vues d'une idée comme d'une montagne. Cela dépend du lieu où l'on se place. Qu'on nous passe, seulement pour rendre claire notre idée, une comparaison infiniment trop ambitieuse : le mont Blanc, vu de la Croix-de-Fléchères¹, ne ressemble pas au mont Blanc vu de Sallanches². Pourtant c'est toujours le mont Blanc.

De même, pour tomber d'une très grande chose à une très petite, ce drame, dont nous venons d'indiquer le sens historique, offrirait une tout autre figure, si on le considérait d'un point de vue beaucoup plus élevé encore, du point de vue purement humain. Alors don Salluste serait l'égoïsme absolu, le souci sans repos; don César, son contraire, serait le désintéressement et l'insouciance; on verrait dans Ruy Blas le génie et la passion comprimés par la société et s'élançant d'autant plus haut que la compression est plus violente; la reine enfin, ce serait la vertu minée par l'ennui.

Au point de vue uniquement littéraire, l'aspect de cette pensée telle quelle, intitulée *Ruy Blas*, changerait encore. Les trois formes souveraines de l'art pourraient y paraître personnifiées et résumées. Don Salluste serait le drame, don César la comédie, Ruy Blas la tragédie. Le drame noue l'action, la comédie l'embrouille, la tragédie la tranche.

Tous ces aspects sont justes et vrais, mais aucun d'eux n'est complet. La vérité absolue n'est que dans l'ensemble de l'œuvre. Que chacun y trouve ce qu'il y cherche, et le poète, qui ne s'en flatte pas du reste, aura atteint son but. Le sujet philosophique

---

1. La Flégère, lieu d'ascension sur la chaîne du Brévent, d'où l'on voit le mont Blanc par-dessus la vallée de Chamonix; 2. Localité de la basse vallée de l'Arve, d'où l'on embrasse au loin toute la chaîne. Le poète avait visité ces lieux en 1825, ainsi que le rappelle un chapitre de *Victor Hugo raconté*.

──────── QUESTIONS ────────

4. Le personnage de la reine a-t-il une signification du même ordre que les trois personnages cités précédemment? Comment Hugo réussit-il à le rattacher à sa vision historique? En fait, à quel aspect du drame, défini au début de la Préface, appartient la reine?

de *Ruy Blas*, c'est le peuple aspirant aux régions élevées; le sujet humain, c'est un homme qui aime une femme; le sujet
230 dramatique, c'est un laquais qui aime une reine. La foule qui se presse chaque soir devant cette œuvre, parce qu'en France jamais l'attention publique n'a fait défaut aux tentatives de l'esprit, quelles qu'elles soient d'ailleurs, la foule, disons-nous, ne voit dans *Ruy Blas* que ce dernier sujet, le sujet dramatique,
235 le laquais, et elle a raison.

Et ce que nous venons de dire de *Ruy Blas* nous semble évident de tout autre ouvrage. Les œuvres vénérables des maîtres ont même cela de remarquable qu'elles offrent plus de faces à étudier que les autres. Tartufe fait rire ceux-ci et trembler
240 ceux-là. Tartufe, c'est le serpent domestique; ou bien c'est l'hypocrite; ou bien c'est l'hypocrisie. C'est tantôt un homme, tantôt une idée. Othello pour les uns, c'est un Noir qui aime une Blanche; pour les autres, c'est un parvenu qui a épousé une patricienne; pour ceux-là, c'est un jaloux; pour ceux-ci,
245 c'est la jalousie. Et cette diversité d'aspects n'ôte rien à l'unité fondamentale de la composition. Nous l'avons déjà dit ailleurs : mille rameaux et un tronc unique. (5)

Si l'auteur de ce livre a particulièrement insisté sur la signification historique de *Ruy Blas*, c'est que, dans sa pensée, par
250 le sens historique et, il est vrai, par le sens historique uniquement, *Ruy Blas* se rattache à *Hernani*. Le grand fait de la noblesse se montre, dans *Hernani* comme dans *Ruy Blas*, à côté du grand fait de la royauté. Seulement, dans *Hernani*, comme la royauté absolue n'est pas faite, la noblesse lutte encore contre le roi,
255 ici avec l'orgueil, là avec l'épée; à demi féodale, à demi rebelle. En 1519, le seigneur vit loin de la cour dans la montagne, en bandit comme Hernani, ou en patriarche comme Ruy Gomez. Deux cents ans plus tard, la question est retournée. Les vassaux sont devenus des courtisans. Et, si le seigneur sent encore
260 d'aventure le besoin de cacher son nom, ce n'est pas pour

---

QUESTIONS

5. A quoi se marque la richesse d'un drame? A quels divers points de vue peut-on se placer pour juger *Ruy Blas?* Le théâtre de Corneille ne présente-t-il pas parfois des aspects très divers (*Polyeucte* : drame passionnel, étude de la grâce, peinture de la société païenne aux prises avec le christianisme, etc.)? — Dégagez l'importance, au point de vue de la critique littéraire, de l'idée générale exprimée ici par Hugo : que résulte-t-il du fait que la même œuvre puisse être considérée sous des perspectives différentes?

échapper au roi, c'est pour échapper à ses créanciers. Il ne se fait pas bandit, il se fait bohémien. — On sent que la royauté absolue a passé pendant de longues années sur ces nobles têtes, courbant l'une, brisant l'autre.

55   Et puis, qu'on nous permette ce dernier mot : entre *Hernani* et *Ruy Blas*, deux siècles de l'Espagne sont encadrés; deux grands siècles, pendant lesquels il a été donné à la descendance de Charles Quint de dominer le monde; deux siècles que la Providence, chose remarquable, n'a pas voulu allonger d'une 70 heure, car Charles Quint naît en 1500, et Charles II meurt en 1700. En 1700, Louis XIV héritait de Charles Quint, comme en 1800 Napoléon héritait de Louis XIV. Ces grandes apparitions de dynasties qui illuminent par moments l'histoire sont pour l'auteur un beau et mélancolique spectacle sur lequel ses 75 yeux se fixent souvent. Il essaie parfois d'en transporter quelque chose dans ses œuvres. Ainsi il a voulu remplir *Hernani* du rayonnement d'une aurore, et couvrir *Ruy Blas* des ténèbres d'un crépuscule. Dans *Hernani*, le soleil de la maison d'Autriche se lève; dans *Ruy Blas*, il se couche. **(6) (7)**

Paris, 25 novembre 1838.

───────── QUESTIONS ─────────

6. Les rapports entre *Ruy Blas* et *Hernani* : pensez-vous qu'au moment où il concevait *Ruy Blas*, Hugo y voyait déjà le deuxième volet du diptyque dont *Hernani* était le premier? Comment se fait-il cependant que ces deux drames soient restés les plus prestigieux du théâtre de Hugo?

7. SUR L'ENSEMBLE DE LA PRÉFACE. — Étudiez-en le plan, montrez la rigueur de la composition. Les idées de cette Préface sont-elles anachroniques? Ou bien les œuvres dramatiques d'aujourd'hui s'y conforment-elles?

— Si l'on compare ce texte à la *Préface de « Cromwell »* et à la Préface d'*Hernani*, quelles sont les conceptions romantiques du drame que V. Hugo réaffirme ici encore? Dans quelle mesure sa conception de la critique dramatique s'est-elle toutefois élargie depuis 1830?

PERSONNAGES[1]

RUY BLAS[2]

DON SALLUSTE[3] DE BAZAN

DON CÉSAR DE BAZAN

DON GURITAN

LE COMTE DE CAMPOREAL

LE MARQUIS DE SANTA-CRUZ

LE MARQUIS DEL BASTO

LE COMTE D'ALBE

LE MARQUIS DE PRIEGO

DON MANUEL ARIAS

MONTAZGO.

DON ANTONIO UBILLA

COVADENGA

GUDIEL

UN LAQUAIS.

UN ALCADE[4].

UN HUISSIER.

UN ALGUAZIL[5].

UN PAGE.

DOÑA MARIA DE NEUBOURG, reine d'Espagne.

LA DUCHESSE D'ALBUQUERQUE[6]

CASILDA

UNE DUÈGNE.

DAMES, SEIGNEURS, CONSEILLERS PRIVÉS, PAGES, DUÈGNES,
ALGUAZILS, GARDES, HUISSIERS DE CHAMBRE ET DE COUR.

Madrid. — 169..[7]

1. Voir, dans la Note ajoutée par Hugo à son texte (page 200), la distribution
de la première représentation; 2. Combinaison symbolique d'un nom roturier
(*Blas* : Blaise) et d'un nom noble (*Ruy* : abréviation de Rodrigo); 3. Si Bazan est
un nom espagnol, Salluste et César ne le sont point; 4. *Alcade* : juge; 5. *Alguazil* :
agent de police; 6. Le personnage est historique, mais Hugo lui a prêté le caractère
impérieux de la duchesse de Terra-Nova, *camerera mayor* (première dame d'honneur) antérieure, morte en 1695; 7. On peut ainsi dater l'action : acte premier,
28 mai 1698; acte II, 29 juin; acte III, 29 décembre; acte IV, 30 décembre au matin;
acte V, 30 décembre au soir.

RUY BLAS

ACTE PREMIER

DON SALLUSTE[1]

*Le salon de Danaé[2] dans le palais du roi, à Madrid. Ameublement
magnifique dans le goût demi-flamand du temps de Philippe IV[3].
A gauche, une grande fenêtre à châssis dorés et à petits carreaux.
Des deux côtés, sur un pan coupé, une porte basse donnant dans
quelque appartement intérieur. Au fond, une grande cloison vitrée
à châssis dorés s'ouvrant par une large porte également vitrée sur
une longue galerie. Cette galerie, qui traverse tout le théâtre, est
masquée par d'immenses rideaux qui tombent du haut en bas de
la cloison vitrée. Une table, un fauteuil, et ce qu'il faut pour écrire.*

*Don Salluste entre par la petite porte de gauche, suivi de Ruy Blas
et de Gudiel, qui porte une cassette et divers paquets qu'on dirait
disposés pour un voyage. Don Salluste est vêtu de velours noir,
costume de cour du temps de Charles II[4]. La Toison d'or[5] au cou.
Par-dessus l'habillement noir, un riche manteau de velours clair,
brodé d'or et doublé de satin noir. Epée à grande coquille. Chapeau
à plumes blanches. Gudiel est en noir, épée au côté. Ruy Blas est
en livrée. Haut-de-chausse[6] et justaucorps[7] bruns. Surtout[8] galonné,
rouge et or. Tête nue et sans épée.*

---

1. Les titres de chaque acte sont de Victor Hugo; 2. Aucune salle du palais
royal n'est ainsi dénommée; un célèbre tableau de Titien représentant Danaé et
qui se trouve au musée de Madrid a peut-être suggéré le rapprochement à Hugo;
3. *Philippe IV*, père de Charles II, régna de 1621 à 1665. Il abandonna le pouvoir
à son favori Olivarès; son règne fut assombri par les luttes où l'Espagne était enga-
gée lors de la guerre de Trente Ans; 4. *Charles II* : Voir page 33, note 1; 5. *Toison
d'or* : ordre de chevalerie créé en 1429 par Philippe le Bon, duc de Bourgogne;
il était destiné à la propagation de la foi catholique et réservé à des « gentilshommes
sans reproche ». L'insigne consistait en un collier auquel était suspendu un bélier
d'or; 6. *Haut-de-chausse* : culotte; 7. *Justaucorps* : vêtement qui couvre le haut
du corps et qui est serré à la taille; 8. *Surtout* : sorte de veste assez ample que l'on
mettait par-dessus le pourpoint ou le justaucorps.

QUESTIONS

■ Sur le décor. — Appréciez la précision dans les détails du décor
et du costume. Relevez ce qui est destiné à recréer l'exactitude historique et ce qui est destiné aux effets d'ordre esthétique. Qu'en conclure
sur la mise en scène de *Ruy Blas?* — Un metteur en scène moderne
peut-il avoir autant de liberté d'interprétation dans un drame de ce
genre que dans une tragédie classique?

SCÈNE PREMIÈRE. — DON SALLUSTE DE BAZAN,
GUDIEL; *par instants* RUY BLAS.

DON SALLUSTE

Ruy Blas, fermez la porte, — ouvrez cette fenêtre.
*(Ruy Blas obéit, puis, sur un signe de don Salluste, il sort par la
porte du fond; don Salluste va à la fenêtre.)*
Ils dorment encor tous ici. — Le jour va naître.
    (Il se tourne brusquement vers Gudiel.)
Ah! c'est un coup de foudre!... — oui, mon règne est passé,
Gudiel! — renvoyé, disgracié, chassé! —
5 Ah! tout perdre en un jour! — L'aventure est secrète
Encor. N'en parle pas. — Oui, pour une amourette,
— Chose, à mon âge, sotte et folle, j'en convien[1] —
Avec une suivante, une fille de rien!
Séduite, beau malheur! Parce que la donzelle
10 Est à la reine, et vient de Neubourg[2] avec elle,
Que cette créature a pleuré contre moi,
Et traîné son enfant dans les chambres[3] du roi :
Ordre de l'épouser. Je refuse. On m'exile.
On m'exile! Et vingt ans d'un labeur difficile,
15 Vingt ans d'ambition, de travaux nuit et jour;
Le président haï des alcades de cour[4],
Dont nul ne prononçait le nom sans épouvante;
Le chef de la maison de Bazan, qui s'en vante;
Mon crédit, mon pouvoir; tout ce que je rêvais,
20 Tout ce que je faisais et tout ce que j'avais,
Charge, emplois, honneurs, tout en un instant s'écroule
Au milieu des éclats de rire de la foule!

---

1. Licence orthographique, conforme à l'étymologie et admise seulement à la
rime; cette licence est d'ailleurs une survivance des usages de la poésie classique;
2. *Neubourg* : petite ville de Bavière qui avait été la capitale d'une principauté
jusqu'au XVIe siècle; 3. *Les chambres* : les appartements; 4. *Alcades de cour* : juges
du tribunal royal qui jugeaient en appel les procès criminels.

QUESTIONS

● VERS 1-22. Dégagez les éléments de l'exposition. Comment Hugo,
dans le rythme et le choix du vocabulaire, donne-t-il l'impression du
naturel? En quoi les sentiments qui assaillent alors don Salluste per-
mettent-ils de condenser en quelques images son passé et sa situation
présente?

GUDIEL

Nul ne le sait encor, monseigneur.

DON SALLUSTE

Mais demain!

Demain on le saura! — Nous serons en chemin.
25 Je ne veux pas tomber, non, je veux disparaître!
(Il déboutonne violemment son pourpoint.)
— Tu m'agrafes toujours comme on agrafe un prêtre!
Tu serres mon pourpoint[1], et j'étouffe, mon cher!
(Il s'assied.)
Oh! mais je vais construire, et sans en avoir l'air,
Une sape profonde, obscure et souterraine!...
30 — Chassé! —
(Il se lève.)

GUDIEL

D'où vient le coup, monseigneur?

DON SALLUSTE

De la reine.

Oh! je me vengerai, Gudiel! — Tu m'entends!
Toi dont je suis l'élève et qui depuis vingt ans
M'as aidé, m'as servi dans les choses passées,
Tu sais bien jusqu'où vont dans l'ombre mes pensées,
35 Comme un bon architecte, au coup d'œil exercé,
Connaît la profondeur du puits qu'il a creusé.
Je pars. Je vais aller à Finlas[2], en Castille,
Dans mes états, — et là, songer! — Pour une fille!
— Toi, règle le départ, car nous sommes pressés.
40 Moi, je vais dire un mot au drôle que tu sais.
A tout hasard. Peut-il me servir? Je l'ignore.
Ici jusqu'à ce soir je suis le maître encore.
Je me vengerai, va! Comment? Je ne sais pas;
Mais je veux que ce soit effrayant! — De ce pas

---

1. *Pourpoint* : vêtement d'homme qui couvrait le haut du corps; 2. *Finlas* n'existe pas; le mot semble être un « espagnolisme » comme Hugo en invente souvent. On a pensé qu'il pouvait s'agir d'une déformation de *Fonelas*, localité du royaume de Grenade.

QUESTIONS

● Vers 23-46. Quel effet produisent les digressions (vers 26-27) et les rappels (vers 30 et 38) qui interrompent le développement? Est-il surprenant que l'idée de la vengeance germe dès maintenant dans l'esprit de don Salluste? Montrez comment le poète justifie cet accès de haine, par la situation, le caractère, le passé de don Salluste.

45 Va faire nos apprêts, et hâte-toi. — Silence!
Tu pars avec moi. Va.

(*Gudiel salue et sort. — Don Salluste appelant.*)
— Ruy Blas!

RUY BLAS, *se présentant à la porte du fond.*

Votre Excellence?

DON SALLUSTE

Comme je ne dois plus coucher dans le palais,
Il faut laisser les clefs et clore les volets.

RUY BLAS, *s'inclinant.*

Monseigneur, il suffit.

DON SALLUSTE

Écoutez, je vous prie.

50 La reine va passer, là, dans la galerie,
En allant de la messe à sa chambre d'honneur,
Dans deux heures. Ruy Blas, soyez là.

RUY BLAS

Monseigneur,
J'y serai.

DON SALLUSTE, *à la fenêtre.*

Voyez-vous cet homme dans la place
Qui montre aux gens de garde un papier, et qui passe?
55 Faites-lui, sans parler, signe qu'il peut monter
Par l'escalier étroit.

(*Ruy Blas obéit. Don Salluste continue en lui montrant la petite
porte à droite.*)
— Avant de nous quitter,

Dans cette chambre où sont les hommes de police,
Voyez donc si les trois alguazils[1] de service
Sont éveillés.

RUY BLAS

(*Il va à la porte, l'entrouvre et revient.*)
Seigneur, ils dorment.

DON SALLUSTE

Parlez bas.

60 J'aurai besoin de vous, ne vous éloignez pas.
Faites le guet afin que les fâcheux nous laissent.

(*Entre don César de Bazan. Chapeau défoncé. Grande cape dégue-
nillée qui ne laisse voir de sa toilette que des bas mal tirés et des
souliers crevés. Epée de spadassin.*)

---

1. *Alguazil* : voir page 42, note 5.

(Au moment où il entre, lui et Ruy Blas se regardent et font en même temps, chacun de son côté, un geste de surprise.)

DON SALLUSTE, *les observant, à part.*

Ils se sont regardés! Est-ce qu'ils se connaissent?
(Ruy Blas sort.)

Scène II. — DON SALLUSTE, DON CÉSAR,
puis RUY BLAS.

DON SALLUSTE

Ah! vous voilà, bandit!

DON CÉSAR

Oui, cousin, me voilà.

DON SALLUSTE

C'est grand plaisir de voir un gueux comme cela!

DON CÉSAR, *saluant.*

65 Je suis charmé...

DON SALLUSTE

Monsieur, on sait de vos histoires.

DON CÉSAR, *gracieusement.*

Qui sont de votre goût?

DON SALLUSTE

Oui, des plus méritoires.

Don Charles de Mira[1] l'autre nuit fut volé.
On lui prit son épée à fourreau ciselé
Et son buffle[2]. C'était la surveille[3] de Pâques.
70 Seulement, comme il est chevalier de Saint-Jacques[4],
La bande lui laissa son manteau.

---

1. Personnage imaginaire (voir la note du vers 37); 2. *Buffle :* justaucorps en peau de buffle; 3. *Surveille :* avant-veille; 4. Un ordre de chevalerie avait été fondé au XIIᵉ siècle sous le patronage de saint Jacques de Compostelle pour lutter contre les Maures; les chevaliers portaient un manteau blanc brodé d'une croix rouge en forme d'épée.

— QUESTIONS —

● Vers 47-62. Don Salluste a-t-il un plan précis? Sur quel rythme donne-t-il cependant ses ordres? Quel aspect de son caractère se révèle ici. L'importance du vers 62 pour la suite de l'action. — Pourquoi Hugo a-t-il voulu nous montrer Ruy Blas dans ses fonctions de laquais?

■ Sur l'ensemble de la scène première. — Quelle qualité toute « classique » se manifeste dans cette scène qui sert à la fois à exposer la situation et à engager l'action? Le climat est-il cependant le même que dans une tragédie? — L'exposition est-elle complète après cette scène?
— Le caractère de don Salluste d'après cette première apparition.

DON CÉSAR

Doux Jésus!
Pourquoi?

DON SALLUSTE

Parce que l'ordre était brodé dessus.
Eh bien! que dites-vous de l'algarade[1]?

DON CÉSAR

Ah! diable!
Je dis que nous vivons dans un siècle effroyable!
75 Qu'allons-nous devenir, bon Dieu! si les voleurs
Vont courtiser saint Jacque[2] et le mettre des leurs?

DON SALLUSTE

Vous en étiez!

DON CÉSAR

Eh bien, — oui! s'il faut que je parle,
J'étais là. Je n'ai pas touché don Charle,
J'ai donné seulement des conseils.

DON SALLUSTE

Mieux encor.
80 La lune étant couchée, hier, Plaza-Mayor[3],
Toutes sortes de gens, sans coiffe et sans semelle,
Qui hors d'un bouge affreux se ruaient pêle-mêle,
Ont attaqué le guet[4]. — Vous en étiez.

DON CÉSAR

Cousin,
J'ai toujours dédaigné de battre un argousin[5].
85 J'étais là. Rien de plus. Pendant les estocades[6],
Je marchais en faisant des vers sous les arcades.
On s'est fort assommé.

DON SALLUSTE

Ce n'est pas tout.

---

1. *Algarade* : attaque violente et inopinée; 2. Licence orthographique justifiée par la prosodie; 3. La grande place de Madrid; 4. *Guet* : escouade de police chargée de la surveillance de la ville pendant la nuit; 5. *Argousin* : terme péjoratif pour désigner les agents de police; l'emploi du mot est d'autant plus comique ici que le terme est une déformation de l'espagnol *alguazil*; 6. *Estocade* : coup d'épée donné avec la pointe (l'estoc).

DON SALLUSTE (Jean Debucourt) et DON CÉSAR (Pierre Dux)
à la Comédie-Française (1938).

DON CÉSAR

Voyons.

DON SALLUSTE

En France, on vous accuse, entre autres actions,
Avec vos compagnons à toute loi rebelles,
90 D'avoir ouvert sans clef la caisse des gabelles[1].

DON CÉSAR

Je ne dis pas. — La France est pays ennemi[2].

DON SALLUSTE

En Flandre, rencontrant dom[3] Paul Barthélemy,
Lequel portait à Mons[4] le produit d'un vignoble
Qu'il venait de toucher pour le chapitre noble[5],
95 Vous avez mis la main sur l'argent du clergé.

DON CÉSAR

En Flandre? — il se peut bien. J'ai beaucoup voyagé.
— Est-ce tout?

DON SALLUSTE

Don César, la sueur de la honte,
Lorsque je pense à vous, à la face me monte.

DON CÉSAR

Bon. Laissez-la monter.

---

1. *Gabelles :* services de l'impôt sur le sel, dans la France de l'Ancien Régime. Mais, à l'origine, le mot désignait toute sorte d'impôts; 2. Malgré la paix de Ryswick (1697), la France, qui avait été plusieurs fois en guerre contre l'Espagne au XVIIe siècle, pouvait être considérée comme l'ennemie héréditaire; 3. *Dom :* titre honorifique donné à certains religieux (bénédictins, chartreux). Cette orthographe ancienne s'est traditionnellement maintenue dans cet emploi (alors qu'on écrit *don* le titre nobiliaire espagnol); 4. *Mons :* capitale du Hainaut, province des Pays-Bas espagnols; 5. *Chapitre :* conseil des chanoines d'une église cathédrale; certains de ces chapitres *(chapitres nobles)* n'étaient ouverts qu'aux membres des familles nobles. Les chapitres possédaient des biens propres.

■ QUESTIONS

● VERS 63-98. Quel effet visuel produit l'entrée de don César dans ce décor fastueux, face aux vêtements somptueux de don Salluste? Comment les premières paroles échangées (vers 63) accentuent-elles la surprise? — Pourquoi cette brusque attaque de don Salluste? Dans quelle mesure peut-on dire que c'est chez lui un trait « professionnel »? A-t-il souvent l'occasion d'avoir affaire à des accusés de la même trempe que don César? — Les crimes commis par don César le rendent-ils antipathique? A qui s'est-il attaqué? Comment participe-t-il à l'action? Montrez que don César, par son mélange d'orgueil et de misère, semble sorti du roman picaresque. Par quels traits peut-il être plus directement sympathique au public français?

DON SALLUSTE

Notre famille...

DON CÉSAR

Non.

100 Car vous seul à Madrid connaissez mon vrai nom.
Ainsi ne parlons pas famille!

DON SALLUSTE

Une marquise

Me disait l'autre jour en sortant de l'église :
— Quel est donc ce brigand qui, là-bas, nez au vent,
Se carre, l'œil au guet et la hanche en avant,
105 Plus délabré que Job[1] et plus fier que Bragance[2],
Drapant sa gueuserie avec son arrogance,
Et qui, froissant du poing sous sa manche en haillons
L'épée à lourd pommeau qui lui bat les talons,
Promène, d'une mine altière et magistrale,
110 Sa cape en dents de scie et ses bas en spirale?

DON CÉSAR, *jetant un coup d'œil sur sa toilette.*

Vous avez répondu : C'est ce cher Zafari[3]!

DON SALLUSTE

Non; j'ai rougi, monsieur.

DON CÉSAR

Eh bien! la dame a ri.

Voilà. J'aime beaucoup faire rire les femmes.

DON SALLUSTE

Vous n'allez fréquentant que spadassins infâmes!

DON CÉSAR

115 Des clercs[4]! des écoliers doux comme des moutons!

---

1. *Job* : patriarche biblique que Dieu soumit à l'épreuve de la pauvreté totale;
2. *Bragance* : maison noble du Portugal, qui, en 1640, avait libéré son pays du joug
espagnol et régnait depuis lors; 3. Nom d'emprunt de don César; 4. *Clerc* : étu-
diant en théologie.

─────── QUESTIONS ───────

● VERS 99-113. Comment ce passage donne-t-il seulement maintenant
la réponse au mystère contenu dans le vers 63? — Quel changement
d'attitude se manifeste chez don Salluste? Est-ce toujours le juge qui
accuse? — Étudiez l'art du portrait dans les vers 101-110. Ce portrait
peut-il faire honte à don César? Quel comique de situation se trouve
ainsi créé? — Comment se complète au vers 113 le portrait de don
César?

DON SALLUSTE

Partout on vous rencontre avec des Jeannetons[1]!

DON CÉSAR

O Lucindes d'amour! ô douces Isabelles[2]!
Eh bien! sur votre compte on en entend de belles!
Quoi! l'on vous traite ainsi, beautés à l'œil mutin,
120 A qui je dis le soir mes sonnets du matin!

DON SALLUSTE

Enfin, Matalobos[3], ce voleur de Galice
Qui désole[4] Madrid malgré notre police,
Il est de vos amis!

DON CÉSAR

　　　　　　　Raisonnons, s'il vous plaît.
Sans lui j'irais tout nu, ce qui serait fort laid.
125 Me voyant sans habit, dans la rue, en décembre,
La chose le toucha. — Ce fat parfumé d'ambre,
Le comte d'Albe[5], à qui l'autre mois fut volé
Son beau pourpoint[6] de soie...

DON SALLUSTE

　　　　　　　　　Eh bien?

DON CÉSAR

　　　　　　　　　　　　C'est moi qui l'ai.
Matalobos me l'a donné.

DON SALLUSTE

　　　　　　　　　L'habit du comte!
130 Vous n'êtes pas honteux?...

---

1. *Jeanneton* : diminutif méprisant pour désigner des femmes peu recommandables; 2. *Lucinde* et *Isabelle* : noms traditionnels d'ingénues dans des pièces espagnoles, mais aussi dans la comédie italienne, qui les a transmis au théâtre français; on retrouve ces noms dans certaines comédies de Molière; 3. *Matalobos* : personnage imaginaire, lui aussi, mais dont le nom (« tueur de loups ») semble avoir été inventé par analogie avec *Matamoros* (« tueur de Mores »); le mot *Matalobos* existe d'ailleurs en espagnol, mais désigne couramment une plante, l'aconit; 4. *Désoler* : ravager (sens fort du français classique); 5. *Comte d'Albe* : personnage imaginaire, mais dont le nom évoque le duc d'Albe, qui fut au XVIᵉ siècle un des plus puissants hommes d'État de la monarchie espagnole; 6. *Pourpoint* : voir la note du vers 27.

DON CÉSAR

Je n'aurai jamais honte
De mettre un bon pourpoint, brodé, passementé[1],
Qui me tient chaud l'hiver et me fait beau l'été.
— Voyez, il est tout neuf. —

(Il entrouvre son manteau, qui laisse voir un superbe pourpoint de satin rose brodé d'or.)

Les poches en sont pleines
De billets doux au comte adressés par centaines.
135 Souvent, pauvre, amoureux, n'ayant rien sous la dent,
J'avise une cuisine au soupirail ardent
D'où la vapeur des mets aux narines me monte.
Je m'assieds là. J'y lis les billets doux du comte,
Et, trompant l'estomac et le cœur tour à tour,
140 J'ai l'odeur du festin et l'ombre de l'amour!

DON SALLUSTE

Don César...

DON CÉSAR

Mon cousin, tenez, trêve aux reproches.
Je suis un grand seigneur, c'est vrai, l'un de vos proches;
Je m'appelle César, comte de Garofa[2];
Mais le sort de folie en naissant me coiffa.
145 J'étais riche, j'avais des palais, des domaines,
Je pouvais largement renter les Célimènes[3],
Bah! mes vingt ans n'étaient pas encor révolus
Que j'avais mangé tout! il ne me restait plus
De mes prospérités, ou réelles ou fausses,
150 Qu'un tas de créanciers hurlant après mes chausses[4].
Ma foi, j'ai pris la fuite et j'ai changé de nom.

---

1. *Passementé* : orné de motifs brodés de fils d'or et d'argent; 2. *Garofa* : nom géographique fantaisiste, peut-être né d'une déformation de *Garofé*, seigneurie de Castille; 3. *Célimène* : personnage du *Misanthrope* de Molière, devenu le symbole de la coquette mondaine; 4. *Chausses* : partie du vêtement masculin qui tient lieu à la fois de bas et de culotte.

QUESTIONS

● Vers 114-140. — Don Salluste est-il réellement choqué par les fréquentations immorales de don César ou joue-t-il l'indignation? D'après ce que nous savons de sa propre vie, est-il qualifié pour faire de tels reproches? — Comment don César conserve-t-il malgré tout un air de supériorité? Les vers 135-140 ne révèlent-ils pas une vive sensibilité sous l'écorce de l'esprit?

A présent, je ne suis qu'un joyeux compagnon,
Zafari, que hors vous nul ne peut reconnaître.
Vous ne me donnez pas du tout d'argent, mon maître;
155 Je m'en passe. Le soir, le front sur un pavé,
Devant l'ancien palais des comtes de Tévé[1],
— C'est là, depuis neuf ans, que la nuit je m'arrête, —
Je vais dormir avec le ciel bleu sur ma tête.
Je suis heureux ainsi. Pardieu, c'est un beau sort!
160 Tout le monde me croit dans l'Inde[2], au diable, — mort.
La fontaine voisine a de l'eau, j'y vais boire,
Et puis je me promène avec un air de gloire.
Mon palais, d'où jadis mon argent s'envola,
Appartient à cette heure au nonce Espinola.
165 C'est bien. Quand par hasard jusque-là je m'enfonce,
Je donne des avis aux ouvriers du nonce
Occupés à sculpter sur la porte un Bacchus. —
Maintenant, pouvez-vous me prêter dix écus[3]?

DON SALLUSTE

Écoutez-moi...

DON CÉSAR, *se croisant les bras.*

Voyons à présent votre style.

DON SALLUSTE

170 Je vous ai fait venir, c'est pour vous être utile,

---

1. *Tévé* : semble aussi une invention du poète (sur la prononciation, voir Note de l'auteur, page 196, ligne 6); 2. *L'Inde* occidentale, c'est-à-dire les possessions espagnoles d'Amérique; 3. *Écu* : pièce d'argent de valeur de trois francs; la somme demandée est modique.

QUESTIONS

● VERS 141-168. Ce morceau de bravoure s'intègre-t-il bien au mouvement de la scène? — Quelle est l'importance de cette tirade pour compléter l'exposition? — En rapprochant ce passage de la Préface (lignes 116-149), appréciez la vraisemblance historique du personnage. (Se rappeler que la décadence économique de l'Espagne avait, dès le XVIIe siècle, provoqué la ruine des *hidalgos*, nobles de petite extraction, dont le don Quichotte de Cervantès est l'exemple, mais non le déclin des grandes familles.) En quoi la destinée de don César ressemble-t-elle davantage à celle de certains nobles français de l'Ancien Régime? — Quelles qualités et quels goûts lui sont restés de sa condition première? — Comment s'explique le cynisme du dernier vers?

César, sans enfants, riche, et de plus votre aîné,
Je vous vois à regret vers l'abîme entraîné;
Je veux vous en tirer. Bravache que vous êtes,
Vous êtes malheureux. Je veux payer vos dettes,
175 Vous rendre vos palais, vous remettre à la cour,
Et refaire de vous un beau seigneur d'amour.
Que Zafari s'éteigne et que César renaisse.
Je veux qu'à votre gré vous puisiez dans ma caisse,
Sans crainte, à pleines mains, sans soin de l'avenir.
180 Quand on a des parents, il faut les soutenir,
César, et pour les siens se montrer pitoyable.

(Pendant que don Salluste parle, le visage de don César prend une expression de plus en plus étonnée, joyeuse et confiante; enfin, il éclate.)

DON CÉSAR

Vous avez toujours eu de l'esprit comme un diable,
Et c'est fort éloquent ce que vous dites là.
— Continuez.

DON SALLUSTE

César, je ne mets à cela
185 Qu'une condition. — Dans l'instant je m'explique.
Prenez d'abord ma bourse.

DON CÉSAR, *soupesant la bourse qui est pleine d'or.*

Ah ça! c'est magnifique!

DON SALLUSTE

Et je vous vais donner cinq cents ducats[1]...

DON CÉSAR, *ébloui.*

Marquis!

DON SALLUSTE, *continuant.*

Dès aujourd'hui.

DON CÉSAR

Pardieu, je vous suis tout acquis.
Quant aux conditions, ordonnez. Foi de brave,

---

1. *Ducat* : monnaie espagnole, pièce d'or valant un demi-louis, soit une dizaine de francs. Somme considérable par rapport aux dix écus réclamés au vers 168 A remarquer que Hugo se sert avec une certaine fantaisie de tout ce vocabulaire de la monnaie ancienne, mêlant des termes purement espagnols à des termes (écu, pistole) utilisés en France et qui en 1838 restaient traditionnellement employés même depuis l'adoption du système métrique.

190 Mon épée est à vous. Je deviens votre esclave,
Et, si cela vous plaît, j'irai croiser le fer
Avec don Spavento[1], capitan de l'enfer.

DON SALLUSTE

Non, je n'accepte pas, don César, et pour cause,
Votre épée.

DON CÉSAR

Alors quoi? je n'ai guère autre chose.

DON SALLUSTE, *se rapprochant de lui et baissant la voix.*

195 Vous connaissez — et c'est en ce cas un bonheur —
Tous les gueux de Madrid.

DON CÉSAR

Vous me faites honneur.

DON SALLUSTE

Vous en traînez toujours après vous une meute;
Vous pourriez, au besoin, soulever une émeute,
Je le sais. Tout cela peut-être servira.

DON CÉSAR, *éclatant de rire.*

200 D'honneur! vous avez l'air de faire un opéra.
Quelle part donnez-vous dans l'œuvre à mon génie?
Sera-ce le poème ou bien la symphonie?
Commandez. Je suis fort pour le charivari[2].

DON SALLUSTE, *gravement.*

Je parle à don César, et non à Zafari.
(*Baissant la voix de plus en plus.*)
205 Écoute. J'ai besoin, pour un résultat sombre,
De quelqu'un qui travaille à mon côté dans l'ombre
Et qui m'aide à bâtir un grand événement.

---

1. *Spavento* : personnage traditionnel de la comédie italienne; son nom signifie
« Épouvante ». Il tient l'emploi du *capitan*, militaire fanfaron, à la manière du
Matamore espagnol. C'est l'imagination de Hugo qui en fait le spadassin de Satan;
2. *Charivari* : vieille coutume qui consistait à faire du vacarme et des bruits de
casserole sous les fenêtres d'un adversaire. L'usage en avait repris en France contre
les légitimistes après la tentative de la duchesse de Berry (1832). La fondation,
la même année, de la feuille satirique, *le Charivari*, avait remis le mot à la mode.

● QUESTIONS

● VERS 169-194. Don Salluste met-il beaucoup de façons à tenter don
César? Comment celui-ci a-t-il, sans le vouloir, aidé don Salluste dans
son projet? — Don Salluste a-t-il raison de penser que don César regrette
sa splendeur passée (vers 174-177)? Où commence déjà le malentendu?

Je ne suis pas méchant, mais il est tel moment
Où le plus délicat, quittant toute vergogne,
210 Doit retrousser sa manche et faire la besogne.
Tu seras riche, mais il faut m'aider sans bruit
A dresser, comme font les oiseleurs la nuit,
Un bon filet caché sous un miroir qui brille,
Un piège d'alouette ou bien de jeune fille.
215 Il faut, par quelque plan terrible et merveilleux,
— Tu n'es pas, que je pense, un homme scrupuleux, —
Me venger !

DON CÉSAR

Vous venger ?

DON SALLUSTE

Oui.

DON CÉSAR

De qui ?

DON SALLUSTE

D'une femme.

DON CÉSAR

(Il se redresse et regarde fièrement don Salluste.)
Ne m'en dites pas plus. Halte-là ! — Sur mon âme,
Mon cousin, en ceci voilà mon sentiment.
220 Celui qui, bassement et tortueusement,
Se venge, ayant le droit de porter une lame,
Noble, par une intrigue, homme, sur une femme,
Et qui, né gentilhomme, agit en alguazil[1],
Celui-là — fût-il grand de Castille, fût-il

---

1. *Alguazil* : voir page 42, note 5.

———— QUESTIONS ————

● Vers 195-216. Don Salluste découvre-t-il d'un seul coup son projet ? Se montre-t-il fin psychologue (vers 197-199) ? Est-ce tellement l'amour de l'argent qui pousse César à servir son cousin (vers 200-204) ? — Comparez le vers 204 au vers 177 : pourquoi don Salluste insiste-t-il sur cet argument ? — Étudiez le vocabulaire et le ton des vers 205-216 : tout en voulant convaincre don César, don Salluste ne laisse-t-il pas échapper, comme Tartuffe, des mots qui trahissent le fond de son âme ?

● Vers 217. Quelle est l'importance de ce vers dans le développement de la scène ? D'où vient sa force expressive ?

225 Suivi de cent clairons sonnant des tintamarres[1],
　　Fût-il tout harnaché d'ordres et de chamarres[2],
　　Et marquis, et vicomte, et fils des anciens preux, —
　　N'est pour moi qu'un maraud sinistre et ténébreux
　　Que je voudrais, pour prix de sa lâcheté vile,
230 Voir pendre à quatre clous au gibet de la ville!

DON SALLUSTE

César!...

DON CÉSAR

　　N'ajoutez pas un mot, c'est outrageant.
　　(Il jette la bourse aux pieds de don Salluste.)
　　Gardez votre secret, et gardez votre argent.
　　Oh! je comprends qu'on vole, et qu'on tue, et qu'on pille,
　　Que par une nuit noire on force une bastille,
235 D'assaut, la hache au poing, avec cent flibustiers[3];
　　Qu'on égorge estafiers[4], geôliers et guichetiers,
　　Tous, taillant et hurlant, en bandits que nous sommes,
　　Œil pour œil, dent pour dent, c'est bien! hommes contre
　　　　　　　　　　　　　　　　　　　　　　[hommes!
　　Mais doucement détruire une femme! et creuser
240 Sous ses pieds une trappe! et contre elle abuser,
　　Qui sait? de son humeur peut-être hasardeuse[5]!
　　Prendre ce pauvre oiseau dans quelque glu hideuse!
　　Oh! plutôt qu'arriver jusqu'à ce déshonneur,
　　Plutôt qu'être, à ce prix, un riche et haut seigneur,
245 — Et je le dis ici pour Dieu qui voit mon âme, —
　　J'aimerais mieux, plutôt qu'être à ce point infâme,
　　Vil, odieux, pervers, misérable et flétri,
　　Qu'un chien rongeât mon crâne au pied du pilori!

DON SALLUSTE

Cousin...

DON CÉSAR

　　De vos bienfaits je n'aurai nulle envie,
250 Tant que je trouverai, vivant ma libre vie,
　　Aux fontaines de l'eau, dans les champs le grand air,

---

1. *Tintamarre*, désignant le son éclatant de certains instruments de cuivre, n'est employé qu'au singulier; en l'employant au pluriel, Hugo donne au mot une valeur nouvelle, plus précise et plus concrète; 2. *Chamarre* : forme ancienne de *simarre* (longue robe de cérémonie), mais le mot évoque ici les décorations dont les grands personnages sont « chamarrés »; 3. *Flibustiers* : pirates; 4. *Estafiers* : valets en armes; 5. *Hasardeux* : ici, exposé au hasard par suite de ses imprudences.

A la ville un voleur qui m'habille l'hiver,
Dans mon âme l'oubli des prospérités mortes,
Et devant vos palais, monsieur, de larges portes
255 Où je puis, à midi, sans souci du réveil,
Dormir, la tête à l'ombre et les pieds au soleil !
— Adieu donc. — De nous deux Dieu sait quel est le juste.
Avec les gens de cour, vos pareils, don Salluste,
Je vous laisse, et je reste avec mes chenapans.
260 Je vis avec les loups, non avec les serpents.

DON SALLUSTE

Un instant...

DON CÉSAR

Tenez, maître, abrégeons la visite.
Si c'est pour m'envoyer en prison, faites vite.

DON SALLUSTE

Allons, je vous croyais, César, plus endurci.
L'épreuve vous est bonne et vous a réussi :
265 Je suis content de vous. Votre main, je vous prie.

DON CÉSAR

Comment ?

DON SALLUSTE

Je n'ai parlé que par plaisanterie.
Tout ce que j'ai dit là, c'est pour vous éprouver.
Rien de plus.

DON CÉSAR

Ça, debout vous me faites rêver.
La femme, le complot, cette vengeance...

DON SALLUSTE

Leurre !
270 Imagination ! chimère !

─────── QUESTIONS ───────

● Vers 218-260. Étudiez le triple mouvement de cette tirade de l'indignation. Comment les interventions de don Salluste permettent-elles les « reprises » de ce morceau de bravoure ? — Analysez le jeu des antithèses dans les vers 218-230 et dans les vers 239-245 opposés aux vers 231-239. — Comment s'exprime le goût et l'amour de la liberté dans les vers 249-260 ? — Caractérisez les images qui terminent chaque mouvement (vers 230, 248, 260).

DON CÉSAR

A la bonne heure!
Et l'offre de payer mes dettes! vision?
Et les cinq cents ducats! imagination?

DON SALLUSTE

Je vais vous les chercher.
(Il se dirige vers la porte du fond, et fait signe à Ruy Blas de rentrer.)

DON CÉSAR, *à part sur le devant, et regardant don Salluste de travers.*

Hum! visage de traître!
Quand la bouche dit oui, le regard dit peut-être.

DON SALLUSTE, *à Ruy Blas.*

275 Ruy Blas, restez ici.
(A don César.)

Je reviens.
(Il sort par la petite porte de gauche. Sitôt qu'il est sorti, don César et Ruy Blas vont vivement l'un à l'autre.)

SCÈNE III. — DON CÉSAR, RUY BLAS.

DON CÉSAR

Sur ma foi,
Je ne me trompais pas. C'est toi, Ruy Blas!

RUY BLAS

C'est toi,
Zafari! Que fais-tu dans ce palais?

————— QUESTIONS —————

● VERS 261-275. Comment don Salluste tente-t-il de se sortir de cette situation difficile? Peut-il croire que don César est dupe de sa manœuvre? Peut-il éprouver quelque crainte de s'être ainsi démasqué? Sur quel ton prononce-t-il les vers 269-270?

■ SUR L'ENSEMBLE DE LA SCÈNE II. — Analysez la structure de la scène : sur quel mouvement est-elle composée? Précisez le moment où se produit un retournement de situation.

— L'action a-t-elle progressé? Le projet de vengeance de don Salluste s'est-il précisé?

— Comment le poète a-t-il créé deux caractères antithétiques en partant de personnages de semblable origine? Montrez que les préjugés de caste ont tué chez don Salluste toute noblesse de cœur, tandis que l'inverse s'est produit chez don César.

DON CÉSAR

J'y passe.

Mais je m'en vais. Je suis oiseau, j'aime l'espace.
Mais toi? cette livrée? est-ce un déguisement?

RUY BLAS, *avec amertume.*

280 Non, je suis déguisé quand je suis autrement.

DON CÉSAR

Que dis-tu?

RUY BLAS

Donne-moi ta main que je la serre,
Comme en cet heureux temps de joie et de misère
Où je vivais sans gîte, où le jour j'avais faim,
Où j'avais froid la nuit, où j'étais libre enfin!
285 — Quand tu me connaissais, j'étais un homme encore.
Tous deux nés dans le peuple, — hélas! c'était l'aurore! —
Nous nous ressemblions au point qu'on nous prenait
Pour frères; nous chantions dès l'heure où l'aube naît,
Et le soir devant Dieu, notre père et notre hôte,
290 Sous le ciel étoilé nous dormions côte à côte.
Oui, nous partagions tout. Puis enfin arriva
L'heure triste où chacun de son côté s'en va.
Je te retrouve, après quatre ans, toujours le même,
Joyeux comme un enfant, libre comme un bohème,
295 Toujours ce Zafari, riche en sa pauvreté,
Qui n'a rien eu jamais et n'a rien souhaité!
Mais moi, quel changement! Frère, que te dirais-je?
Orphelin, par pitié nourri dans un collège
De science et d'orgueil, de moi, triste faveur!
300 Au lieu d'un ouvrier on a fait un rêveur.
Tu sais, tu m'as connu. Je jetais mes pensées
Et mes vœux vers le ciel en strophes insensées,
J'opposais cent raisons à ton rire moqueur.
J'avais je ne sais quelle ambition au cœur.
305 A quoi bon travailler? Vers un but invisible
Je marchais, je croyais tout réel, tout possible,
J'espérais tout du sort! — Et puis je suis de ceux
Qui passent tout un jour, pensifs et paresseux,
Devant quelque palais regorgeant de richesses,
310 A regarder entrer et sortir des duchesses. —
Si bien qu'un jour, mourant de faim sur le pavé,
J'ai ramassé du pain, frère, où j'en ai trouvé :

Dans la fainéantise et dans l'ignominie.
Oh! quand j'avais vingt ans, crédule à mon génie,
315 Je me perdais, marchant pieds nus dans les chemins,
En méditations sur le sort des humains;
J'avais bâti des plans sur tout, — une montagne
De projets; — je plaignais le malheur de l'Espagne;
Je croyais, pauvre esprit, qu'au monde je manquais... —
320 Ami, le résultat, tu le vois : — un laquais!

DON CÉSAR

Oui, je le sais, la faim est une porte basse :
Et, par nécessité lorsqu'il faut qu'il y passe,
Le plus grand est celui qui se courbe le plus.
Mais le sort a toujours son flux et son reflux.
325 Espère.

RUY BLAS, *secouant la tête*.

Le marquis de Finlas est mon maître.

DON CÉSAR

Je le connais. — Tu vis dans ce palais peut-être?

RUY BLAS

Non, avant ce matin et jusqu'à ce moment,
Je n'en avais jamais passé le seuil.

DON CÉSAR

Vraiment?
Ton maître cependant pour sa charge y demeure.

RUY BLAS

330 Oui, car la cour le fait demander à toute heure.

─────── QUESTIONS ───────

● VERS 276-320. Quel incident avait, dès la scène première, fait prévoir cette reconnaissance des deux hommes? En quoi ce début de scène complète-t-il l'exposition? Est-il naturel qu'en retrouvant Zafari, Ruy Blas évoque leur passé? Dans quelle mesure est-il normal qu'il cherche à justifier sa déchéance aux yeux de son ami? — Notez les divers aspects du caractère de Ruy Blas : quels sont ceux qui tiennent à sa condition sociale? à son tempérament propre? Montrez la logique interne de ce caractère. — En créant entre les deux personnages une ressemblance physique (vers 287-288), Hugo a-t-il seulement voulu ménager les qui-proquos futurs? Montrez qu'il tire parti de cette ressemblance sur le plan psychologique : quelle est la passion commune au plébéien et à l'aristocrate? — En quoi Ruy Blas ressemble-t-il à Jean-Jacques Rousseau? Citez l'épisode des *Confessions* où Jean-Jacques, valet épris de sa maîtresse, essaie de briller par ses connaissances (première partie, livre III).

Mais il a quelque part un logis inconnu,
Où jamais en plein jour peut-être il n'est venu.
A cent pas du palais. Une maison discrète.
Frère, j'habite là. Par la porte secrète
335 Dont il a seul la clef, quelquefois, à la nuit
Le marquis vient, suivi d'hommes qu'il introduit.
Ces hommes sont masqués et parlent à voix basse.
Ils s'enferment, et nul ne sait ce qui se passe.
Là, de deux noirs muets je suis le compagnon.
340 Je suis pour eux le maître. Ils ignorent mon nom.

DON CÉSAR

Oui, c'est là qu'il reçoit, comme chef des alcades,
Ses espions, c'est là qu'il tend ses embuscades.
C'est un homme profond qui tient tout dans sa main.

RUY BLAS

Hier, il m'a dit : — Il faut être au palais demain
345 Avant l'aurore. Entrez par la grille dorée. —
En arrivant il m'a fait mettre la livrée,
Car l'habit odieux sous lequel tu me vois,
Je le porte aujourd'hui pour la première fois.

DON CÉSAR, *lui serrant la main.*

Espère !

RUY BLAS

Espérer ! Mais tu ne sais rien encore.
350 Vivre sous cet habit qui souille et déshonore,
Avoir perdu la joie et l'orgueil, ce n'est rien.
Etre esclave, être vil, qu'importe ! — Écoute bien.
Frère ! je ne sens pas cette livrée infâme,
Car j'ai dans ma poitrine une hydre aux dents de flamme
355 Qui me serre le cœur dans ses replis ardents.
Le dehors te fait peur ? Si tu voyais dedans !

DON CÉSAR

Que veux-tu dire ?

RUY BLAS

Invente, imagine, suppose.

━━━━━ QUESTIONS ━━━━━

● Vers 321-348. Dégagez l'importance de tous ces détails pour la suite de l'action. Donnent-ils l'impression d'être invraisemblables, quand on connaît la personnalité de don Salluste et ses façons d'agir ?

Fouille dans ton esprit. Cherches-y quelque chose
D'étrange, d'insensé, d'horrible et d'inouï.
360 Une fatalité dont on soit ébloui!
Oui, compose un poison affreux, creuse un abîme
Plus sourd que la folie et plus noir que le crime,
Tu n'approcheras pas encor de mon secret.
— Tu ne devines pas? — Hé! qui devinerait? —
365 Zafari! dans le gouffre où mon destin m'entraîne,
Plonge les yeux! — je suis amoureux de la reine!

DON CÉSAR

Ciel!

RUY BLAS

Sous un dais orné du globe impérial[1],
Il est, dans Aranjuez[2] ou dans l'Escurial[3],
— Dans ce palais[4], parfois, mon frère, il est un homme
370 Qu'à peine on voit d'en bas, qu'avec terreur on nomme;
Pour qui, comme pour Dieu, nous sommes égaux tous;
Qu'on regarde en tremblant et qu'on sert à genoux;
Devant qui se couvrir est un honneur insigne;
Qui peut faire tomber nos deux têtes d'un signe;
375 Dont chaque fantaisie est un événement;
Qui vit, seul et superbe, enfermé gravement
Dans une majesté redoutable et profonde,
Et dont on sent le poids dans la moitié du monde.
Eh bien! — moi, le laquais, — tu m'entends, — eh
380 Cet homme-là! le roi! je suis jaloux de lui!   [bien! oui,

DON CÉSAR

Jaloux du roi!

---

1. Insigne de Charles Quint, de qui descendent les rois d'Espagne; 2. *Aranjuez* : résidence d'été des rois d'Espagne, au sud de Madrid, dont le parc sert de décor à *la Rose de l'Infante (Légende des siècles)*. Plusieurs vers de cette poésie rappellent les vers 376 à 378; 3. *L'Escurial* : monastère et palais édifiés au nord de Madrid par Philippe II; 4. Le palais royal de Madrid.

─────── **QUESTIONS** ───────

● VERS 349-366. Comprend-on maintenant pourquoi le poète a imaginé de vêtir Ruy Blas de sa livrée de laquais pour la première fois? Quelle antithèse en tire-t-il? — Étudiez les métaphores et les adjectifs dont se sert Ruy Blas pour définir sa passion. L'importance du vers 360. En quoi son imagination exagère-t-elle encore le caractère surprenant de cette passion? Comparez cette passion romantique aux rêves de Rousseau, épris d'« êtres selon son cœur », ou aux chimères de Chateaubriand, amoureux de sa « sylphide ».

RUY BLAS

Hé! oui, jaloux du roi! sans doute.
Puisque j'aime sa femme!

DON CÉSAR

Oh! malheureux!

RUY BLAS

Écoute.
Je l'attends tous les jours au passage. Je suis
Comme un fou! Ho! sa vie est un tissu d'ennuis,
385 A cette pauvre femme! — Oui, chaque nuit j'y songe. —
Vivre dans cette cour de haine et de mensonge,
Mariée à ce roi qui passe tout son temps
A chasser! Imbécile[1]! — un sot! vieux à trente ans!
Moins qu'un homme! à régner comme à vivre inhabile.
390 — Famille qui s'en va! — Le père[2] était débile
Au point qu'il ne pouvait tenir un parchemin.
— Oh! si belle et si jeune, avoir donné sa main
A ce roi Charles deux! Elle! Quelle misère!
— Elle va tous les soirs chez les sœurs du Rosaire,
395 Tu sais? en remontant la rue Ortaleza[3].
Comment cette démence en mon cœur s'amassa,
Je l'ignore. Mais juge! elle aime une fleur bleue[4]
D'Allemagne... — Je fais chaque jour une lieue,
Jusqu'à Caramanchel[5], pour avoir de ces fleurs.
400 J'en ai cherché partout sans en trouver ailleurs.
J'en compose un bouquet, je prends les plus jolies...

---

1. *Imbécile* : faible d'esprit (sens classique); 2. Philippe IV, roi de 1621 à sa mort (1665), laissa gouverner son ministre Olivarès; la politique centralisatrice de celui-ci amena de nombreuses difficultés intérieures, et le Portugal recouvra son indépendance; à l'extérieur, la perte définitive des Provinces-Unies des Pays-Bas (1648), celle de l'Artois et du Roussillon, cédés à la France (traité des Pyrénées, 1659), affaiblirent l'Espagne. L'alliance avec la France fut renouée par le mariage de Louis XIV avec Marie-Thérèse, fille de Philippe IV; 3. Lors de son court séjour à Madrid (1811), Hugo enfant se rendait au collège par cette rue; 4. Le myosotis (Vergissmeinnicht), célébré comme le talisman de l'amour par la poésie sentimentale des Allemands; 5. Confusion avec Carabanchel, banlieue de Madrid.

═══ **QUESTIONS** ═══

● VERS 367-382. Pourquoi la jalousie est-elle la première expression de la passion chez Ruy Blas? Est-ce seulement le signe d'une passion exclusive? Étudiez l'antithèse oratoire qui met en relief l'absurdité de cette jalousie.

L'ESPAGNE VERS 1700, D'APRÈS LOUIS MEUNIER,
graveur français de la fin du XVIIe siècle.
En haut : le palais royal de Madrid. — *En bas :* une place publique à Madrid.

L'ESPAGNE VERS 1700, D'APRÈS LOUIS MEUNIER,
graveur français de la fin du XVIIe siècle.
En haut : le palais de l'Escurial. — *En bas :* la Puerta del Sol, à Madrid.

— Oh! mais je te dis là des choses, des folies! —
Puis à minuit, au parc royal, comme un voleur,
Je me glisse et je vais déposer cette fleur
405 Sur son banc favori. Même hier, j'osai mettre
Dans le bouquet, — vraiment, plains-moi, frère! — une
[lettre!

La nuit, pour parvenir jusqu'à ce banc, il faut
Franchir les murs du parc, et je rencontre en haut
Ces broussailles de fer qu'on met sur les murailles.
410 Un jour j'y laisserai ma chair et mes entrailles.
Trouve-t-elle mes fleurs, ma lettre? je ne sai[1].
Frère, tu le vois bien, je suis un insensé.

*Il est fou parsce qu'il fait les échanges
conventions sociale*

DON CÉSAR

Diable! ton algarade[2] a son danger. Prends garde.
Le comte d'Oñate[3], qui l'aime aussi, la garde
415 Et comme un majordome[4] et comme un amoureux.
Quelque reître[5], une nuit, gardien peu langoureux,
Pourrait bien, frère, avant que ton bouquet se fane,
Te le clouer au cœur d'un coup de pertuisane[6]. —
Mais quelle idée! aimer la reine! ah çà, pourquoi?
420 Comment diable as-tu fait?

RUY BLAS, *avec emportement*.

Est-ce que je sais, moi!
— Oh! mon âme au démon! je la vendrais, pour être
Un des jeunes seigneurs que, de cette fenêtre,
Je vois en ce moment, comme un vivant affront,
Entrer, la plume au feutre et l'orgueil sur le front!

---

1. Sur cette orthographe, voir la note du vers 7; 2. *Ta folle aventure*. Le mot *algarade* est pris ici hors de son sens habituel (voir vers 73), qui est « brusque sortie contre quelqu'un »; 3. Ce nom a été emprunté à l'*Etat présent de l'Espagne* de Vayrac; il s'agit de don Guritan; 4. *Majordome* : officier du palais, chef des services intérieurs de la Maison du roi; 5. *Reître* : cavalier mercenaire d'origine allemande, d'où soldat brutal; 6. *Pertuisane* : sorte de hallebarde; c'était en France l'arme des gardes du palais royal.

■ **QUESTIONS** ■

● VERS 383-420. Relevez dans la tirade de Ruy Blas (vers 383-412) et dans la réplique de don César (vers 413-420) tous les détails qui complètent l'exposition et préparent la suite des événements. — De quelle nature est le sentiment qui attache Ruy Blas à la reine : tendresse, sensibilité romanesque? Faut-il dire que c'est un amour chimérique, sans « support sensible » (vers 394-395)? L'importance des vers 396-397. — Étudiez la syntaxe et le rythme des vers 383-412 et montrez leurs rapports avec les sentiments de Ruy Blas.

425 Oui, je me damnerais pour dépouiller ma chaîne,
Et pour pouvoir comme eux m'approcher de la reine
Avec un vêtement qui ne soit pas honteux!
Mais, ô rage! être ainsi, près d'elle! devant eux!
En livrée! un laquais! être un laquais pour elle.
430 Ayez pitié de moi, mon Dieu!

  (*Se rapprochant de don César.*)

          Je me rappelle.
Ne demandais-tu pas pourquoi je l'aime ainsi,
Et depuis quand?... — Un jour... — Mais à quoi bon
C'est vrai, je t'ai toujours connu cette manie! [ceci?
Par mille questions vous mettre à l'agonie!
435 Demander où? comment? quand? pourquoi? Mon sang
Je l'aime follement! Je l'aime, voilà tout!   [bout!

      DON CÉSAR

Là, ne te fâche pas.

  RUY BLAS, *tombant épuisé et pâle sur le fauteuil.*

      Non. Je souffre. — Pardonne.
Ou plutôt, va, fuis-moi. Va-t'en, frère. Abandonne
Ce misérable fou qui porte avec effroi
440 Sous l'habit d'un valet les passions d'un roi!

    DON CÉSAR, *lui posant la main sur l'épaule.*

Te fuir! — Moi qui n'ai pas souffert, n'aimant personne,
Moi, pauvre grelot vide où manque ce qui sonne,
Gueux, qui vais mendiant l'amour je ne sais où,
A qui de temps en temps le destin jette un sou,
445 Moi, cœur éteint, dont l'âme, hélas! s'est retirée,
Du spectacle d'hier affiche déchirée,
Vois-tu, pour cet amour dont tes regards sont pleins,
Mon frère, je t'envie autant que je te plains!
— Ruy Blas! —

———————— QUESTIONS ————————

● VERS 421-436. Quels sont les deux thèmes qui se succèdent dans cette tirade? Pourquoi la déchéance sociale de Ruy Blas rend-elle plus criante la fatalité de sa passion? Peut-on comparer cet amour fatal à celui qu'éprouvent Oreste ou tel autre héros de Racine? — D'où vient chez Ruy Blas le refus de faire l'histoire de son amour (vers 432-436)?

● VERS 437-448. Qu'y a-t-il de romantique dans ce besoin de solitude chez Ruy Blas (vers 438-440)? Sa confidence ne sollicitait-elle pas au contraire un réconfort? — Comment la réplique de don César (vers 441-448) achève-t-elle le portrait du personnage? En quoi consiste ici sa « générosité »?

*(Moment de silence. Ils se tiennent les mains serrées en se regardant
tous les deux avec une expression de tristesse et d'amitié confiante.
Entre don Salluste. Il s'avance à pas lents, fixant un regard d'attention profonde sur don César et Ruy Blas, qui ne le voient pas.
Il tient d'une main un chapeau et une épée qu'il apporte en entrant
sur un fauteuil et de l'autre une bourse qu'il dépose sur la table.)*

DON SALLUSTE, *à don César.*

Voici l'argent.

*(A la voix de don Salluste, Ruy Blas se lève comme réveillé en sur-
saut, et se tient debout, les yeux baissés, dans l'attitude du respect.)*

DON CÉSAR, *à part, regardant don Salluste de travers.*

Hum! le diable m'emporte!

450 Cette sombre figure écoutait à la porte.
Bah! qu'importe, après tout!

(Haut à don Salluste.)

Don Salluste, merci.

*(Il ouvre la bourse, la répand sur la table et remue avec joie les
ducats, qu'il range en piles sur le tapis de velours. Pendant qu'il
les compte, don Salluste va au fond, en regardant derrière lui s'il
n'éveille pas l'attention de don César. Il ouvre la petite porte de
droite. A un signe qu'il fait, trois alguazils armés d'épées et vêtus
de noir en sortent. Don Salluste leur montre mystérieusement don
César. Ruy Blas se tient immobile et debout près de la table comme
une statue, sans rien voir ni rien entendre.)*

DON SALLUSTE, *bas, aux alguazils.*

Vous allez suivre, alors qu'il sortira d'ici,
L'homme qui compte là de l'argent. — En silence
Vous vous emparerez de lui. — Sans violence. —

455 Vous l'irez embarquer, par le plus court chemin,
A Denia[1]. —

(Il leur remet un parchemin scellé.)

Voici l'ordre écrit de ma main. —
Enfin, sans écouter sa plainte chimérique[2],
Vous le vendrez en mer aux corsaires d'Afrique.
Mille piastres[3] pour vous. Faites vite à présent!

(Les trois alguazils s'inclinent et sortent.)

DON CÉSAR, *achevant de ranger ses ducats.*

460 Rien n'est plus gracieux et plus divertissant

---

1. *Denia* : port espagnol sur la Méditerranée, dans la province d'Alicante; 2. *Chimérique* : qui ne correspond à rien de réel; 3. *Piastre* : monnaie d'argent valant
environ cinq francs.

Que des écus à soi qu'on met en équilibre.
(Il fait deux parts égales et se tourne vers Ruy Blas.)
Frère, voici ta part.

RUY BLAS

Comment!

DON CÉSAR, *lui montrant une des deux piles d'or.*

Prends! viens! sois libre!

DON SALLUSTE, *qui les observe au fond, à part.*

Diable!

RUY BLAS, *secouant la tête en signe de refus.*

Non. C'est le cœur qu'il faudrait délivrer.
Non, mon sort est ici. Je dois y demeurer.

DON CÉSAR

465 Bien. Suis ta fantaisie. Es-tu fou? Suis-je sage?
Dieu le sait.
(Il ramasse l'argent et le jette dans le sac, qu'il empoche.)

DON SALLUSTE, *au fond, à part, et les observant toujours.*

A peu près même air, même visage.

DON CÉSAR, *à Ruy Blas.*

Adieu.

RUY BLAS

Ta main!

(Ils se serrent la main. Don César sort sans voir don Salluste qui se tient à l'écart.)

─────── QUESTIONS ───────

● Vers 449-467. Quelle est pour le spectateur l'utilité du vers 450? Le rythme dramatique de cette fin de scène : montrez que les gestes ont au moins autant d'importance que les paroles. — Pourquoi don Salluste est-il obligé de faire disparaître don César? — L'importance du vers 463-464 : dans quelle mesure Ruy Blas fixe-t-il lui-même son destin?

■ Sur l'ensemble de la scène III. — Analysez l'utilité dramatique de cette scène (complément de l'exposition, progrès de l'action). Le spectateur se doute-t-il que don Salluste a entendu tout le dialogue des deux amis?

— Essayez de faire une première synthèse du caractère de Ruy Blas d'après cette scène : est-il habile de nous le faire connaître en le plaçant face à don César? Qu'y a-t-il de commun et de différent entre les deux personnages?

— Peut-on déjà prévoir les faiblesses de Ruy Blas? Étudiez les points de ressemblance et de différence avec Hernani.

SCÈNE IV. — RUY BLAS, DON SALLUSTE.

DON SALLUSTE
Ruy Blas!

RUY BLAS, *se retournant vivement.*
Monseigneur?

DON SALLUSTE

Ce matin,
Quand vous êtes venu, je ne suis pas certain
S'il faisait jour déjà?

RUY BLAS
Pas encore, excellence.
470 J'ai remis au portier votre passe[1] en silence,
Et puis je suis monté.

DON SALLUSTE
Vous étiez en manteau?

RUY BLAS
Oui, monseigneur.

DON SALLUSTE
Personne, en ce cas, au château,
Ne vous a vu porter cette livrée encore?

RUY BLAS
Ni personne à Madrid.

DON SALLUSTE, *désignant du doigt la porte par où est sorti
don César.*

C'est fort bien. Allez clore
475 Cette porte. Quittez cet habit.
(*Ruy Blas dépouille son surtout de livrée et le jette sur un fauteuil.*)
Vous avez
Une belle écriture, il me semble. — Écrivez.
(*Il fait signe à Ruy Blas de s'asseoir à la table où sont les
plumes et les écritoires. Ruy Blas obéit.*)
Vous m'allez aujourd'hui servir de secrétaire.
D'abord un billet doux, — je ne veux rien vous taire, —
Pour ma reine d'amour, pour doña Praxedis,
480 Ce démon que je crois venu du paradis.
— Là, je dicte : « Un danger terrible est sur ma tête,
« Ma reine seule peut conjurer la tempête,

---

1. *Passe* : laissez-passer.

« En venant me trouver ce soir dans ma maison.
« Sinon, je suis perdu. Ma vie et ma raison
485 « Et mon cœur, je mets tout à ses pieds que je baise. »
　　　(Il rit et s'interrompt.)
Un danger! la tournure, au fait, n'est pas mauvaise
Pour l'attirer chez moi. C'est que, j'y suis expert,
Les femmes aiment fort à sauver qui les perd.
— Ajoutez : — « Par la porte au bas de l'avenue,
490 « Vous entrerez la nuit sans être reconnue.
« Quelqu'un de dévoué vous ouvrira. » — D'honneur,
C'est parfait. — Ah! signez.

　　　　　　RUY BLAS

　　　　　　　　Votre nom, monseigneur?

　　　　　　DON SALLUSTE

Non pas. Signez César. C'est mon nom d'aventure.

　　　RUY BLAS, *après avoir obéi.*

La dame ne pourra connaître[1] l'écriture?

　　　　　　DON SALLUSTE

495 Bah! le cachet suffit. J'écris souvent ainsi.
Ruy Blas, je pars ce soir, et je vous laisse ici.
J'ai sur vous les projets d'un ami très sincère.
Votre état va changer, mais il est nécessaire
De m'obéir en tout. Comme en vous j'ai trouvé
500 Un serviteur discret, fidèle et réservé...

　　　RUY BLAS, *s'inclinant.*

Monseigneur!

　　　DON SALLUSTE, *continuant.*

　　　　　Je vous veux faire un destin plus large.

　　RUY BLAS, *montrant le billet qu'il vient d'écrire.*

Où faut-il adresser la lettre?

　　　　　　DON SALLUSTE

　　　　　　　　Je m'en charge.
　　(S'approchant de Ruy Blas d'un air significatif.)
Je veux votre bonheur.
　　(Un silence. Il fait signe à Ruy Blas de se rasseoir à la table.)
　　　　　　　　Écrivez : — « Moi, Ruy Blas,

---

1. *Connaître* : reconnaître (sens classique).

« Laquais de monseigneur le marquis de Finlas,
505 « En toute occasion, ou secrète ou publique,
« M'engage à le servir comme un bon domestique. »
        (Ruy Blas obéit.)
— Signez de votre nom. La date. Bien. Donnez.
(Il ploie et serre dans son portefeuille la lettre et le papier que Ruy Blas vient d'écrire.)
On vient de m'apporter une épée. Ah! tenez.
Elle est sur ce fauteuil.
        (Il désigne le fauteuil sur lequel il a posé l'épée et le chapeau. Il y va et prend l'épée.)
                        L'écharpe est d'une soie
510 Peinte et brodée au goût le plus nouveau qu'on voie.
        (Il lui fait admirer la souplesse du tissu.)
Touchez. — Que dites-vous, Ruy Blas, de cette fleur?
La poignée est de Gil, le fameux ciseleur,
Celui qui le mieux creuse, au gré des belles filles,
Dans un pommeau d'épée une boîte à pastille.
        (Il passe au cou de Ruy Blas l'écharpe, à laquelle est attachée l'épée.)
515 Mettez-la donc. — Je veux en voir sur vous l'effet.
— Mais vous avez ainsi l'air d'un seigneur parfait!
        (Ecoutant.)
On vient... oui. C'est bientôt l'heure où la reine passe. —
— Le marquis del Basto! —
(La porte du fond sur la galerie s'ouvre. Don Salluste détache son manteau et le jette vivement sur les épaules de Ruy Blas, au moment où le marquis del Basto paraît; puis il va droit au marquis, en entraînant avec lui Ruy Blas stupéfait.)

SCÈNE V. — DON SALLUSTE, RUY BLAS, DON PAMFILO D'AVALOS, MARQUIS DEL BASTO. *Puis le* MARQUIS DE SANTA-CRUZ. — *Puis le* COMTE D'ALBE. — *Puis toute la cour.*

                DON SALLUSTE, *au marquis del Basto.*
                                Souffrez qu'à votre grâce

─────── QUESTIONS ───────

■ SUR LA SCÈNE IV. — Comment don Salluste monte-t-il le mécanisme du piège? Comment s'arrange-t-il pour n'éveiller aucun soupçon chez Ruy Blas? Comment même le tente-t-il en flattant les passions que Ruy Blas vient d'avouer (vers 510-518 à rapprocher des vers 421-424)? — Quel sentiment peut éprouver Ruy Blas en recevant l'ordre de quitter sa livrée (vers 475 à rapprocher des vers 347-348 et 427)? Pourquoi écrit-il si docilement les deux billets?

Je présente, marquis, mon cousin don César,
520 Comte de Garofa, près de Velalcazar[1].

RUY BLAS, à part.

Ciel!

DON SALLUSTE, bas, à Ruy Blas.

Taisez-vous!

LE MARQUIS DEL BASTO, à Ruy Blas.

Monsieur... charmé...

(Il lui prend la main que Ruy Blas lui livre avec embarras.)

DON SALLUSTE, bas, à Ruy Blas.

Laissez-vous faire.

Saluez!

(Ruy Blas salue le marquis.)

LE MARQUIS DEL BASTO, à Ruy Blas.

J'aimais fort madame votre mère.

(Bas, à don Salluste, en lui montrant Ruy Blas.)

Bien changé! Je l'aurais à peine reconnu.

DON SALLUSTE, bas au marquis.

Dix ans d'absence!

LE MARQUIS DEL BASTO, de même.

Au fait[2]!

DON SALLUSTE, frappant sur l'épaule de Ruy Blas.

Le voilà revenu!

525 Vous souvient-il, marquis? oh! quel enfant prodigue!
Comme il vous répandait les pistoles[3] sans digue!
Tous les soirs danse et fête au vivier d'Apollo[4],
Et cent musiciens faisant rage sur l'eau!
A tous moments, galas, masques, concerts, fredaines[5],
530 Éblouissant Madrid de visions[6] soudaines!
— En trois ans, ruiné! — c'était un vrai lion[7].
— Il arrive de l'Inde[8] avec le galion[9].

---

1. <i>Velalcazar</i> : ville de la province de Cordoue; sur <i>Garofa</i>, voir vers 143 et la note. Il n'y a pas non plus à chercher ici de vérité historique ou géographique; 2. Effectivement, il y a de quoi être changé (sens familier de l'expression); 3. <i>Pistole</i> : monnaie d'or d'une valeur de onze francs à l'époque; 4. <i>Vivier d'Apollo</i> : pièce d'eau qui était le rendez-vous des élégants; 5. <i>Fredaines</i> : ici, fêtes galantes; 6. <i>Visions</i> : spectacles d'une beauté irréelle; 7. <i>Lion</i> : jeune élégant, c'est le terme courant à l'époque romantique; 8. <i>L'Inde</i> : voir le vers 160 et la note; 9. <i>Galion</i> : vaisseau qui rapportait l'or du Pérou.

RUY BLAS, *avec embarras.*

Seigneur...

DON SALLUSTE, *gaiement.*

Appelez-moi cousin, car nous le sommes.
Les Bazan sont, je crois, d'assez francs gentilshommes.
535 Nous avons pour ancêtre Iniguez d'Iviza[1].
Son petit-fils, Pedro de Bazan, épousa
Marianne de Gor. Il eut de Marianne
Jean, qui fut général de la mer[2] océane
Sous le roi don Philippe, et Jean eut deux garçons
540 Qui sur notre arbre antique ont greffé deux blasons.
Moi, je suis le marquis de Finlas; vous, le comte
De Garofa. Tous deux se valent si l'on compte.
Par les femmes, César, notre rang est égal.
Vous êtes Aragon, moi je suis Portugal.
545 Votre branche n'est pas moins haute que la nôtre.
Je suis le fruit de l'une, et vous la fleur de l'autre.

RUY BLAS, *à part.*

Où donc m'entraîne-t-il?
(Pendant que don Salluste a parlé, le marquis de Santa-Cruz, don Alvar de Bazan y Benavides, vieillard à moustache blanche et à grande perruque, s'est approché d'eux.)

LE MARQUIS DE SANTA-CRUZ, *à don Salluste.*

Vous l'expliquez fort bien.
S'il est votre cousin, il est aussi le mien.

DON SALLUSTE

C'est vrai, car nous avons une même origine,
550 Monsieur de Santa-Cruz.

(Il lui présente Ruy Blas.)

Don César.

LE MARQUIS DE SANTA-CRUZ

J'imagine
Que ce n'est pas celui qu'on croyait mort.

DON SALLUSTE

Si fait.

---

1. *Iviza*, ou *Ibiza* : une des Baléares; 2. *Général de la mer* : titre officiel de l'amiral commandant en chef de la flotte espagnole.

LE MARQUIS DE SANTA-CRUZ

Il est donc revenu?

DON SALLUSTE

Des Indes.

LE MARQUIS DE SANTA-CRUZ, *examinant Ruy Blas*.

En effet!

DON SALLUSTE

Vous le reconnaissez?

LE MARQUIS DE SANTA-CRUZ

Pardieu! je l'ai vu naître!

DON SALLUSTE, *bas à Ruy Blas*.

Le bonhomme est aveugle et se défend de l'être.
555 Il vous a reconnu pour prouver ses bons yeux.

LE MARQUIS DE SANTA-CRUZ, *tendant la main à Ruy Blas*.

Touchez là, mon cousin.

RUY BLAS, *s'inclinant*.

Seigneur...

LE MARQUIS DE SANTA-CRUZ, *bas à don Salluste
et lui montrant Ruy Blas*.

On n'est pas mieux!

(A Ruy Blas.)
Charmé de vous revoir!

DON SALLUSTE, *bas au marquis en le prenant à part*.

Je vais payer ses dettes.

Vous le pouvez servir dans le poste où vous êtes,
Si quelque emploi de cour vaquait en ce moment,
560 Chez le roi, — chez la reine... —

LE MARQUIS DE SANTA-CRUZ, *bas*

Un jeune homme charmant!

J'y vais songer. — Et puis, il est de la famille.

DON SALLUSTE, *bas*.

Vous avez tout crédit au conseil de Castille.
Je vous le recommande.

*(Il quitte le marquis de Santa-Cruz et va à d'autres seigneurs, aux-
quels il présente Ruy Blas. Parmi eux le comte d'Albe, très super-
bement paré.)*

(Don Salluste lui présente Ruy Blas.)

Un mien cousin, César,

Comte de Garofa, près de Velalcazar.

(Les seigneurs échangent gravement des révérences avec Ruy Blas interdit.)

(Don Salluste au comte de Ribagorza.)

565 Vous n'étiez pas hier au ballet d'Atalante[1]?
Lindamire a dansé d'une façon galante.

(Il s'extasie sur le pourpoint du comte d'Albe.)

C'est très beau, comte d'Albe!

LE COMTE D'ALBE

Ah! j'en avais encor

Un plus beau. Satin rose avec des rubans d'or.
Matalobos me l'a volé[2].

UN HUISSIER DE COUR, *au fond.*

La reine approche.

570 Prenez vos rangs, messieurs.

(Les grands rideaux de la galerie vitrée s'ouvrent. Les seigneurs s'échelonnent près de la porte. Des gardes font la haie. Ruy Blas, haletant, hors de lui, vient sur le devant comme pour s'y réfugier. Don Salluste l'y suit.)

DON SALLUSTE, *bas, à Ruy Blas.*

Est-ce que, sans reproche,

Quand votre sort grandit, votre esprit s'amoindrit?
Réveillez-vous, Ruy Blas. Je vais quitter Madrid.
Ma petite maison, près du pont, où vous êtes,
— Je n'en veux rien garder, hormis les clefs secrètes, —
575 Ruy Blas, je vous la donne, et les muets aussi.
Vous recevrez bientôt d'autres ordres. Ainsi
Faites ma volonté, je fais votre fortune.
Montez, ne craignez rien, car l'heure est opportune.
La cour est un pays où l'on va sans voir clair.
580 Marchez les yeux bandés. J'y vois pour vous, mon cher!

(De nouveaux gardes paraissent au fond.)

L'HUISSIER, *à haute voix.*

La reine!

---

1. La mode était alors aux ballets mythologiques. Cette légende devait se prêter à la chorégraphie, car la princesse Atalante, célèbre pour sa vitesse, fut vaincue à la course et épousée par Hippomène, qui l'avait retardée en jetant devant elle des pommes d'or qu'elle ramassa; 2. Voir vers 121 à 134.

RUY BLAS, *à part*.

La reine! oh!

(La reine, vêtue magnifiquement, paraît, entourée de dames et de pages, sous un dais de velours écarlate porté par quatre gentils-hommes de chambre, tête nue. Ruy Blas, effaré, la regarde comme absorbé par cette resplendissante vision. Tous les grands d'Espagne se couvrent, le marquis del Basto, le comte d'Albe. Don Salluste va rapidement au fauteuil, et y prend le chapeau, qu'il apporte à Ruy Blas.)

DON SALLUSTE, *à Ruy Blas, en lui mettant le chapeau sur la tête.*

Quel vertige vous gagne?
Couvrez-vous, don César. Vous êtes grand d'Espagne[1].

RUY BLAS, *éperdu, bas à don Salluste.*

Et que m'ordonnez-vous, seigneur, présentement?

DON SALLUSTE, *lui montrant la reine, qui traverse lentement la galerie.*

De plaire à cette femme et d'être son amant.

---

1. Les *grands d'Espagne* (princes du sang et élite de la noblesse) avaient le droit de rester couverts devant le roi. Hugo s'est déjà servi de ce détail dans l'acte IV d'*Hernani*.

■ QUESTIONS ━━━━━━━━━━━

■ SUR LA SCÈNE V. — Quel est l'effet produit par le violent coup de théâtre des vers 519-520? Comment se développe-t-il tout au long de la scène? Montrez que le dernier vers (vers 584) est un nouveau coup de théâtre, différent par sa nature du premier. — Le rôle de don Salluste dans cette scène? Dégagez l'importance des vers 571-580 pour l'action. Pourquoi Ruy Blas reste-t-il interdit et passif? Essayez d'analyser ses sentiments à travers ses rares exclamations et ses gestes. Pourquoi le poète coupe-t-il la scène tout de suite après le vers 584? — Étudiez l'art de Hugo dans cette scène riche de figuration et de mouvement : par quels moyens le drame romantique devient-il un spectacle et une fête pour les yeux? — Étudiez la couleur locale et historique. — L'intervention du marquis de Santa-Cruz a été ajoutée après coup par V. Hugo : quelle est, pour la suite, l'utilité des propos tenus par ce personnage? — Les éléments comiques dans cette scène.

■ SUR L'ENSEMBLE DE L'ACTE PREMIER. — L'exposition : montrez comment, après avoir exposé les éléments essentiels dans la scène première, le poète complète peu à peu les détails qui font connaître et mettent en place tous les personnages appelés à participer à l'action.

— L'action : qu'est-ce qui fait l'unité dramatique de cet acte, depuis le moment où naît l'idée de la vengeance dans l'esprit de don Salluste jusqu'à la scène finale? Énumérez les épisodes et les rebondissements qui jalonnent la préparation et la mise au point de la vengeance conçue par don Salluste.

— Les trois personnages masculins (don Salluste, don César, Ruy Blas) : dans quelle mesure leur condition explique-t-elle leur caractère?

ACTE II

LA REINE D'ESPAGNE[1]

*Un salon contigu à la chambre à coucher de la reine. A gauche, une
petite porte donnant dans cette chambre. A droite, sur un pan coupé,
une autre porte donnant dans les appartements extérieurs. Au fond,
de grandes fenêtres ouvertes. C'est l'après-midi d'une belle journée
d'été. Grande table. Fauteuils. Une figure de sainte, richement
enchâssée, est adossée au mur : au bas on lit :* Santa Maria Esclava.
*Au côté opposé est une madone devant laquelle brûle une lampe
d'or. Près de la madone, un portrait en pied du roi Charles II.*

*Au lever du rideau, la reine doña Maria de Neubourg est dans un
coin, assise à côté d'une de ses femmes, jeune et jolie fille. La reine
est vêtue de blanc, robe de drap d'argent. Elle brode et s'interrompt
par moments pour causer. Dans le coin opposé est assise, sur une
chaise à dossier, doña Juana de la Cueva, duchesse d'Albuquerque,
camerera mayor, une tapisserie à la main ; vieille femme en noir.
Près de la duchesse, à une table, plusieurs duègnes travaillant à
des ouvrages de femme. Au fond se tient don Guritan, comte
d'Oñate, majordome, grand, sec, moustaches grises, cinquante-
cinq ans environ : mine de vieux militaire, quoique vêtu avec une
élégance exagérée et qu'il ait des rubans jusque sur les souliers.*

SCÈNE PREMIÈRE. — **LA REINE, LA DUCHESSE D'ALBU-
QUERQUE, DON GURITAN, CASILDA,** DUÈGNES.

LA REINE

585 Il est parti pourtant! je devrais être à l'aise.
Eh bien, non! ce marquis de Finlas, il me pèse!
Cet homme-là me hait.

CASILDA

Selon votre souhait,
N'est-il pas exilé?

---

1. Le titre primitif de cet acte était *La reine s'ennuie*, qui rappelait par antithèse
le titre du drame de Hugo *Le roi s'amuse* (1832). Le titre définitif est déjà celui
d'un drame de Latouche (1831) sur la première femme de Charles II.

■ QUESTIONS

■ SUR LE DÉCOR. — Étudiez les divers éléments du décor et de la mise
en scène : la recherche de la couleur locale dans les vêtements, le détail
du mobilier, l'intensité de la lumière. Quelle importance le poète donne-
t-il à la position et à l'attitude des personnages, en particulier à la
silhouette si expressive de don Guritan?

LA REINE

Cet homme-là me hait.

CASILDA

Votre majesté...

LA REINE

Vrai! Casilda, c'est étrange,
590 Ce marquis est pour moi comme le mauvais ange.
L'autre jour, il devait partir le lendemain,
Et, comme à l'ordinaire, il vint au baise-main[1].
Tous les grands s'avançaient vers le trône à la file.
Je leur livrais ma main, j'étais triste et tranquille,
595 Regardant vaguement, dans le salon obscur,
Une bataille au fond peinte sur un grand mur,
Quand, tout à coup, mon œil se baissant vers la table,
Je vis venir à moi cet homme redoutable!
Sitôt que je le vis, je ne vis plus que lui.
600 Il venait à pas lents, jouant avec l'étui
D'un poignard dont parfois j'entrevoyais la lame,
Grave, et m'éblouissant de son regard de flamme.
Soudain il se courba, souple et comme rampant... —
Je sentis sur ma main sa bouche de serpent!

CASILDA

605 Il rendait ses devoirs; — rendons-nous pas[2] les nôtres?

LA REINE

Sa lèvre n'était pas comme celle des autres.
C'est la dernière fois que je l'ai vu. Depuis,
J'y pense très souvent. J'ai bien d'autres ennuis,
C'est égal, je me dis : — L'enfer est dans cette âme,
610 Devant cet homme-là je ne suis qu'une femme. —
Dans mes rêves, la nuit, je rencontre en chemin
Cet effrayant démon qui me baise la main;
Je vois luire son œil d'où rayonne la haine;
Et, comme un noir poison qui va de veine en veine,
615 Souvent, jusqu'à mon cœur qui semble se glacer,

---

1. *Baise-main* : cérémonie d'apparat dans certaines cours, survivance du geste médiéval par lequel le vassal honorait son suzerain; 2. Suppression de la négation dans l'interrogative, tournure familière héritée de la langue classique; Hugo semble goûter assez cette tournure (voir *Hernani*, vers 25, 74, 339, etc.).

Je sens en longs frissons courir son froid baiser!
Que dis-tu de cela?

CASILDA

Purs fantômes, madame!

LA REINE

Au fait, j'ai des soucis bien plus réels dans l'âme.
    (A part.)
Oh! ce qui me tourmente, il faut le leur cacher.
    (A Casilda.)
620 Dis-moi, ces mendiants qui n'osaient approcher...

CASILDA, *allant à la fenêtre.*

Je sais, madame. Ils sont encor là, dans la place.

LA REINE

Tiens! jette-leur ma bourse.
    (Casilda prend la bourse et va la jeter par la fenêtre.)

CASILDA

Oh! madame, par grâce,
Vous qui faites l'aumône avec tant de bonté,
*(Montrant à la reine don Guritan, qui, debout et silencieux au fond
de la chambre, fixe sur la reine un œil plein d'adoration muette.)*
Ne jetterez-vous rien au comte d'Oñate[1]?
625 Rien qu'un mot! — Un vieux brave! amoureux sous
[l'armure!
D'autant plus tendre au cœur que l'écorce est plus dure!

LA REINE

Il est bien ennuyeux!

CASILDA

J'en conviens. — Parlez-lui!

---

1. Voir la note du vers 414.

--- **QUESTIONS** ---

● VERS 585-617. Comment se fait la liaison entre les deux actes? L'importance du vers 591 pour situer ce deuxième acte dans le temps. — Relevez dans les deux tirades de la reine toutes les images qui contribuent à faire de don Salluste une image satanique. Étudiez notamment l'admirable tableau du baise-main (vers 589-618). Pourquoi prêter à la reine un pressentiment sur la haine de don Salluste?

LA REINE, *se tournant vers don Guritan.*

Bonjour, comte.
(Don Guritan s'approche avec trois révérences et vient baiser en
soupirant la main de la reine, qui le laisse faire d'un air indifférent
et distrait. Puis il retourne à sa place, à côté du siège de la camerera
mayor.)

DON GURITAN, *en se retirant, bas à Casilda.*

La reine est charmante aujourd'hui!

CASILDA, *le regardant s'éloigner.*

Oh! le pauvre héron! près de l'eau qui le tente
630 Il se tient. Il attrape, après un jour d'attente,
Un bonjour, un bonsoir, souvent un mot bien sec,
Et s'en va tout joyeux, cette pâture au bec.

LA REINE, *avec un sourire triste.*

Tais-toi!

CASILDA

Pour être heureux, il suffit qu'il vous voie!
Voir la reine, pour lui cela veut dire : — joie!
(S'extasiant sur une boîte posée sur un guéridon.)
635 Oh! la divine boîte!

LA REINE

Ah! j'en ai la clef là.

CASILDA

Ce bois de calambour[1] est exquis!

LA REINE, *lui présentant la clef.*

Ouvre-la.
Vois; — je l'ai fait emplir de reliques, ma chère;
Puis je vais l'envoyer à Neubourg[2], à mon père;
Il sera très content!
(Elle rêve un instant, puis s'arrache vivement à sa rêverie.)
(A part.)
Je ne veux pas penser!
640 Ce que j'ai dans l'esprit, je voudrais le chasser.
(A Casilda.)
Va chercher dans ma chambre un livre... — Je suis folle!
Pas un livre allemand! tout en langue espagnole!

---

1. *Calambour* : bois d'aloès odorant, originaire d'Asie; 2. *Neubourg* : voir la
note du vers 10.

Le roi chasse[1]. Toujours absent. Ah! quel ennui[2]!
En six mois, j'ai passé douze jours près de lui.

CASILDA

645 Épousez donc un roi pour vivre de la sorte!

> *(La reine retombe dans sa rêverie, puis en sort de nouveau
> violemment et comme avec effort.)*

LA REINE

Je veux sortir!

*(A ce mot, prononcé impérieusement par la reine, la duchesse d'Albu-
querque, qui est jusqu'à ce moment restée immobile sur son siège,
lève la tête, puis se dresse debout et fait une profonde révérence à
la reine.)*

LA DUCHESSE D'ALBUQUERQUE, *d'une voix brève et dure.*

Il faut, pour que la reine sorte,
Que chaque porte soit ouverte — c'est réglé —
Par un des grands d'Espagne[3] ayant droit à la clé[4].
Or nul d'eux ne peut être au palais à cette heure.

LA REINE

650 Mais on m'enferme donc! mais on veut que je meure,
Duchesse, enfin!

LA DUCHESSE, *avec une nouvelle révérence.*

Je suis camerera mayor,

(Elle se rassied.)

Et je remplis ma charge.

LA REINE, *prenant sa tête à deux mains, avec désespoir, à part.*

Allons! rêver encor!

Non!

(Haut.)

— Vite! un lansquenet[5]! à moi, toutes mes femmes!
Une table, et jouons!

---

1. Détail caractéristique emprunté, ainsi que plusieurs autres de la même scène,
au livre de Mme d'Aulnoy (voir Notice, page 17); 2. Son divertissement le plus
marquant fut un *autodafé*, qui constituait le clou des fêtes du couronnement;
3. *Grand d'Espagne :* voir la note du vers 582; 4. Insigne du chambellan; 5. *Lansquenet :* jeu de cartes en vogue, où le hasard jouait le rôle essentiel.

■ QUESTIONS

● VERS 618-645. Quel est le sens des vers 619 et 640 (à rapprocher
du vers 608)? Qu'annoncent ces vers? Comment se précise peu à peu
l'obsession qui hante le cœur de la reine? — Quel contraste avec les
sentiments de la reine offrent la fantaisie légère de Casilda et la naïveté
du vieil amoureux don Guritan?

DEUX INTERPRÈTES DU RÔLE DE LA REINE

En haut : Sarah Bernhardt. Comédie-Française (1879).

En bas : Gaby Sylvia. Théâtre national populaire (1954).

LA DUCHESSE, *aux duègnes.*

Ne bougez pas, mesdames.
(Se levant et faisant une révérence à la reine.)

655 Sa majesté ne peut, suivant l'ancienne loi,
Jouer qu'avec des rois ou des parents du roi.

LA REINE, *avec emportement.*

Eh bien! faites venir ces parents.

CASILDA, *à part, regardant la duchesse.*

Oh! la duègne!

LA DUCHESSE, *avec un signe de croix.*

Dieu n'en a pas donné, madame, au roi qui règne.
La reine mère est morte. Il est seul à présent.

LA REINE

660 Qu'on me serve à goûter!

CASILDA

Oui, c'est très amusant.

LA REINE

Casilda je t'invite.

CASILDA, *à part, regardant la camerera.*

Oh! respectable aïeule!

LA DUCHESSE, *avec une révérence.*

Quand le roi n'est pas là, la reine mange seule.
(Elle se rassied.)

LA REINE, *poussée à bout.*

Ne pouvoir, — ô mon Dieu! qu'est-ce que je ferai? —
Ni sortir, ni jouer, ni manger à mon gré!
665 Vraiment, je meurs depuis un an que je suis reine.

─────── QUESTIONS ───────

● VERS 646-665. Étudiez le mouvement de cette partie de la scène :
pour quelle raison psychologique la reine cherche-t-elle une occupation
(vers 652 à rapprocher des vers 608, 619 et 640)? — Le personnage de
la duchesse : par quelle attitude et quel mouvement répétés plusieurs
fois Hugo crée-t-il le mécanisme comique de ce personnage? En quoi
la Camerera Mayor est-elle le symbole vivant de l'étiquette suivie à la
cour? — Cette partie de la scène est-elle franchement comique? Montrez pourquoi il y a ici une parfaite réussite du mélange des genres : le
grotesque des usages (comique) accroissant la solitude d'une âme
(tragique).

CASILDA, *à part, la regardant avec compassion.*

Pauvre femme! passer tous ses jours dans la gêne,
Au fond de cette cour insipide! et n'avoir
D'autre distraction que le plaisir de voir,
Au bord de ce marais à l'eau dormante et plate,
(*Regardant don Guritan, toujours immobile et debout au fond de la chambre.*)
670 Un vieux comte amoureux rêvant sur une patte!

LA REINE, *à Casilda.*

Que faire? Voyons! cherche une idée.

CASILDA

Ah! tenez!
En l'absence du roi, c'est vous qui gouvernez.
Faites, pour vous distraire, appeler les ministres!

LA REINE, *haussant les épaules.*

Ce plaisir! — avoir là huit visages sinistres
675 Me parlant de la France et de son roi caduc[1],
De Rome, et du portrait de monsieur l'archiduc[2],
Qu'on promène à Burgos, parmi des cavalcades[3],
Sous un dais de drap d'or porté par quatre alcades[4]!
— Cherche autre chose.

CASILDA

Eh bien, pour vous désennuyer,
680 Si je faisais monter quelque jeune écuyer[5]?

LA REINE

Casilda!

CASILDA

Je voudrais regarder un jeune homme,
Madame! cette cour vénérable m'assomme.
Je crois que la vieillesse arrive par les yeux,
Et qu'on vieillit plus vite à voir toujours des vieux!

LA REINE

685 Ris, folle! — Il vient un jour où le cœur se reploie.

---

1. Exagération, car Louis XIV n'avait que soixante ans en 1698; 2. Joseph-Charles, fils de l'empereur Léopold et de sa troisième femme, en faveur duquel celui-ci prétendait réserver ses droits à la succession d'Espagne; 3. Une des manifestations du parti autrichien en faveur de son candidat; 4. *Alcade :* voir page 42, note 4; 5. *Ecuyer :* à l'origine, celui qui portait l'écu du chevalier. Par la suite, dans les cours européennes, jeune gentilhomme attaché à la personne des souverains ou d'un prince.

Comme on perd le sommeil, enfant, on perd la joie.
(*Pensive.*)
Mon bonheur, c'est ce coin du parc où j'ai le droit
D'aller seule.

CASILDA

Oh! le beau bonheur! l'aimable endroit!
Des pièges sont creusés derrière tous les marbres.
690 On ne voit rien. Les murs sont plus hauts que les arbres.

LA REINE

Oh! je voudrais sortir parfois!

CASILDA, *bas.*

Sortir! Eh bien,
Madame, écoutez-moi. Parlons bas. Il n'est rien
De tel qu'une prison bien austère et bien sombre
Pour vous faire chercher et trouver dans son ombre
695 Ce bijou rayonnant nommé la clef des champs.
— Je l'ai! — Quand vous voudrez, en dépit des méchants,
Je vous ferai sortir, la nuit, et par la ville
Nous irons.

LA REINE

Ciel! jamais! tais-toi!

CASILDA

C'est très facile!

LA REINE

Paix!
(*Elle s'éloigne un peu de Casilda et retombe dans sa rêverie.*)
Que ne suis-je encor, moi qui crains[1] tous ces grands,
700 Dans ma bonne Allemagne, avec mes bons parents!
Comme, ma sœur et moi, nous courions dans les herbes!
Et puis des paysans passaient, traînant des gerbes;

---

1. Crainte justifiée par leur malveillance envers une étrangère. Louise d'Orléans, premier original du personnage, avait été empoisonnée.

—————— QUESTIONS ——————

● VERS 666-698. Énumérez tous les renseignements qui sont destinés soit à relier cet acte à certains faits appris au cours du premier acte, soit à préparer la suite (influence de la reine au Conseil des ministres, le parc où elle trouve la lettre de Ruy Blas, etc.). — Les trois propositions de Casilda : quel accueil la reine réserve-t-elle à la tentation du pouvoir, à celle du plaisir, à celle de la liberté?

Nous leur parlions. C'était charmant. Hélas! un soir,
Un homme vint, qui dit, — il était tout en noir,
705 Je tenais par la main ma sœur, douce compagne, —
« Madame, vous allez être reine d'Espagne. »
Mon père était joyeux et ma mère pleurait.
Ils pleurent tous les deux à présent. — En secret
Je vais faire envoyer cette boîte à mon père,
710 Il sera bien content. — Vois, tout me désespère.
Mes oiseaux d'Allemagne, ils sont tous morts[1].

(Casilda fait le signe de tordre le cou à des oiseaux, en regardant de travers la camerera.)

                                   Et puis

On m'empêche d'avoir des fleurs de mon pays.
Jamais à mon oreille un mot d'amour ne vibre.
Aujourd'hui je suis reine. Autrefois j'étais libre.
715 Comme tu dis, ce parc est bien triste le soir,
Et les murs sont si hauts qu'ils empêchent de voir.
— Oh! l'ennui!

(On entend au-dehors un chant éloigné.)

               Qu'est ce bruit?

CASILDA

                              Ce sont les lavandières
Qui passent en chantant, là-bas, dans les bruyères.

(Le chant se rapproche. On distingue les paroles. La reine écoute avidement.)

VOIX DU DEHORS

A quoi bon entendre
720   Les oiseaux des bois?
L'oiseau le plus tendre
Chante dans ta voix.

---

1. « La reine, écrit Mme d'Aulnoy *(ouvrage cité)*, avait deux perroquets, les plus jolis du monde; elle les avait apportés de France, et elle les aimait beaucoup. La vieille duchesse crut faire une bonne œuvre de les tuer, parce qu'ils ne savaient parler que français. »

● QUESTIONS

● Vers 699-717. En quoi ce rappel lyrique de sa jeunesse nous aide-t-il à mieux comprendre la reine? Quelle éducation a-t-elle reçue? Peut-elle s'accommoder de sa captivité dorée? Combien de fois le mot *ennui* ou un mot de même racine sont-ils revenus dans cette scène? (Hugo avait d'abord intitulé cet acte « La reine s'ennuie ».) — D'où vient l'imagerie romantique d'une Allemagne idyllique et sentimentale? Sur quel contraste le poète joue-t-il ici?

Que Dieu montre ou voile
725   Les astres des cieux!
La plus pure étoile
Brille dans tes yeux.

Qu'avril renouvelle
Le jardin en fleur!
La fleur la plus belle
730   Fleurit dans ton cœur.

Cet oiseau de flamme,
Cet astre du jour,
Cette fleur de l'âme,
S'appellent l'amour.

(Les voix décroissent et s'éloignent.)

LA REINE, rêveuse.

735 L'amour! — Oui, celles-là sont heureuses. — Leur voix,
Leur chant me fait du mal et du bien à la fois.

LA DUCHESSE, aux duègnes.

Ces femmes, dont le chant importune la reine,
Qu'on les chasse!

LA REINE, vivement.

          Comment! on les entend à peine.
Pauvres femmes! Je veux qu'elles passent en paix,
740 Madame.
(A Casilda, en lui montrant une croisée au fond.)
      Par ici le bois est moins épais,
Cette fenêtre-là donne sur la campagne;
Viens, tâchons de les voir.
(Elle se dirige vers la fenêtre avec Casilda.)

LA DUCHESSE, se levant, avec une révérence.

          Une reine d'Espagne
Ne doit pas regarder à la fenêtre.

LA REINE, s'arrêtant et revenant sur ses pas.

          Allons!
Le beau soleil couchant qui remplit les vallons,
745 La poudre d'or du soir qui monte sur la route,
Les lointaines chansons que toute oreille écoute,

N'existent plus pour moi! j'ai dit au monde adieu.
Je ne puis même voir la nature de Dieu!
Je ne puis même voir la liberté des autres!

LA DUCHESSE, *faisant signe aux assistants de sortir.*

750 Sortez. C'est aujourd'hui le jour des saints apôtres[1].
(*Casilda fait quelques pas vers la porte. La reine l'arrête.*)

LA REINE

Tu me quittes?

CASILDA, *montrant la duchesse.*

Madame, on veut que nous sortions.

LA DUCHESSE, *saluant la reine jusqu'à terre.*

Il faut laisser la reine à ses dévotions.
(*Tous sortent avec de profondes révérences.*)

SCÈNE II. — LA REINE, *seule.*

A ses dévotions? dis donc à sa pensée!
Où la fuir maintenant? Seule! Ils m'ont tous laissée.
755 Pauvre esprit sans flambeau dans un chemin obscur!
(*Rêvant.*)
Oh! cette main sanglante empreinte sur le mur!

---

1. Fête des apôtres Pierre et Paul, le 29 juin.

QUESTIONS

● Vers 718-753. La chanson des lavandières est-elle un hors-d'œuvre? Étudiez le thème, la composition et le rythme de cette chanson. Quel aspect de la poésie de Hugo révèle-t-elle? En quoi ramène-t-elle la reine à sa préoccupation principale, la solitude du cœur? — Les deux dernières interventions de la duchesse constituent-elles une simple reprise d'un effet déjà utilisé? Montrez qu'elles achèvent de faire de la reine une prisonnière, en écrasant sous le formalisme de l'étiquette ses sentiments de la liberté (liés à l'amour de la nature) et de la piété.

■ Sur l'ensemble de la scène première. — Dégagez les divers aspects de cette scène : liaison avec l'acte précédent; complément apporté à l'exposition par des rappels du passé; savante préparation de la suite; discrètes allusions à l'amour de la reine uniquement intelligibles au spectateur; rythme dramatique et antithétique des désirs de la reine et des refus cérémonieux de la duchesse.
— Faites une première synthèse du caractère de la reine d'après cette scène. A-t-elle sur le plan purement humain des traits de ressemblance avec Ruy Blas? — Étudiez le mélange des genres dans cette scène (tragique; comique grinçant ou fantaisiste; lyrisme).

Il s'est donc blessé? Dieu! — Mais aussi c'est sa faute.
Pourquoi vouloir franchir la muraille si haute?
Pour m'apporter les fleurs qu'on me refuse ici,
760 Pour cela, pour si peu, s'aventurer ainsi!
C'est aux pointes de fer qu'il s'est blessé sans doute.
Un morceau de dentelle y pendait. Une goutte
De ce sang répandu pour moi vaut tous mes pleurs.
    (S'enfonçant dans sa rêverie.)
Chaque fois qu'à ce banc je vais chercher les fleurs,
765 Je promets à mon Dieu, dont l'appui me délaisse,
De n'y plus retourner. J'y retourne sans cesse.
— Mais lui! voilà trois jours qu'il n'est pas revenu.
— Blessé! — Qui que tu sois, ô jeune homme inconnu,
Toi qui, me voyant seule et loin de ce qui m'aime,
770 Sans me rien demander, sans rien espérer même,
Viens à moi, sans compter les périls où tu cours;
Toi qui verses ton sang, toi qui risques tes jours
Pour donner une fleur à la reine d'Espagne;
Qui que tu sois, ami dont l'ombre m'accompagne,
775 Puisque mon cœur subit une inflexible loi,
Sois aimé par ta mère et sois béni par moi!
    (Vivement et portant la main à son cœur.)
— Oh! sa lettre me brûle!
    (Retombant dans sa rêverie.)
                 Et l'autre! l'implacable
Don Salluste! le sort me protège et m'accable.
En même temps qu'un ange, un spectre affreux me suit;
780 Et, sans les voir, je sens s'agiter dans ma nuit,
Pour m'amener peut-être à quelque instant suprême,
Un homme qui me hait près d'un homme qui m'aime.
L'un me sauvera-t-il de l'autre? Je ne sais.
Hélas! mon destin flotte à deux vents opposés.
785 Que c'est faible, une reine, et que c'est peu de chose!
Prions[1].
    (Elle s'agenouille devant la madone.)
         — Secourez-moi, madame! car je n'ose
Élever mon regard jusqu'à vous!
    (Elle s'interrompt.)
                      — O mon Dieu!
La dentelle, la fleur, la lettre, c'est du feu!

---

1. Cette prière va s'inspirer à la fois de *l'Hymne à la Vierge (Ave, maris stella)* et des *Litanies*.

(Elle met la main dans sa poitrine et en arrache une lettre froissée, un bouquet desséché de petites fleurs bleues et un morceau de dentelle taché de sang qu'elle jette sur la table, puis elle retombe à genoux.)

Vierge, astre de la mer! Vierge, espoir du martyre[1]!
790 Aidez-moi! —

(S'interrompant.)

Cette lettre!

(Se tournant à demi vers la table.)

Elle est là qui m'attire.

(S'agenouillant de nouveau.)

Je ne veux plus la lire! — O reine de douceur!
Vous qu'à tout affligé Jésus donne pour sœur!
Venez, je vous appelle! —

(Elle se lève, fait quelques pas vers la table, puis s'arrête, puis enfin se précipite sur la lettre, comme cédant à une attraction irrésistible.)

Oui, je vais la relire

Une dernière fois! Après, je la déchire!

(Avec un sourire triste.)

795 Hélas! depuis un mois je dis toujours cela.

(Elle déplie la lettre résolument et lit.)

« Madame, sous vos pieds, dans l'ombre, un homme est là
« Qui vous aime, perdu dans la nuit qui le voile;
« Qui souffre, ver de terre amoureux d'une étoile;
« Qui pour vous donnera son âme, s'il le faut;
800 « Et qui se meurt en bas quand vous brillez en haut. »

(Elle pose la lettre sur la table.)

Quand l'âme a soif, il faut qu'elle se désaltère,

---

1. Abréviation pour : espoir de ceux qui souffrent le martyre.

QUESTIONS

■ Sur la scène II. — Étudiez la composition de ce monologue : quels sont les divers états d'âme qui se succèdent, parfois sans transition, dans l'âme de la reine? Étudiez notamment l'alternance des sentiments qui se succèdent des vers 785 à 794.

— Quelles sont les images qui hantent cette rêverie? Comment traduisent-elles les obsessions de la reine? L'importance des vers 779-784; leur valeur prémonitoire.

— Qu'apprend-on de décisif sur la reine et Ruy Blas (vers 757-763, 767, 796-800)? Quel sentiment a poussé la reine à aimer cet inconnu (vers 801-802)?

— Quelles différences entre ce monologue-rêverie et les monologues classiques? Montrez que la versification traduit admirablement les mouvements de la sensibilité.

Fût-ce dans du poison!
(*Elle remet la lettre et la dentelle dans sa poitrine.*)
                              Je n'ai rien sur la terre.
Mais enfin il faut bien que j'aime quelqu'un, moi!
Oh! s'il avait voulu, j'aurais aimé le roi.
805 Mais il me laisse ainsi, — seule, — d'amour privée.
(*La grande porte s'ouvre à deux battants. Entre un huissier de chambre en grand costume.*)

L'HUISSIER, *à haute voix.*

Une lettre du roi!

LA REINE, *comme réveillée en sursaut, avec un cri de joie.*

Du roi! je suis sauvée!

SCÈNE III. — LA REINE, LA DUCHESSE D'ALBU-QUERQUE, CASILDA, DON GURITAN, FEMMES DE LA REINE, PAGES, RUY BLAS.

(*Tous entrent gravement. La duchesse en tête, puis les femmes. Ruy Blas reste au fond de la chambre. Il est magnifiquement vêtu. Son manteau tombe sur son bras gauche et le cache. Deux pages, portant sur un coussin de drap d'or la lettre du roi, viennent s'agenouiller devant la reine, à quelques pas de distance.*)

RUY BLAS, *au fond, à part.*

Où suis-je? — Qu'elle est belle! — Oh! pour qui suis-je ici?

LA REINE, *à part.*

C'est un secours du ciel!
(*Haut.*)
                              Donnez vite!
(*Se retournant vers le portrait du roi.*)
                                        Merci,
Monseigneur!
(*A la duchesse.*)
                  D'où me vient cette lettre?

LA DUCHESSE

                                        Madame,
810 D'Aranjuez[1], où le roi chasse.

―――――――――
1. *Aranjuez* : voir la note du vers 368.

LA REINE

Du fond de l'âme
Je lui rends grâce. Il a compris qu'en mon ennui
J'avais besoin d'un mot d'amour qui vînt de lui!
— Mais donnez donc!

LA DUCHESSE, *avec une révérence, montrant la lettre.*

L'usage, il faut que je le dise,
Veut que ce soit d'abord moi qui l'ouvre et la lise.

LA REINE

815 Encore! — Eh bien, lisez!
(La duchesse prend la lettre et la déploie lentement.)

CASILDA, *à part.*

Voyons le billet doux.

LA DUCHESSE, *lisant.*

« Madame, il fait grand vent et j'ai tué six loups[1].
« Signé, CARLOS. »

LA REINE, *à part.*

Hélas!

DON GURITAN, *à la duchesse.*

C'est tout?

LA DUCHESSE

Oui, seigneur comte.

CASILDA, *à part.*

Il a tué six loups! comme cela vous monte
L'imagination! Votre cœur est jaloux,
820 Tendre, ennuyé, malade? — Il a tué six loups!

LA DUCHESSE, *à la reine, en lui présentant la lettre.*

Si sa majesté veut?...

LA REINE, *la repoussant.*

Non.

---

1. Reproduction presque littérale du texte cité dans les *Mémoires* de Mme d'Aulnoy (voir Notice, page 17).

— QUESTIONS

● VERS 807-816. Quel effet pathétique produit l'arrivée de la lettre du roi à l'heure même où celle-ci est le plus désirée? Qu'en conclure sur le rôle des émotions fortes dans le drame romantique (à rapprocher de l'effet de surprise qui termine le premier acte)?

CASILDA, *à la duchesse.*

C'est bien tout?

LA DUCHESSE

Sans doute.

Que faut-il donc de plus? Notre roi chasse; en route
Il écrit ce qu'il tue avec le temps qu'il fait.
C'est fort bien.

(*Examinant de nouveau la lettre.*)

Il écrit? non, il dicte.

LA REINE, *lui arrachant la lettre et l'examinant à son tour.*

En effet,
825 Ce n'est pas de sa main. Rien que sa signature!
(*Elle l'examine avec plus d'attention et paraît frappée de stupeur.*)
(*A part.*)

Est-ce une illusion? c'est la même écriture
Que celle de la lettre!
(*Elle désigne de la main la lettre qu'elle vient de cacher sur son cœur.*)

Oh! qu'est-ce que cela?

(*A la duchesse.*)

Où donc est le porteur du message?

LA DUCHESSE, *montrant Ruy Blas.*

Il est là.

LA REINE, *se tournant à demi vers Ruy Blas.*

Ce jeune homme?

LA DUCHESSE

C'est lui qui l'apporte en personne.
830 — Un nouvel écuyer que sa majesté donne
A la reine. Un seigneur que, de la part du roi,
Monsieur de Santa-Cruz me recommande, à moi[1].

LA REINE

Son nom?

LA DUCHESSE

C'est le seigneur César de Bazan, comte

---

1. Voir les vers 558 et suivants.

■ QUESTIONS

● VERS 817-825. Comment Hugo, utilisant un document réel (la lettre de Charles II), a-t-il su lui donner une valeur dramatique? Comparez ce texte (vers 816) à la lettre de l'inconnu (vers 796-800). — Analysez la réaction de chaque personnage, révélatrice de sa sensibilité. Quelle peut être l'attitude de Ruy Blas pendant cette scène?

De Garofa. S'il faut croire ce qu'on raconte,
835 C'est le plus accompli gentilhomme qui soit.

LA REINE

Bien. Je veux lui parler.
    (A Ruy Blas.)
                    Monsieur...

RUY BLAS, *à part, tressaillant.*

                            Elle me voit !

Elle me parle ! Dieu ! je tremble.

LA DUCHESSE, *à Ruy Blas.*

                        Approchez, comte.

DON GURITAN, *regardant Ruy Blas de travers, à part.*

Ce jeune homme ! écuyer ! ce n'est pas là mon compte.
    (Ruy Blas, pâle et troublé, approche à pas lents.)

LA REINE, *à Ruy Blas.*

Vous venez d'Aranjuez ?

RUY BLAS, *s'inclinant.*

                    Oui, madame.

LA REINE

                            Le roi
840 Se porte bien ?
    (Ruy Blas s'incline ; elle montre la lettre royale.)
            Il a dicté ceci pour moi ?

RUY BLAS

Il était à cheval. Il a dicté la lettre...
    (Il hésite un moment.)
A l'un des assistants.

LA REINE, *à part, regardant Ruy Blas.*

                Son regard me pénètre.

Je n'ose demander à qui.
    (Haut.)
                  C'est bien, allez.
— Ah ! —
(Ruy Blas, qui avait fait quelques pas pour sortir, revient vers la reine.)
           Beaucoup de seigneurs étaient là rassemblés ?
    (A part.)
845 Pourquoi donc suis-je émue en voyant ce jeune homme ?

(Ruy Blas s'incline, elle reprend.)
Lesquels?

RUY BLAS

Je ne sais point les noms dont on les nomme.
Je n'ai passé là-bas que des instants fort courts.
Voilà trois jours que j'ai quitté Madrid.

LA REINE, *à part.*

Trois jours!
(Elle fixe un regard plein de trouble sur Ruy Blas.)

RUY BLAS, *à part.*

C'est la femme d'un autre! ô jalousie affreuse!
850 — Et de qui! — Dans mon cœur un abîme se creuse.

DON GURITAN, *s'approchant de Ruy Blas.*

Vous êtes écuyer de la reine? Un seul mot.
Vous connaissez quel est votre service? Il faut
Vous tenir cette nuit dans la chambre prochaine,
Afin d'ouvrir au roi, s'il venait chez la reine.

RUY BLAS, *tressaillant.*

(A part.)
855 Ouvrir au roi! moi!
(Haut.)
Mais... il est absent.

DON GURITAN

Le roi
Peut-il pas[1] arriver à l'improviste?

RUY BLAS, *à part.*

Quoi!

DON GURITAN, *à part, observant Ruy Blas.*

Qu'a-t-il?

LA REINE, *qui a tout entendu et dont le regard est resté fixé
sur Ruy Blas.*

Comme il pâlit!
(Ruy Blas chancelant s'appuie sur le bras d'un fauteuil.)

---

1. Voir la note du vers 605.

──────── QUESTIONS ────────

● VERS 826-848. Montrez que la reine conduit une véritable enquête;
pourquoi, après avoir obtenu un certain nombre de renseignements,
renvoie-t-elle le messager (vers 843) pour se raviser immédiatement
après (vers 844)? Quelle est l'importance de ces trois jours (vers 848)?
— Comment se manifeste l'amour chez Ruy Blas? Expliquez l'attitude
de Ruy Blas aux vers 837 et 842.

CASILDA, *à la reine.*

Madame, ce jeune homme

Se trouve mal!

RUY BLAS, *se soutenant à peine*

— Moi, non! mais c'est singulier comme...
Le grand air... le soleil... la longueur du chemin...
        (A part.)
860 — Ouvrir au roi!

*(Il tombe épuisé sur un fauteuil. Son manteau se dérange et laisse
voir sa main gauche enveloppée de linges ensanglantés.)*

CASILDA

Grand Dieu, madame! à cette main

Il est blessé!

LA REINE

Blessé!

CASILDA

Mais il perd connaissance!
Mais, vite, faisons-lui respirer quelque essence!

LA REINE, *fouillant dans sa gorgerette.*

Un flacon que j'ai là contient une liqueur...

*(En ce moment son regard tombe sur la manchette que Ruy Blas
porte au bras droit.)*
        (A part.)
C'est la même dentelle!

*(Au même instant, elle a tiré le flacon de sa poitrine, et, dans son
trouble, elle a pris en même temps le morceau de dentelle qui y était
caché. Ruy Blas, qui ne la quitte pas des yeux, voit cette dentelle
sortir du sein de la reine.)*

RUY BLAS, *éperdu.*

Oh!

*(Le regard de la reine et le regard de Ruy Blas se rencontrent. Un
silence.)*

━━━ QUESTIONS ━━━

● VERS 849-860. Quelle place tient la jalousie dans la passion de Ruy
Blas (voir vers 367-381) et dans l'amour de don Guritan (voir vers 838)?
Pourquoi l'intervention de don Guritan provoque-t-elle l'évanouissement de Ruy Blas? Comment cet évanouissement va-t-il relancer la
scène et achever la reconnaissance?

LA REINE, *à part.*

C'est lui!

RUY BLAS, *à part.*

Sur son cœur!

LA REINE, *à part.*

865 C'est lui!

RUY BLAS, *à part.*

Faites, mon Dieu, qu'en ce moment je meure!

(Dans le désordre de toutes les femmes s'empressant autour de Ruy Blas, ce qui se passe entre la reine et lui n'est remarqué de personne.)

CASILDA, *faisant respirer le flacon à Ruy Blas.*

Comment vous êtes-vous blessé? C'est tout à l'heure?
Non? Cela s'est rouvert en route? Aussi pourquoi
Vous charger d'apporter le message du roi?

LA REINE *à Casilda.*

Vous finirez bientôt vos questions, j'espère.

LA DUCHESSE, *à Casilda.*

870 Qu'est-ce que cela fait à la reine, ma chère?

LA REINE

Puisqu'il avait écrit la lettre, il pouvait bien
L'apporter, n'est-ce pas?

CASILDA

Mais il n'a dit en rien
Qu'il eût écrit la lettre.

LA REINE, *à part.*

Oh!

(A Casilda.)

Tais-toi!

CASILDA, *à Ruy Blas.*

Votre grâce[1]

Se trouve-t-elle mieux?

RUY BLAS

Je renais!

LA REINE, *à ses femmes.*

L'heure passe,
875 Rentrons. — Qu'en son logis le comte soit conduit.

---

1. *Votre grâce :* expression traditionnelle de déférence pour s'adresser à certains personnages de la noblesse.

(Aux pages, au fond.)

Vous savez que le roi ne vient pas cette nuit.
Il passe la saison tout entière à la chasse.

(Elle rentre avec sa suite dans ses appartements.)

CASILDA, *la regardant sortir.*

La reine a dans l'esprit quelque chose.

*(Elle sort par la même porte que la reine en emportant la petite
cassette aux reliques.)*

RUY BLAS, *resté seul.*

*(Il semble écouter encore quelque temps avec une joie profonde les
dernières paroles de la reine. Il paraît comme en proie à un rêve.
Le morceau de dentelle, que la reine a laissé tomber dans son trouble,
est resté à terre sur le tapis. Il le ramasse, le regarde avec amour,
et le couvre de baisers. Puis il lève les yeux au ciel.)*

O Dieu! grâce!

Ne me rendez pas fou!

(Regardant le morceau de dentelle.)

C'était bien sur son cœur!

*(Il le cache dans sa poitrine. Entre don Guritan. Il revient par la
porte de la chambre où il a suivi la reine. Il marche à pas lents vers
Ruy Blas. Arrivé près de lui sans dire un mot, il tire à demi son
épée, et la mesure du regard avec celle de Ruy Blas. Elles sont
inégales. Il remet son épée dans le fourreau. Ruy Blas le regarde
avec étonnement.)*

─── ● QUESTIONS ───

● VERS 861-879. Comment le mécanisme de cette reconnaissance a-t-il
été préparé (voir vers 756-762)? — L'importance du vers 871 : quelle
certitude donne-t-il à Ruy Blas? — Le dernier mouvement de la scène
(vers 869-879) : comment la reine met-elle fin à cette scène? Quel apaisement donne-t-elle à Ruy Blas aux vers 876-877? Analysez le rôle
de Casilda dans cette fin de scène.

■ SUR L'ENSEMBLE DE LA SCÈNE III. — Marquez toutes les étapes par
lesquelles passe la reconnaissance progressive des deux amoureux. —
Comment tous les personnages présents participent-ils à cette reconnaissance, certains d'entre eux sans s'en rendre compte? Démontrez que par
ce procédé Hugo donne à cette scène sa vraisemblance.
— Montrez que les gestes, les attitudes, les regards concourent plus
que les paroles à cette reconnaissance des deux amoureux. Est-ce seulement la présence des témoins gênants qui les obligent à cette dis-
crétion? Montrez que c'est aussi leur timidité et leur pureté qui les
contraignent à ce langage muet : tirez-en une conclusion sur l'importance de la mimique et des effets visuels dans le drame romantique.
— Étudiez comment la reine passe peu à peu d'un confus besoin
d'amour à une passion individualisée. Des deux amoureux, quel est
celui qui a montré le plus de caractère au cours de cette scène? Pourquoi?

Scène IV. — RUY BLAS, DON GURITAN.

DON GURITAN, *repoussant son épée dans le fourreau.*

880 J'en apporterai deux de pareille longueur.

RUY BLAS

Monsieur, que signifie?...

DON GURITAN, *avec gravité.*

En mil six cent cinquante,
J'étais très amoureux. J'habitais Alicante[1].
Un jeune homme bien fait, beau comme les amours,
Regardait de fort près ma maîtresse, et toujours
885 Passait sous son balcon, devant la cathédrale,
Plus fier qu'un capitan[2] sur la barque amirale.
Il avait nom Vasquez, seigneur, quoique bâtard.
Je le tuai. —
    (Ruy Blas veut l'interrompre, don Guritan l'arrête du geste,
    et continue.)

           Vers l'an soixante-six, plus tard,
Gil, comte d'Iscola, cavalier magnifique,
890 Envoya chez ma belle, appelée Angélique,
Avec un billet doux, qu'elle me présenta,
Un esclave nommé Grifel de Viserta.
Je fis tuer l'esclave et je tuai le maître.

RUY BLAS

Monsieur!

DON GURITAN, *poursuivant.*

         Plus tard, vers l'an quatre-vingts, je crus être
895 Trompé par ma beauté, fille aux tendres façons,
Pour Tirso Gamonal, un de ces beaux garçons
Dont le visage altier et charmant s'accommode
D'un panache éclatant. C'est l'époque où la mode
Était qu'on fît ferrer ses mules en or fin.
900 Je tuai don Tirso Gamonal.

RUY BLAS

              Mais enfin
Que veut dire cela, monsieur?

---

1. *Alicante :* port espagnol sur la côte méditerranéenne de l'Espagne; 2. *Capitan :* chef de guerre. Le mot n'a pas le sens péjoratif du vers 192.

DON GURITAN

> Cela veut dire,
> Comte, qu'il sort de l'eau du puits quand on en tire;
> Que le soleil se lève à quatre heures demain;
> Qu'il est un lieu désert et loin de tout chemin,
> 905 Commode aux gens de cœur, derrière la chapelle;
> Qu'on vous nomme, je crois, César, et qu'on m'appelle
> Don Gaspar Guritan Tassis y Guervarra[1].
> Comte d'Oñate.

RUY BLAS, *froidement.*

> Bien, monsieur. On y sera.

(Depuis quelques instants, Casilda, curieuse, est entrée à pas de loup par la petite porte du fond et a écouté les dernières paroles des deux interlocuteurs sans être vue d'eux.)

CASILDA, *à part.*

> Un duel! Avertissons la reine.
> *(Elle rentre et disparaît par la petite porte.)*

DON GURITAN, *toujours imperturbable.*

> En vos études,
> 910 S'il vous plaît de connaître un peu mes habitudes,
> Pour votre instruction, monsieur, je vous dirai
> Que je n'ai jamais eu qu'un goût fort modéré
> Pour ces godelureaux[2], grands friseurs de moustache,
> Beaux damerets[3] sur qui l'œil des femmes s'attache,
> 915 Qui sont tantôt plaintifs et tantôt radieux,
> Et qui dans les maisons, faisant force clins d'yeux,
> Prenant sur les fauteuils d'adorables tournures,
> Viennent s'évanouir pour des égratignures.

RUY BLAS

> Mais — je ne comprends pas.

DON GURITAN

> Vous comprenez fort bien.
> 920 Nous sommes tous les deux épris du même bien.
> L'un de nous est de trop dans ce palais. En somme,
> Vous êtes écuyer, moi je suis majordome[4].

---

1. Noms propres tirés, comme les autres qu'on trouvera dans cette scène, des *Mémoires* de Mme d'Aulnoy. Mais le poète les choisit en se souciant plus de leur couleur espagnole que de la vérité historique ; 2. *Godelureau* : jeune galant ; 3. *Dameret* : jeune élégant raffiné ; 4. *Écuyer* : voir la note du vers 680 ; *majordome* : voir la note du vers 415.

Droits pareils. Au surplus, je suis mal partagé,
La partie entre nous n'est pas égale : j'ai
925 Le droit du plus ancien, vous le droit du plus jeune.
Donc vous me faites peur. A la table où je jeûne
Voir un jeune affamé s'asseoir avec des dents
Effrayantes, un air vainqueur, des yeux ardents,
Cela me trouble fort. Quant à lutter ensemble
930 Sur le terrain d'amour, beau champ qui toujours tremble,
De fadaises, mon cher, je sais mal faire assaut ;
J'ai la goutte ; et d'ailleurs ne suis point assez sot
Pour disputer le cœur d'aucune Pénélope[1]
Contre un jeune gaillard si prompt à la syncope.
935 C'est pourquoi, vous trouvant fort beau, fort caressant,
Fort gracieux, fort tendre et fort intéressant,
Il faut que je vous tue.

RUY BLAS

Eh bien, essayez.

DON GURITAN

Comte

De Garofa, demain, à l'heure où le jour monte,
A l'endroit indiqué, sans témoin ni valet,
940 Nous nous égorgerons galamment, s'il vous plaît,
Avec l'épée et dague, en dignes gentilshommes,
Comme il sied quand on est des maisons dont nous sommes.
(Il tend la main à Ruy Blas, qui la lui prend.)

RUY BLAS

Pas un mot de ceci, n'est-ce pas ? —
(Le comte fait un signe d'adhésion.)

A demain.

(Ruy Blas sort.)

DON GURITAN, *resté seul.*

Non, je n'ai pas du tout senti trembler sa main.
945 Être sûr de mourir et faire de la sorte,
C'est d'un brave jeune homme !
*(Bruit d'une clef à la petite porte de la chambre de la reine. Don
Guritan se retourne.)*

On ouvre cette porte ?

*(La reine paraît et marche vivement vers don Guritan, surpris et
charmé de la voir. Elle tient entre ses mains la petite cassette.)*

---

1. *Pénélope* : femme d'Ulysse, qui attendit fidèlement son mari pendant dix ans,
malgré les instances des prétendants.

Scène V. — DON GURITAN, LA REINE.

LA REINE, *avec un sourire.*

C'est vous que je cherchais!

DON GURITAN, *ravi.*

Qui[1] me vaut ce bonheur?

LA REINE, *posant la cassette sur le guéridon.*

Oh Dieu! rien, ou du moins peu de chose, seigneur.
  (*Elle rit.*)
Tout à l'heure on disait parmi d'autres paroles, —
950 Casilda, — vous savez que les femmes sont folles,
Casilda soutenait que vous feriez pour moi
Tout ce que je voudrais.

DON GURITAN

Elle a raison!

LA REINE, *riant.*

Ma foi,

J'ai soutenu que non.

---

1. *Qui* : qui est-ce qui? (survivance à la langue classique, où *qui* interrogatif peut désigner une chose).

━━━━━━ **QUESTIONS** ━━━━━━

■ Sur la scène IV. — En quoi les gestes de don Guritan (jeu de scène indiqué à la fin de la page 101) et sa réflexion (vers 880) transforment-ils brusquement l'atmosphère? Étudiez la construction dramatique de cette scène de ton héroïque. En quoi la première tirade de don Guritan (vers 881-900) rappelle-t-elle la scène des portraits d'*Hernani*?

— Étudiez le personnage de don Guritan : recherchez les traits traditionnels du vieillard amoureux (vers 909-917), les vantardises héritées du Matamore espagnol (vers 881-900). Est-il, malgré sa silhouette et ses propos, totalement ridicule? En quoi son ironie (vers 923-934), s'exerçant sur lui-même, le rend-elle plutôt sympathique? Est-ce la certitude d'une victoire facile qui pousse don Guritan à provoquer Ruy Blas? — Comparez don Guritan à don Ruy Gomez.

— Étudiez, dans le rôle de don Guritan, le pittoresque, le comique des mots, en particulier la bizarrerie de certaines rimes (vers 881-882, 907-908, 913-914, 933-934), les enjambements (vers 928-929). En quoi le style est-il adapté au personnage?

— Comprend-on tout de suite l'utilité de cette scène pour l'action? Quel trait du caractère de Ruy Blas est mis en tout cas en lumière, après l'évanouissement de la scène précédente?

DON GURITAN

Vous avez tort, madame!

LA REINE

Elle a dit que pour moi vous donneriez votre âme,
955 Votre sang...

DON GURITAN

Casilda parlait fort bien ainsi.

LA REINE

Et moi, j'ai dit que non.

DON GURITAN

Et moi, je dis que si!
Pour votre majesté, je suis prêt à tout faire.

LA REINE

Tout?

DON GURITAN

Tout!

LA REINE

Eh bien, voyons, jurez que pour me plaire
Vous ferez à l'instant ce que je vous dirai.

DON GURITAN

960 Par le saint roi Gaspar[1], mon patron vénéré,
Je le jure! Ordonnez. J'obéis, ou je meure[2]!

LA REINE, *prenant la cassette.*

Bien. Vous allez partir de Madrid tout à l'heure[3]
Pour porter cette boîte en bois de calambour[4]
A mon père monsieur l'électeur de Neubourg[5].

DON GURITAN, *à part.*

965 Je suis pris!
(*Haut.*)
A Neubourg!

---

1. *Gaspar* : un des trois rois mages; 2. Suppression courante de *que* devant le subjonctif de souhait dans la syntaxe classique; 3. *Tout à l'heure* : tout de suite (sens de la langue classique); 4. *Calambour* : voir la note du vers 636; 5. *Electeur* : prince qui avait le droit de participer à l'élection de l'Empereur dans le Saint Empire romain germanique. En fait, s'il y avait un électeur de Bavière, il n'y avait pas d'électeur de Neubourg.

LA REINE

A Neubourg.

DON GURITAN

Six cents lieues!

LA REINE

Cinq cent cinquante. —
(Elle montre la housse de soie qui enveloppe la cassette.)
Ayez grand soin des franges bleues.
Cela peut se faner en route.

DON GURITAN

Et quand partir?

LA REINE

Sur-le-champ.

DON GURITAN

Ah! demain!

LA REINE

Je n'y puis consentir.

DON GURITAN, *à part.*

Je suis pris!
(Haut.)
Mais...

LA REINE

Partez!

DON GURITAN

Quoi?...

LA REINE

J'ai votre parole.

DON GURITAN

970 Mon affaire...

LA REINE

Impossible.

DON GURITAN

Un objet si frivole...

LA REINE

Vite!

DON GURITAN

Un seul jour!

LA REINE

Néant.

DON GURITAN

Car...

LA REINE

Faites à mon gré.

DON GURITAN

Je...

LA REINE

Non.

DON GURITAN

Mais...

LA REINE

Partez!

DON GURITAN

Si...

LA REINE

Je vous embrasserai!

(Elle lui saute au cou et l'embrasse.)

DON GURITAN, *fâché et charmé.*

(Haut.)

Je ne résiste plus. J'obéirai, Madame.

(A part.)

Dieu s'est fait homme; soit! Le diable s'est fait femme!

LA REINE, *montrant la fenêtre.*

975 Une voiture en bas est là qui vous attend.

DON GURITAN

Elle avait tout prévu!

(Il écrit sur un papier quelques mots à la hâte et agite une sonnette.)

(Un page paraît.)

Page, porte à l'instant

Au seigneur don César de Bazan cette lettre.

(A part.)

Ce duel! à mon retour il faut bien le remettre.

Je reviendrai!

(Haut.)

Je vais contenter de ce pas

980 Votre Majesté.

LA REINE

Bien.

(Il prend la cassette, baise la main de la reine, salue profondément et sort. Un moment après, on entend le roulement d'une voiture qui s'éloigne.)

LA REINE *tombant sur un fauteuil.*

Il ne le tuera pas!

ACTE III

RUY BLAS

La salle dite salle de gouvernement, dans le palais du roi à Madrid. Au fond, une grande porte élevée au-dessus de quelques marches. *Dans l'angle à gauche, un pan coupé fermé par une tapisserie de haute lice[1]. Dans l'angle opposé, une fenêtre. A droite, une table carrée, revêtue d'un tapis de velours vert, autour de laquelle sont rangés des tabourets pour huit ou dix personnes correspondant à autant de pupitres placés sur la table. Le côté de la table qui fait*

---

1. Où les fils de la chaîne du métier à tisser, tendus verticalement, montent et descendent alternativement (*lice : trame*).

--------- QUESTIONS ---------

■ Sur la scène V. — Comment cette scène a-t-elle été préparée (voir vers 909)? Peut-on imaginer la scène qui vient de se passer entre la reine et Casilda? Qui a eu l'idée de la mission à confier à don Guritan (voir les vers 635-639)?

— Étudiez la composition et le rythme de cette scène de comédie : par quels moyens la reine enferme-t-elle don Guritan dans un piège (vers 951, 958, 972)? Quel comique de situation en résulte?

— Le caractère de la reine : pourquoi tant de joie légère et d'ironie souriante alors que la vie de Ruy Blas est en jeu? Est-ce seulement une habileté pour duper don Guritan? Quel est l'effet du dernier vers, qui termine aussi le deuxième acte?

■ Sur l'ensemble de l'acte II. — Comment Hugo nous fait-il connaître la reine, nous ouvre-t-il son âme douloureuse, sevrée de tendresse, pour montrer ensuite la naissance et le rapide développement de l'amour? Montrez la logique interne de ce caractère.

— Appréciez la délicatesse et la réserve de Hugo dans la peinture des sentiments. Comment ceux-ci s'expriment-ils? Étudiez en particulier les apartés, les allusions rapides, les courtes exclamations, les mimiques.

— La couleur locale et la description des mœurs à la cour d'Espagne dans les dernières années du xviie siècle.

— Étudiez le mélange des genres et leur fusion dans cet acte.

— Dans quelle mesure cet acte tout entier développe-t-il le dernier vers de l'acte premier? Comment le plan de don Salluste se réalise-t-il?

*face aux spectateurs est occupé par un grand fauteuil recouvert de
drap d'or et surmonté d'un dais en drap d'or, aux armes d'Espagne,
timbrées de la couronne royale. A côté de ce fauteuil, une chaise.*
Au moment où le rideau se lève, la junte[1] du Despacho universal
(conseil privé du roi[2]) est au moment de prendre séance.

SCÈNE PREMIÈRE. — DON MANUEL ARIAS, *président
de Castille;* DON PEDRO VELEZ DE GUEVARRA,
COMTE DE CAMPOREAL, *conseiller de cape et d'épée de la
contaduria mayor[3];* DON FERNANDO DE CORDOVA
Y AGUILAR, MARQUIS DE PRIEGO, *même qualité;* ANTO-
NIO UBILLA, *écrivain mayor des rentes[4];* MONTAZGO,
conseiller de robe de la chambre des Indes[5]; COVADENGA,
*secrétaire suprême des Iles[6]. Plusieurs autres conseillers. Les
conseillers de robe vêtus de noir. Les autres en habit de
cour. Camporeal a la croix de Calatrava[7] au manteau.
Priego, la Toison d'or[8] au cou.*
(*Don Manuel Arias, président de Castille, et le comte de Camporeal
causent à voix basse, et entre eux, sur le devant. Les autres conseillers font des groupes çà et là dans la salle.*)

DON MANUEL ARIAS

Cette fortune-là cache quelque mystère.

LE COMTE DE CAMPOREAL

Il a la Toison d'or. Le voilà secrétaire
Universel[9], ministre[10], et puis duc d'Olmedo!

DON MANUEL ARIAS

En six mois!

LE COMTE DE CAMPOREAL

On le sert derrière le rideau.

DON MANUEL ARIAS, *mystérieusement[11]*.

985 La reine!

1. *Junte :* nom donné, en Espagne et au Portugal, à certains conseils délibérants
et exécutifs; 2. La documentation relative à ce conseil a été puisée dans les livres
de Mme d'Aulnoy et de Vayrac, déjà cités; 3. *Contaduria mayor :* tribunal chargé
des affaires financières, créé en 1574 par Philippe II; 4. Greffier; 5. Voir la note
du vers 160; 6. Baléares et Canaries; 7. Ordre religieux et militaire fondé en 1158
à Calatrava (Nouvelle-Castille) par les chevaliers de l'ordre de Cîteaux, à qui le
roi de Castille, Sanche III, donna la ville avec mission de la défendre contre les
Maures. La décoration était portée en sautoir, pendue à un ruban rouge ponceau;
8. Voir page 43, note 5; 9. Secrétaire d'État et du Conseil privé; 10. Premier
ministre; 11. Secrètement.

LE COMTE DE CAMPOREAL

Au fait, le roi, malade et fou dans l'âme,
Vit avec le tombeau de sa première femme[1].
Il abdique, enfermé dans son Escurial[2],
Et la reine fait tout!

DON MANUEL ARIAS

Mon cher Camporeal,
Elle règne sur nous, et don César sur elle!

LE COMTE DE CAMPOREAL

990 Il vit d'une façon qui n'est pas naturelle.
D'abord, quant à la reine, il ne la voit jamais[3].
Ils paraissent se fuir. Vous me direz non, mais
Comme depuis six mois je les guette, et pour cause,
J'en suis sûr. Puis il a le caprice morose
995 D'habiter, assez près de l'hôtel de Tormez,
Un logis aveuglé par des volets fermés,
Avec deux laquais noirs, gardeurs de portes closes,
Qui, s'ils n'étaient muets, diraient beaucoup de choses.

DON MANUEL ARIAS

Des muets?

LE COMTE DE CAMPOREAL

Des muets. — Tous ses autres valets
1000 Restent au logement qu'il a dans le palais.

DON MANUEL ARIAS

C'est singulier.

DON ANTONIO UBILLA, *qui s'est approché d'eux depuis quelques
instants.*
Il est de grande race, en somme.

LE COMTE DE CAMPOREAL

L'étrange, c'est qu'il veut faire son honnête homme[4]!
(A don Manuel Arias.)
— Il est cousin, — aussi Santa-Cruz l'a poussé, —
De ce marquis Salluste écroulé l'an passé. —
1005 Jadis, ce don César, aujourd'hui notre maître,
Était le plus grand fou que la lune[5] eût vu naître.

---

1. Marie-Louise d'Orléans, fille d'Henriette d'Angleterre, morte en 1689, vrai-semblablement empoisonnée; 2. *Escurial :* voir la note du vers 368; 3. En dehors des cérémonies officielles; 4. Au sens moral; 5. L'astrologie lui assignait une mau-vaise influence sur l'esprit de certains qu'elle rendait *lunatiques.*

C'était un drôle[1], — on sait des gens qui l'ont connu, —
Qui prit un beau matin son fonds pour revenu,
Qui changeait tous les jours de femmes, de carrosses,
1010 Et dont la fantaisie avait des dents féroces
Capables de manger en un an le Pérou[2].
Un jour il s'en alla, sans qu'on ait su par où.

DON MANUEL ARIAS

L'âge a du fou joyeux fait un sage fort rude.

LE COMTE DE CAMPOREAL

Toute fille de joie en séchant devient prude.

UBILLA

1015 Je le crois homme probe.

LE COMTE DE CAMPOREAL, *riant.*

Oh! candide Ubilla!
Qui se laisse éblouir à ces probités-là!
(*D'un ton significatif.*)
La maison[3] de la reine, ordinaire et civile,
(*Appuyant sur les chiffres.*)
Coûte par an six cent soixante-quatre mille
Soixante-six ducats[4]! — c'est un pactole[5] obscur
1020 Où, certe, on doit jeter le filet à coup sûr.
Eau trouble, pêche claire.

LE MARQUIS DE PRIEGO, *survenant.*

Ah çà, ne vous déplaise,
Je vous trouve imprudents et parlant fort à l'aise.
Feu mon grand-père, auprès du comte-duc[6] nourri,
Disait : — Mordez le roi, baisez le favori. —
1025 Messieurs, occupons-nous des affaires publiques.
(*Tous s'asseyent autour de la table ; les uns prennent des plumes,
les autres feuillettent des papiers. Du reste, oisiveté générale.
Moment de silence.*)

---

1. *Drôle :* coquin méprisable; 2. De toutes les provinces espagnoles d'Amérique, le Pérou, riche en or et en trésors de toutes sortes, passait pour une source inépuisable de richesses; certaines expressions proverbiales ont maintenu cette tradition; 3. *Maison :* ensemble des services directement attachés à la personne du roi; 4. Cette somme est conforme aux documents historiques (voir Note de l'auteur, page 197, ligne 20); 5. *Pactole :* source de richesses comme le fleuve qui, dans la Lydie antique, portait ce nom; il roulait, dit-on, des paillettes d'or; 6. Le comte d'Olivarès (sur ce personnage, voir la note du vers 390).

MONTAZGO, *bas à Ubilla.*

Je vous ai demandé sur la caisse aux reliques[1]
De quoi payer l'emploi d'alcade[2] à mon neveu.

UBILLA, *bas.*

Vous, vous m'aviez promis de nommer avant peu
Mon cousin Melchior d'Elva bailli[3] de l'Èbre[4].

MONTAZGO, *se récriant.*

1030 Nous venons de doter votre fille. On célèbre
Encor sa noce. — On est sans relâche assailli...

UBILLA, *bas.*

Vous aurez votre alcade...

MONTAZGO, *bas.*

Et vous votre bailli.
(Ils se serrent la main.)

COVADENGA, *se levant.*

Messieurs les conseillers de Castille, il importe,
Afin qu'aucun de nous de sa sphère ne sorte,
1035 De bien régler nos droits et de faire nos parts.
Le revenu d'Espagne en cent mains est épars.
C'est un malheur public, il y faut mettre un terme.
Les uns n'ont pas assez, les autres trop. La ferme[5]
Du tabac est à vous, Ubilla. L'indigo[6]
1040 Et le musc[7] sont à vous, marquis de Priego.
Camporeal perçoit l'impôt des huit mille hommes[8],
L'almojarifazgo[9], le sel[10], mille autres sommes,

---

1. Revenu des taxes payées par ceux qui venaient vénérer les reliques; on ne sait d'ailleurs d'où Hugo a tiré ce détail, qu'il aurait pu fort bien inventer, quoi qu'il dise dans sa Note finale; 2. *Alcade :* voir page 42, note 4; 3. *Bailli :* magistrat rendant la justice royale dans certaines circonscriptions; le terme appartient d'ailleurs aux institutions de l'Ancien Régime français et non à l'Espagne; 4. *Èbre :* fleuve qui arrose Saragosse et se jette dans la Méditerranée; 5. *Ferme :* perception de certains revenus publics et impôts, donnée à bail à un particulier, comme cela se pratiquait aussi en France avant la Révolution; 6. *Indigo :* matière colorante bleue tirée de l'indigotier; 7. *Musc :* substance odorante d'origine animale ou végétale; 8. Tribut qui se payait tous les ans, pour remplacer les huit mille hommes que les Castillans avaient été obligés de tenir sur pied; 9. *Almojarifazgo :* impôt de cinq pour cent sur toutes les marchandises qui allaient d'Espagne aux Indes; 10. La gabelle de notre Ancien Régime.

Le quint du cent[1] de l'or, de l'ambre[2] et du jayet[3].
(*A Montazgo.*)
Vous qui me regardez de cet œil inquiet,
1045 Vous avez à vous seul, grâce à votre manège,
L'impôt sur l'arsenic[4] et le droit sur la neige[5];
Vous avez les ports secs[6], les cartes[7], le laiton[8],
L'amende des bourgeois qu'on punit du bâton[9],
La dîme de la mer[10], le plomb, le bois de rose[11]!... —
1050 Moi, je n'ai rien, messieurs. Rendez-moi quelque chose!

LE COMTE DE CAMPOREAL, *éclatant de rire.*

Oh! le vieux diable! il prend les profits les plus clairs.
Excepté l'Inde[12], il a les îles des deux mers.
Quelle envergure! il tient Mayorque[13] d'une griffe,
Et de l'autre il s'accroche au pic de Ténériffe[14]!

COVADENGA, *s'échauffant.*

1055 Moi, je n'ai rien!

LE MARQUIS DE PRIEGO, *riant.*

Il a les nègres[15]!
(*Tous se lèvent et parlent à la fois, se querellant.*)

MONTAZGO

Je devrais
Me plaindre bien plutôt. Il me faut les forêts[16]!

---

1. Le cinq pour cent; 2. *Ambre* : substance résineuse et aromatique; 3. *Jayet* : jais dont on fait des bijoux; 4. *Arsenic* : corps simple utilisé dans l'industrie et la médecine; 5. Dont on rafraîchissait les boissons; 6. *Port* est pris ici au sens géographique de « passage » (sens conservé dans certains noms de cols pyrénéens). Il s'agit de droits de péage ou de douane perçus sur certains points de communication entre deux régions ou deux provinces; 7. *Cartes* à jouer, sur la vente desquelles on percevait aussi une taxe; 8. Alliage de cuivre et de zinc utilisé dans l'industrie ménagère, la bijouterie bon marché; 9. Bastonnade; 10. Impôt du dixième payé sur toutes les marchandises venues par mer et passant par l'Espagne; 11. Bois exotique rappelant la rose par sa couleur et son odeur, et employé dans l'ébénisterie de luxe; 12. Voir vers 160 et la note; 13. Majorque, la plus grande des Baléares; 14. Dans l'île Canarie du même nom; 15. La perception de l'impôt sur les Noirs que l'on conduisait de Guinée aux Indes pour servir d'esclaves aux Espagnols. Chaque esclave rapportait deux écus; 16. Droit qui se payait pour la coupe du bois des forêts de Léon et autres lieux.

Phot. Lipnitzki.

« RUY BLAS » A LA COMÉDIE-FRANÇAISE (1960)

« Bon appétit, messieurs! » (vers 1058).

COVADENGA, *au marquis de Priego.*

Donnez-moi l'arsenic, je vous cède les nègres!

(Depuis quelques instants, Ruy Blas est entré par la porte du fond et assiste à la scène sans être vu des interlocuteurs. Il est vêtu de velours noir, avec un manteau de velours écarlate; il a la plume blanche au chapeau et la Toison d'or au cou. Il les écoute en silence, puis, tout à coup, il s'avance à pas lents et paraît au milieu d'eux au plus fort de la querelle.)

SCÈNE II. — LES MÊMES, RUY BLAS.

RUY BLAS, *survenant.*

Bon appétit, messieurs! —

(Tous se retournent. Silence de surprise et d'inquiétude. Ruy Blas se couvre, croise les bras, et poursuit en les regardant en face.)
O ministres intègres!

Conseillers vertueux! voilà votre façon
1060 De servir, serviteurs qui pillez la maison!
Donc vous n'avez pas honte et vous choisissez l'heure,
L'heure sombre où l'Espagne agonisante pleure!
Donc vous n'avez ici pas d'autres intérêts
Que remplir votre poche et vous enfuir après!
1065 Soyez flétris, devant votre pays qui tombe,
Fossoyeurs qui venez le voler dans sa tombe!
— Mais voyez, regardez, ayez quelque pudeur.
L'Espagne et sa vertu, l'Espagne et sa grandeur,
Tout s'en va. — Nous avons, depuis Philippe quatre,
1070 Perdu le Portugal, le Brésil, sans combattre[1];

---

1. La révolte du duc de Bragance (1640) avait causé cette double perte.

— QUESTIONS —

■ SUR LA SCÈNE PREMIÈRE. — Dégagez la solide construction de cette scène, divisée en deux parties. En quoi la première partie révèle-t-elle les événements survenus pendant l'entracte pour situer exactement l'acte qui commence? Sur quels détails Hugo revient-il encore pour rappeler au spectateur les événements du premier acte? — Quel changement s'est opéré dans le caractère de la reine? Comment se justifie l'ascension de Ruy Blas?

— Qu'entendent les courtisans par *s'occuper des affaires publiques* (vers 1025)? Étudiez la couleur locale et l'authenticité historique de ce passage. Comment cette satire peut-elle non seulement susciter un rapprochement avec l'Ancien Régime en France, mais aussi prendre une valeur actuelle pour le spectateur de 1838? En quoi transparaissent les idées politiques de Hugo à cette époque?

— Étudiez la technique dramatique : l'habileté du poète à façonner des scènes à personnages multiples.

En Alsace Brisach, Steinfort en Luxembourg[1],
Et toute la Comté[2] jusqu'au dernier faubourg;
Le Roussillon, Ormuz[3], Goa[4], cinq mille lieues
De côte, et Pernambouc[5], et les Montagnes Bleues[6]!
1075 Mais voyez. — Du ponant[7] jusques à l'orient,
L'Europe, qui vous hait, vous regarde en riant.
Comme si votre roi n'était plus qu'un fantôme,
La Hollande et l'Anglais partagent ce royaume[8];
Rome vous trompe; il ne faut risquer qu'à demi
1080 Une armée en Piémont, quoique pays ami;
La Savoie et son duc sont pleins de précipices[9].
La France, pour vous prendre, attend des jours propices.
L'Autriche aussi vous guette. Et l'infant bavarois[10]
Se meurt, vous le savez. — Quant à vos vice-rois,
1085 Médina[11], fou d'amour, emplit Naples d'esclandres,
Vaudémont[12] vend Milan, Leganez[13] perd les Flandres.
Quel remède à cela? — L'état est indigent,
L'état est épuisé de troupes et d'argent;
Nous avons sur la mer, où Dieu met ses colères,
1090 Perdu trois cents vaisseaux, sans compter les galères.
Et vous osez!... — Messieurs, en vingt ans, songez-y,
Le peuple, — j'en ai fait le compte, et c'est ainsi! —
Portant sa charge énorme et sous laquelle il ploie,
Pour vous, pour vos plaisirs, pour vos filles de joie,
1095 Le peuple misérable, et qu'on pressure encor,
A sué quatre cent trente millions d'or!
Et ce n'est pas assez! et vous voulez, mes maîtres!... —
Ah! j'ai honte pour vous! — Au dedans, routiers[14], reîtres[15],

_____

1. Cédés à Louis XIV par le traité des Pyrénées, ainsi que le Roussillon; 2. La Franche-Comté, cédée par le traité de Nimègue (1678); 3. Ile à l'entrée du golfe Persique, prise par un prince local; 4. Capitale des possessions portugaises de l'Inde, perdue par l'Espagne avec le Portugal; 5. *Pernambouc :* ville du Brésil (auj. Recife), autre possession portugaise; 6. Les monts Alleghanys, en Amérique du Nord, perdus pour les Espagnols en même temps que les Pays-Bas hollandais, dont ils étaient une colonie; 7. Le couchant (du verbe latin *ponere*, l'endroit où le soleil se pose); 8. Allusion au projet de partage élaboré en 1698 entre la Hollande, l'Angleterre et la France en vue de la succession de Charles II; 9. Expression pittoresque pour caractériser la politique des ducs de Savoie : à cette époque, le duc Victor-Amédée II menait une fructueuse politique de bascule entre la France et l'Empire. Il avait obtenu en 1696 la restitution de Pignerol par Louis XIV; 10. Désigné en 1698 par Charles II comme son héritier, ce prince de Bavière mourut en 1699 à l'âge de huit ans; 11. *Henriquez de Cabrera, duc de Medina :* grand d'Espagne et vice-roi de Naples, connu pour ses prodigalités; 12. *Vaudémont*, autre grand d'Espagne, gouverneur du Milanais, favorisait la politique impérialiste de Louis XIV; 13. Cet ancien vice-roi de la Catalogne souhaitait qu'à la mort de Charles II les Pays-Bas revinssent à l'archiduc autrichien Joseph-Charles (voir vers 676); 14. *Routiers :* soldats d'aventure; 15. Voir vers 416.

Vont battant le pays et brûlant la moisson.
1100 L'escopette[1] est braquée au coin de tout buisson.
Comme si c'était peu de la guerre des princes,
Guerre entre les couvents, guerre entre les provinces,
Tous voulant dévorer leur voisin éperdu,
Morsures d'affamés sur un vaisseau perdu!
1105 Notre église en ruine est pleine de couleuvres;
L'herbe y croît. Quant aux grands, des aïeux, mais pas
Tout se fait par intrigue et rien par loyauté.   [d'œuvres.
L'Espagne est un égout où vient l'impureté
De toute nation. Tout seigneur à ses gages
1110 A cent coupe-jarrets qui parlent cent langages.
Génois, sardes, flamands. Babel est dans Madrid.
L'alguazil[2], dur au pauvre, au[3] riche s'attendrit.
La nuit on assassine, et chacun crie : A l'aide!
— Hier on m'a volé, moi, près du pont de Tolède! —
1115 La moitié de Madrid pille l'autre moitié.
Tous les juges vendus. Pas un soldat payé.
Anciens vainqueurs du monde, Espagnols que nous
                                              [sommes,
Quelle armée avons-nous? A peine six mille hommes,
Qui vont pieds nus. Des gueux, des juifs, des montagnards,
1120 S'habillant d'une loque et s'armant de poignards.
Aussi d'un régiment toute bande[4] se double.
Sitôt que la nuit tombe, il est une heure trouble
Où le soldat douteux se transforme en larron.
Matalobos[5] a plus de troupes qu'un baron.
1125 Un voleur fait chez lui la guerre au roi d'Espagne.
Hélas! les paysans qui sont dans la campagne
Insultent en passant la voiture du roi.
Et lui, votre seigneur, plein de deuil et d'effroi,
Seul, dans l'Escurial[6], avec les morts qu'il foule,
1130 Courbe son front pensif sur qui l'empire croule!
— Voilà! — L'Europe, hélas! écrase du talon
Ce pays qui fut pourpre[7] et n'est plus que haillon.
L'état s'est ruiné dans ce siècle funeste,
Et vous vous disputez à qui prendra le reste!
1135 Ce grand peuple espagnol aux membres énervés[8],

---

1. *Escopette* : sorte de tromblon qu'on portait en bandoulière ou à l'arçon de la selle; 2. *Alguazil* : voir page 42, note 5; 3. Pour le; 4. *Bande* : troupe de bandits; 5. Voir vers 121 à 123; 6. Voir vers 985 à 987; 7. La *pourpre* est l'insigne de la puissance suprême, celle des rois, de l'empereur, des cardinaux; 8. *Enervé* : privé de ses nerfs.

Qui s'est couché dans l'ombre et sur qui vous vivez,
Expire dans cet antre où son sort se termine,
Triste comme un lion mangé par la vermine!
— Charles Quint, dans ces temps d'opprobre et de terreur,
1140 Que fais-tu dans ta tombe, ô puissant empereur?
Oh! lève-toi! viens voir! — Les bons font place aux pires.
Ce royaume effrayant, fait d'un amas d'empires,
Penche... Il nous faut ton bras! Au secours, Charles Quint!
Car l'Espagne se meurt, car l'Espagne s'éteint!
1145 Ton globe[1], qui brillait dans ta droite profonde,
Soleil éblouissant qui faisait croire au monde
Que le jour désormais se levait à Madrid,
Maintenant, astre mort, dans l'ombre s'amoindrit,
Lune aux trois quarts rongée et qui décroît encore,
1150 Et que d'un autre peuple[2] effacera l'aurore!
Hélas! ton héritage est en proie aux vendeurs.
Tes rayons, ils en font des piastres[3]! Tes splendeurs,
On les souille! — O géant! se peut-il que tu dormes?
On vend ton sceptre au poids! Un tas de nains difformes
1155 Se taillent des pourpoints[4] dans ton manteau de roi;
Et l'aigle impérial, qui, jadis, sous ta loi,
Couvrait le monde entier de tonnerre et de flamme,
Cuit, pauvre oiseau plumé, dans leur marmite infâme!

---

1. Attribut impérial, symbole de la toute-puissance; 2. Allusion probable à la grandeur croissante de la puissance anglaise; 3. Voir la note du vers 459; 4. *Pourpoint* : voir page 45, note 1.

■ QUESTIONS

● Vers 1058-1158. Faites le plan de cette longue tirade; montrez-en la rigueur en définissant chacune des parties (vers 1058-1066, 1067-1091, 1092-1097, 1098-1130, 1131-1138, 1139-1158). Montrez qu'il s'agit d'un véritable discours politique transposé sur le plan poétique. — A l'aide des notes placées en bas de page, appréciez l'exactitude historique de cette évocation de l'Espagne à la fin du XVIIᵉ siècle. En quoi l'apostrophe à Charles Quint rattache-t-elle *Ruy Blas* à *Hernani* (acte IV, scène II) et justifie-t-elle ce que Hugo dit dans sa Préface (lignes 248-279) sur la signification historique des deux drames? — Le style de ce discours : quels en sont les éléments épiques et lyriques? Relevez les images, grandioses ou réalistes, qui jalonnent la tirade : expliquez la puissance de certaines allégories. En quoi s'annonce ici le poète des *Châtiments?* — Est-il concevable que Ruy Blas puisse avoir une vision aussi nette de la situation politique? Ses « méditations » et ses « projets » (voir vers 315-319) suffisent-ils à expliquer sa clairvoyance? Quel idéal et quelle passion ont compensé chez cet homme du peuple l'absence d'une expérience propre aux professionnels de la politique? Montrez qu'à travers le personnage de Ruy Blas transparaît la façon dont les romantiques conçoivent l'engagement politique.

(Les conseillers se taisent, consternés. Seuls, le marquis de Priego et le comte de Camporeal redressent la tête et regardent Ruy Blas avec colère. Puis Camporeal, après avoir parlé à Priego, va à la table, écrit quelques mots sur un papier, les signe et les fait signer au marquis.)

LE COMTE DE CAMPOREAL, *désignant le marquis de Priego et remettant le papier à Ruy Blas.*

Monsieur le duc, — au nom de tous les deux, — voici
1160 Notre démission de notre emploi.

RUY BLAS, prenant le papier, froidement.

Merci.
Vous vous retirerez, avec votre famille,
    (A Priego.)
Vous, en Andalousie, —
      (A Camporeal.)

Et vous, comte, en Castille.
Chacun dans vos états. Soyez partis demain.

(Les deux seigneurs s'inclinent et sortent fièrement, le chapeau sur la tête. Ruy Blas se tourne vers les autres conseillers.)

Quiconque ne veut pas marcher dans mon chemin
1165 Peut suivre ces messieurs.

(Silence dans les assistants. Ruy Blas s'assied à la table sur une chaise à dossier placée à droite du fauteuil royal, et s'occupe à décacheter une correspondance. Pendant qu'il parcourt les lettres l'une après l'autre, Covadenga, Arias et Ubilla échangent quelques paroles à voix basse.)

UBILLA, à Covadenga, montrant Ruy Blas.

Fils[1], nous avons un maître.
Cet homme sera grand.

DON MANUEL ARIAS

Oui, s'il a le temps d'être.

COVADENGA

Et s'il ne se perd pas à tout voir de trop près.

UBILLA

Il sera Richelieu !

DON MANUEL ARIAS

S'il n'est Olivarès[2] !

---

1. Expression familière employée par un homme d'âge s'adressant à un cadet;
2. Sur *Olivarès*, voir la note du vers 390; l'antithèse avec Richelieu est d'autant mieux réussie que leur politique anima la lutte entre la France et l'Espagne dans la guerre de Trente Ans.

RUY BLAS, *après avoir parcouru vivement une lettre qu'il vient d'ouvrir.*

Un complot! Qu'est ceci? Messieurs, que vous disais-je?
    (*Lisant.*)

1170 — ... « Duc d'Olmedo, veillez. Il se prépare un piège
« Pour enlever quelqu'un de très grand de Madrid. »
    (*Examinant la lettre.*)
— On ne nomme pas qui. Je veillerai. — L'écrit
Est anonyme.

(*Entre un huissier de cour qui s'approche de Ruy Blas avec une profonde révérence.*)
                Allons! qu'est-ce?

L'HUISSIER

                        A Votre Excellence
J'annonce monseigneur l'ambassadeur de France.

RUY BLAS

1175 Ah! d'Harcourt[1]! Je ne puis à présent.

L'HUISSIER, *s'inclinant.*

                             Monseigneur,
Le nonce impérial[2] dans la chambre d'honneur
Attend Votre Excellence.

RUY BLAS

                      A cette heure? Impossible.

(*L'huissier s'incline et sort. Depuis quelques instants, un page est entré, vêtu d'une livrée couleur de feu à galons d'argent, et s'est approché de Ruy Blas.*)

RUY BLAS, *l'apercevant.*

Mon page! je ne suis pour personne visible.

LE PAGE, *bas.*

Le comte Guritan, qui revient de Neubourg...

RUY BLAS, *avec un geste de surprise.*

1180 Ah! — Page, enseigne-lui ma maison du faubourg.

---

1. *Henri, duc d'Harcourt* (1654-1718), ancien aide de camp de Turenne, fut nommé ambassadeur de France en Espagne (1697) et contribua à déterminer Charles II à laisser la couronne d'Espagne au duc d'Anjou, petit-fils de Louis XIV; 2. L'ambassadeur extraordinaire de l'empereur; le terme de *nonce*, qui ne s'applique plus aujourd'hui qu'à l'ambassadeur ordinaire du pape, avait un sens plus général dans la langue diplomatique du XVIIe siècle.

Qu'il m'y vienne trouver demain, si bon lui semble.
Va.

(Le page sort. Aux conseillers.)

Nous aurons tantôt à travailler ensemble.

Dans deux heures, messieurs. — Revenez.

(Tous sortent en saluant profondément Ruy Blas.)

(Ruy Blas, resté seul, fait quelques pas en proie à une rêverie profonde. Tout à coup, à l'angle du salon, la tapisserie s'écarte et la reine apparaît. Elle est vêtue de blanc avec la couronne en tête; elle paraît rayonnante de joie et fixe sur Ruy Blas un regard d'admiration et de respect. Elle soutient d'un bras la tapisserie, derrière laquelle on entrevoit une sorte de cabinet obscur où l'on distingue une petite porte. Ruy Blas, en se retournant, aperçoit la reine et reste comme pétrifié devant cette apparition.)

Scène III. — RUY BLAS, LA REINE.

LA REINE

Oh! merci!

RUY BLAS

Ciel!

LA REINE

Vous avez bien fait de leur parler ainsi.

1185 Je n'y puis résister, duc, il faut que je serre

Cette loyale main si ferme et si sincère!

(Elle marche vivement à lui et lui prend la main, qu'elle presse avant qu'il ait pu s'en défendre.)

—————— QUESTIONS ——————

● Vers 1159-1183. Montrez que les gestes et les propos de Ruy Blas révèlent sa puissance. S'attendait-on de sa part à tant d'autorité? — Les réactions des grands féodaux : comment Hugo a-t-il nuancé l'attitude de chacun d'eux? Ne pouvait-on pas supposer plus de résistance de leur part? Quelle est l'importance pour l'action des vers 1170-1171 et 1179? — Quel effet produit l'apparition de la reine? Pourquoi Hugo a-t-il voulu qu'elle porte la couronne?

■ Sur l'ensemble de la scène II. — Comment Hugo réussit-il à rendre directement sensible l'ascension accomplie par Ruy Blas depuis le deuxième acte? Est-on surpris de voir le laquais du premier acte assurer avec tant de prestige ses hautes fonctions? Garde-t-il cependant quelque chose de ses origines? — En quoi cette scène donne-t-elle à *Ruy Blas* sa valeur de drame historique? En quoi précise-t-elle l'orientation politique qu'a prise Hugo en 1838?

— Comparez cette scène à certaines grandes scènes politiques de la tragédie classique (par exemple *Cinna*, acte II, scène première, et *Mithridate*, acte III, scène première) : ressemblances et différences.

RUY BLAS

(A part.)

La fuir depuis six mois et la voir tout à coup !
  (Haut.)
Vous étiez là, madame ?...

LA REINE

Oui, duc, j'entendais tout.
J'étais là. J'écoutais avec toute mon âme !

RUY BLAS, *montrant la cachette.*

1190 Je ne soupçonnais pas... — Ce cabinet, madame...

LA REINE

Personne ne le sait. C'est un réduit obscur
Que don Philippe trois[1] fit creuser dans ce mur,
D'où le maître invisible entend tout comme une ombre.
Là j'ai vu bien souvent Charles deux, morne et sombre,
1195 Assister aux conseils où l'on pillait son bien,
Où l'on vendait l'état.

RUY BLAS

Et que disait-il ?

LA REINE

Rien.

RUY BLAS

Rien ? — et que faisait-il ?

LA REINE

Il allait à la chasse.
Mais vous ! j'entends encor votre accent qui menace.
Comme vous les traitiez d'une haute façon,

---

1. *Philippe III*, roi d'Espagne de 1598 à 1621, père de Philippe IV et grand-père de Charles II, acheva l'expulsion des Morisques, gaspilla les finances et précipita la ruine économique de l'Espagne.

— QUESTIONS —

● VERS 1183-1198. Appréciez la façon dont le poète introduit ses personnages dans l'action ; n'utilise-t-il pas ici le même procédé qu'à la scène précédente pour faire entrer Ruy Blas au milieu du conseil ? Qu'en conclure sur les moyens dramatiques employés par Hugo et sur l'effet qu'il tire de ces apparitions inattendues ? — Quels détails, donnés en ce début de scène, justifient la présence de la reine dans cette cachette ? Pourquoi est-il vraisemblable qu'elle en sorte pour la première fois ?

1200 Et comme vous aviez superbement raison!
Je soulevais le bord de la tapisserie,
Je vous voyais. Votre œil, irrité, sans furie,
Les foudroyait d'éclairs, et vous leur disiez tout.
Vous me sembliez seul être resté debout!
1205 Mais où donc avez-vous appris toutes ces choses?
D'où vient que vous savez les effets et les causes?
Vous n'ignorez donc rien? D'où vient que votre voix
Parlait comme devrait parler celle des rois?
Pourquoi donc étiez-vous, comme eût été Dieu même,
1210 Si terrible et si grand?

RUY BLAS

Parce que je vous aime!
Parce que je sens bien, moi qu'ils haïssent tous,
Que ce qu'ils font crouler s'écroulera sur vous!
Parce que rien n'effraie une ardeur si profonde,
Et que pour vous sauver je sauverais le monde!
1215 Je suis un malheureux qui vous aime d'amour.
Hélas! je pense à vous comme l'aveugle au jour.
Madame, écoutez-moi. J'ai des rêves sans nombre.
Je vous aime de loin, d'en bas, du fond de l'ombre;
Je n'oserais toucher le bout de votre doigt,
1220 Et vous m'éblouissez comme un ange qu'on voit!
— Vraiment, j'ai bien souffert. Si vous saviez, madame!
Je vous parle à présent. Six mois, cachant ma flamme,
J'ai fui. Je vous fuyais et je souffrais beaucoup.
Je ne m'occupe pas de ces hommes du tout,
1225 Je vous aime! — O mon Dieu, j'ose le dire en face

━━━━━━ **QUESTIONS** ━━━━━━

● Vers 1199-1210. Montrez que l'amour de la reine s'est enrichi d'un sentiment d'admiration pour l'intelligence, le courage, l'honnêteté de Ruy Blas. D'où vient maintenant le prestige un peu mystérieux que Ruy Blas exerce sur elle? Est-ce seulement son amour qui idéalise celui qui en est l'objet?

● Vers 1211-1228. Ruy Blas est-il vraiment un homme politique et un homme d'action? Qu'est-ce qui le guide? D'où tire-t-il son énergie (vers 1210-1214, 1224)? — Si l'amour se brise, ne sera-t-il pas réduit à rien? Ruy Blas est-il un homme fort ou un tendre? — En quels termes exprime-t-il son amour? Montrez que toute cette tirade est empreinte d'une humilité que justifie la connaissance de sa condition; quels mots, quelles expressions, compris du seul spectateur, révèlent le tragique de sa situation? Devrait-il dire la vérité? Quelle issue lui paraît déjà la seule possible (vers 1227-1228)?

A Votre Majesté. Que faut-il que je fasse?
Si vous me disiez : meurs! je mourrais. J'ai l'effroi
Dans le cœur. Pardonnez!

LA REINE

                Oh! parle! ravis-moi!
Jamais on ne m'a dit ces choses-là. J'écoute!
1230 Ton âme en me parlant me bouleverse toute.
J'ai besoin de tes yeux, j'ai besoin de ta voix.
Oh! c'est moi qui souffrais! Si tu savais! cent fois,
Cent fois, depuis six mois que ton regard m'évite...
— Mais non, je ne dois pas dire cela si vite.
1235 Je suis bien malheureuse. Oh! je me tais. J'ai peur!

RUY BLAS, *qui l'écoute avec ravissement.*

Oh! madame, achevez! vous m'emplissez le cœur!

LA REINE

Eh bien, écoute donc!
    (Levant les yeux au ciel.)
              Oui, je vais tout lui dire,
Est-ce un crime? Tant pis! Quand le cœur se déchire,
Il faut bien laisser voir tout ce qu'on y cachait. —
1240 Tu fuis la reine? Eh bien, la reine te cherchait.
Tous les jours je viens là, — là, dans cette retraite, —
T'écoutant, recueillant ce que tu dis, muette,
Contemplant ton esprit qui veut, juge et résout,
Et prise par ta voix qui m'intéresse à tout.
1245 Va, tu me sembles bien le vrai roi, le vrai maître.
C'est moi, depuis six mois, tu t'en doutes peut-être,
Qui t'ai fait, par degrés, monter jusqu'au sommet.
Où Dieu t'aurait dû mettre une femme te met.
Oui, tout ce qui te touche a mes soins. Je t'admire.
1250 Autrefois une fleur, à présent un empire!
D'abord je t'ai vu bon, et puis je te vois grand.
Mon Dieu! c'est à cela qu'une femme se prend!
Mon Dieu! si je fais mal, pourquoi, dans cette tombe
M'enfermer, comme on met en cage une colombe,
1255 Sans espoir, sans amour, sans un rayon doré?
— Un jour que nous aurons le temps, je te dirai
Tout ce que j'ai souffert. — Toujours seule, oubliée! —

Et puis, à chaque instant, je suis humiliée.
Tiens, juge, hier encor... — Ma chambre me déplaît.
1260 — Tu dois savoir cela, toi qui sais tout, il est
Des chambres où l'on est plus triste que dans d'autres; —
J'en ai voulu changer. Vois quels fers sont les nôtres,
On ne l'a pas voulu. Je suis esclave ainsi! —
Duc, il faut, — dans ce but le ciel t'envoie ici, —
1265 Sauver l'état qui tremble, et retirer du gouffre
Le peuple qui travaille, et m'aimer, moi qui souffre.
Je te dis tout cela sans suite, à ma façon,
Mais tu dois cependant voir que j'ai bien raison.

RUY BLAS, *tombant à genoux.*

Madame...

LA REINE, *gravement.*

Don César, je vous donne mon âme.
1270 Reine pour tous, pour vous je ne suis qu'une femme.
Par l'amour, par le cœur, duc, je vous appartien[1].
J'ai foi dans votre honneur pour respecter le mien.
Quand vous m'appellerez, je viendrai. Je suis prête.
— O César! un esprit sublime est dans ta tête.
1275 Sois fier, car le génie est ta couronne, à toi!
(Elle baise Ruy Blas au front.)
Adieu.
(Elle soulève la tapisserie et disparaît.)

_____

1. Sur cette licence poétique, voir la note du vers 7.

——————— **QUESTIONS** ———————

● Vers 1228-1276. En quoi le vers 1267 définit-il fort bien le ton et la composition de cette tirade? — Étudiez l'entrecroisement des thèmes (amour, remords, justification, rappel de sa captivité, espoir dans l'avenir). Quel effet produit l'alternance du ton grave et du ton enfantin (vers 1261-1263), le passage du *tu* au *vous*? Donnez une justification psychologique de ce rythme haletant. — Montrez que l'amour fondé sur l'admiration (vers 1249) est la vraie cause de l'ascension de Ruy Blas : à quelles idées politiques Ruy Blas a-t-il converti la reine (vers 1265-1266)? L'importance du vers 1275 : montrez qu'il s'accorde avec la conception romantique de l'homme de génie. — Relevez les expressions qui font écho (vers 1235, 1273) à celles de Ruy Blas dans la tirade précédente.

Scène IV. — RUY BLAS, *seul.*

(Il est comme absorbé dans une contemplation angélique.)

Devant mes yeux c'est le ciel que je voi[1] !
De ma vie, ô mon Dieu, cette heure est la première.
Devant moi tout un monde, un monde de lumière,
Comme ces paradis qu'en songe nous voyons,
1280 S'entr'ouvre en m'inondant de vie et de rayons !
Partout en moi, hors moi, joie, extase et mystère,
Et l'ivresse, et l'orgueil, et ce qui sur la terre
Se rapproche le plus de la divinité,
L'amour dans la puissance et dans la majesté !
1285 La reine m'aime ! ô Dieu ! c'est bien vrai, c'est moi-même !
Je suis plus que le roi puisque la reine m'aime !
Oh ! cela m'éblouit. Heureux, aimé, vainqueur !
Duc d'Olmedo, — L'Espagne à mes pieds, — J'ai son
[cœur !
Cet ange, qu'à genoux je contemple et je nomme,
1290 D'un mot me transfigure et me fait plus qu'un homme.
Donc je marche vivant dans mon rêve étoilé !
Oh ! oui, j'en suis bien sûr, elle m'a bien parlé.
C'est bien elle. Elle avait un petit diadème
En dentelle d'argent. Et je regardais même
1295 Pendant qu'elle me parlait, — je crois la voir encor, —
Un aigle ciselé sur son bracelet d'or.
Elle se fie à moi, m'a-t-elle dit. Pauvre ange !
Oh ! s'il est vrai que Dieu, par un prodige étrange,
En nous donnant l'amour, voulut mêler en nous

---

1. Même licence poétique qu'au vers 1271.

— QUESTIONS —

■ Sur l'ensemble de la scène III. — Quel effet produit cette scène d'amour après la grande scène politique qui précède ? Montrez que les deux scènes se complètent, tout en créant un effet de contraste. — Le progrès de l'action : à quel point de sa carrière Ruy Blas est-il maintenant parvenu ?

— L'amour romantique : montrez son caractère absolu et fatal, sa façon d'idéaliser l'objet aimé. L'amour de Ruy Blas et de la reine ressemble-t-il complètement à l'amour d'Hernani pour doña Sol ? Quelle part l'admiration tient-elle dans la passion de la reine ? N'y a-t-il pas ici le point de départ d'un malentendu tragique entre les deux amants ? Le spectateur en est-il conscient ?

— Le lyrisme dans cette scène : y a-t-il vraiment dialogue entre les deux personnages ? Comparez le mouvement lyrique des deux tirades 1211-1228 et 1228-1275.

1300 Ce qui fait l'homme grand à ce qui le fait doux,
Moi, qui ne crains plus rien maintenant qu'elle m'aime,
Moi, qui suis tout-puissant, grâce à son choix suprême,
Moi, dont le cœur gonflé ferait envie aux rois,
Devant Dieu qui m'entend, sans peur, à haute voix,
1305 Je le dis, vous pouvez vous confier, madame,
A mon bras comme reine, à mon cœur comme femme!
Le dévouement se cache au fond de mon amour
Pur et loyal! Allez, ne craignez rien!

(Depuis quelques instants, un homme est entré par la porte du fond, enveloppé d'un grand manteau, coiffé d'un chapeau galonné d'argent. Il s'est avancé lentement vers Ruy Blas sans être vu, et, au moment où Ruy Blas, ivre d'extase et de bonheur, lève les yeux au ciel, cet homme lui pose brusquement la main sur l'épaule. Ruy Blas se retourne comme réveillé en sursaut. L'homme laisse tomber son manteau, et Ruy Blas reconnaît don Salluste. Don Salluste est vêtu d'une livrée couleur de feu à galons d'argent, pareille à celle du page de Ruy Blas.)

Scène V. — RUY BLAS, DON SALLUSTE.

DON SALLUSTE, *posant la main sur l'épaule de Ruy Blas.*
Bonjour.
RUY BLAS, *effaré.*
(A part.)
Grand Dieu! je suis perdu! le marquis!

DON SALLUSTE, *souriant.*
Je parie
1310 Que vous ne pensiez pas à moi.

RUY BLAS
Sa Seigneurie,

──────── QUESTIONS ────────

■ SUR LA SCÈNE IV. — Montrez que ce monologue, en plein milieu de la structure du drame, constitue le point culminant de l'action.
— Dans quel ordre Ruy Blas expose-t-il les motifs de la joie exprimée par les trois adjectifs du vers 1287? Pourquoi a-t-il l'impression de rêver? Comment essaie-t-il de se prouver la vérité de tout cela?
— Pourquoi ce monologue prend-il la forme d'une invocation à Dieu, que Ruy Blas jusqu'ici n'avait guère invoqué? Quel visage la fatalité prend-elle maintenant aux yeux de Ruy Blas? Se souvient-il encore de son ancienne condition (vers 1300, 1304, 1308)?
— Comparez ce monologue à celui de la reine (acte II, scène II).
— Quel effet produit l'entrée silencieuse de don Salluste au milieu de l'extase de Ruy Blas? Pourquoi don Salluste a-t-il revêtu cette livrée?

En effet, me surprend.
    (A part.)
                Oh! mon malheur renaît,
J'étais tourné vers l'ange et le démon venait.
(Il court à la tapisserie qui cache le cabinet secret et en ferme la petite porte au verrou; puis il revient tout tremblant vers don Salluste.)

DON SALLUSTE

Eh bien! comment cela va-t-il?

RUY BLAS, *l'œil fixé sur don Salluste impassible, et comme pouvant à peine rassembler ses idées.*
                 Cette livrée?...

DON SALLUSTE, *souriant toujours.*

Il fallait du palais me procurer l'entrée.
1315 Avec cet habit-là l'on arrive partout.
J'ai pris votre livrée et la trouve à mon goût.
    (Il se couvre. Ruy Blas reste tête nue.)

RUY BLAS

Mais j'ai peur pour vous...

DON SALLUSTE

             Peur! Quel est ce mot risible?

RUY BLAS

Vous êtes exilé!

DON SALLUSTE

           Croyez-vous? C'est possible.

RUY BLAS

Si l'on vous reconnaît, au palais, en plein jour?

DON SALLUSTE

1320 Ah bah! des gens heureux, qui sont des gens de cour,
Iraient perdre leur temps, ce temps qui sitôt passe,
A se ressouvenir d'un visage en disgrâce!
D'ailleurs, regarde-t-on le profil d'un valet?
    (Il s'assied dans un fauteuil et Ruy Blas reste debout.)
A propos, que dit-on à Madrid, s'il vous plaît?
1325 Est-il vrai que, brûlant d'un zèle hyperbolique[1],

---

1. *Hyperbolique :* excessif; ce terme pédant est dit dans une intention ironique.

——— QUESTIONS ———

● Vers 1309-1323. A quoi se marque dès l'entrée l'insolence de don Salluste? Pourquoi Ruy Blas s'effondre-t-il tout de suite? Cherchez des raisons psychologiques; commentez de ce point de vue le vers 1312.

Ici, pour les beaux yeux de la caisse publique,
Vous exilez ce cher Priego, l'un des grands?
Vous avez oublié que vous êtes parents.
Sa mère est Sandoval, la vôtre aussi. Que diable!
1330 Sandoval porte d'or à la bande de sable[1].
Regardez vos blasons, don César. C'est fort clair.
Cela ne se fait pas entre parents, mon cher.
Les loups pour nuire aux loups font-ils les bons apôtres?
Ouvrez les yeux pour vous, fermez-les pour les autres.
1335 Chacun pour soi.

RUY BLAS, *se rassurant un peu.*

Pourtant, monsieur, permettez-moi.
Monsieur de Priego, comme noble du roi[2],
A grand tort d'aggraver les charges de l'Espagne.
Or, il va falloir mettre une armée en campagne;
Nous n'avons pas d'argent, et pourtant il le faut.
1340 L'héritier bavarois penche à mourir bientôt[3].
Hier, le comte d'Harrach[4], que vous devez connaître,
Me le disait au nom de l'empereur son maître,
Si monsieur l'archiduc veut soutenir son droit,
La guerre éclatera...

DON SALLUSTE

L'air me semble un peu froid.
1345 Faites-moi le plaisir de fermer la croisée.
(*Ruy Blas, pâle de honte et de désespoir, hésite un moment; puis il
fait un effort et se dirige lentement vers la fenêtre, la ferme, et
revient vers don Salluste, qui, assis dans le fauteuil, le suit des yeux
d'un air indifférent.*)

RUY BLAS, *reprenant, et essayant de convaincre don Salluste.*

Daignez voir à quel point la guerre est malaisée.
Que faire sans argent? Excellence, écoutez.
Le salut de l'Espagne est dans nos probités.
Pour moi, j'ai, comme si notre armée était prête,
1350 Fait dire à l'empereur que je lui tiendrais tête...

---

1. A bande de couleur noire, dans le vocabulaire de l'héraldique. V. Hugo atteste
l'exactitude de ce blason dans sa Note (voir page 197); 2. *Noble du roi* : grand
d'Espagne. V. Hugo s'explique sur cette expression dans sa Note (voir page 198);
3. Voir la note du vers 1083. Tous ces problèmes relatifs à la succession de Charles II
sont conformes à l'histoire. V. Hugo prête en outre à Ruy Blas une clairvoyance
qui lui permet de deviner l'évolution future de la situation; 4. Le nonce impérial
dont il a été question au vers 1176.

VICTOR HUGO ET LES INTERPRÈTES DE « RUY BLAS »
CARICATURÉS PAR MARQUET DANS « LE SIFFLET DU DIMANCHE »
LORS DE LA REPRISE DE LA PIÈCE A L'ODÉON EN FÉVRIER 1872

DON SALLUSTE, *interrompant Ruy Blas et lui montrant son
mouchoir qu'il a laissé tomber en entrant.*

Pardon! ramassez-moi mon mouchoir.
*(Ruy Blas, comme à la torture, hésite encore, puis se baisse, ramasse
le mouchoir et le présente à don Salluste.)*
(Don Salluste, mettant le mouchoir dans sa poche.)
— Vous disiez?...

RUY BLAS, *avec effort.*

Le salut de l'Espagne! — oui, l'Espagne à nos pieds,
Et l'intérêt public demandent qu'on s'oublie.
Ah! toute nation bénit qui la délie[1].
1355 Sauvons ce peuple! Osons être grands, et frappons!
Otons l'ombre à l'intrigue et le masque aux fripons!

DON SALLUSTE, *nonchalamment.*

Et d'abord ce n'est pas de bonne compagnie. —
Cela sent son pédant et son petit génie
Que de faire sur tout un bruit démesuré.
1360 Un méchant million, plus ou moins dévoré,
Voilà-t-il pas de quoi pousser des cris sinistres!
Mon cher, les grands seigneurs ne sont pas de vos cuistres.
Ils vivent largement. Je parle sans phébus[2],
Le bel air que celui d'un redresseur d'abus
1365 Toujours bouffi d'orgueil et rouge de colère!
Mais bah! vous voulez être un gaillard populaire,
Adoré des bourgeois et des marchands d'esteufs[3],
C'est fort drôle. Ayez donc des caprices plus neufs.
Les intérêts publics? Songez d'abord aux vôtres.
1370 Le salut de l'Espagne est un mot creux que d'autres
Feront sonner, mon cher, tout aussi bien que vous.
La popularité? c'est la gloire en gros sous.
Rôder, dogue aboyant, tout autour des gabelles[4]?
Charmant métier! je sais des postures plus belles.
1375 Vertu? foi? probité? c'est du clinquant déteint.
C'était usé déjà du temps de Charles Quint.
Vous n'êtes pas un sot; faut-il qu'on vous guérisse

---

1. *Délier :* ici, délivrer; 2. *Phébus :* langage raffiné et compliqué cher aux ama-
teurs de préciosité; 3. *Esteufs :* balles pour jouer à la paume; 4. *Gabelles :* impôts
(voir la note du vers 90). Appliquant ce mot à l'Espagne, il semble bien que Hugo
lui laisse ici son sens le plus général.

Du pathos¹? Vous tétiez encor votre nourrice,
Que nous autres déjà nous avions sans pitié,
1380 Gaîment, à coups d'épingle ou bien à coups de pié²,
Crevant votre ballon au milieu des risées,
Fait sortir tout le vent de ces billevesées³!

RUY BLAS

Mais pourtant, monseigneur...

DON SALLUSTE, *avec un sourire glacé.*

Vous êtes étonnant.

(D'un ton bref et impérieux.)

Occupons-nous d'objets sérieux, maintenant.
1385 — Vous m'attendrez demain toute la matinée
Chez vous, dans la maison que je vous ai donnée.
La chose que je fais touche à l'événement⁴.
Gardez pour nous servir les muets seulement.
Ayez dans le jardin, caché sous le feuillage,
1390 Un carrosse attelé, tout prêt pour un voyage.
J'aurai soin des relais. Faites tout à mon gré.
— Il vous faut de l'argent, je vous en enverrai. —

RUY BLAS

Monsieur, j'obéirai. Je consens à tout faire.
Mais jurez-moi d'abord qu'en toute cette affaire
1395 La reine n'est pour rien.

---

1. *Pathos* : langage qui multiplie les procédés destinés à émouvoir la sensibilité; 2. *Pié* : ancienne orthographe, adoptée pour les besoins de la rime; 3. *Billevesées* : paroles creuses, vides de sens. Ce mot, d'origine obscure, signifiait peut-être à l'origine « bulle pleine de vent »; d'où l'image forgée par Hugo; 4. *Événement* : issue (sens ancien).

━━ QUESTIONS ━━

● Vers 1324-1384. Quels reproches don Salluste fait-il à Ruy Blas? Sur quel ton? Opposez son népotisme à la politique idéaliste de Ruy Blas. Pourquoi lui parle-t-il un instant comme il parlerait au vrai César (vers 1331) puis interrompt-il les timides explications de Ruy Blas par des ordres humiliants (vers 1345)? — Daigne-t-il discuter sur le fond? A quoi se marquent, dans la leçon qu'il fait, l'esprit de caste, le dédain du peuple, des bourgeois et des réformateurs? — Dans quelle mesure, aux yeux de Hugo, don Salluste incarne-t-il la noblesse décadente de l'Ancien Régime face au peuple qui monte?

● Vers 1385-1392. Quel brusque changement de ton apparaît chez don Salluste? Pourquoi s'est-il amusé à des considérations politiques avant de démasquer ses intentions immédiates? Était-ce pour ménager Ruy Blas ou se jouer de lui?

DON SALLUSTE, *qui jouait avec un couteau d'ivoire sur la table,*
se retourne à demi.

De quoi vous mêlez-vous?

RUY BLAS, *chancelant et le regardant avec épouvante.*

Oh! vous êtes un homme effrayant. Mes genoux
Tremblent... Vous m'entraînez vers un gouffre invisible.
Oh! je sens que je suis dans une main terrible!
Vous avez des projets monstrueux. J'entrevoi[1]
1400 Quelque chose d'horrible... — Ayez pitié de moi!
Il faut que je vous dise, — hélas! jugez vous-même!
Vous ne le saviez pas! cette femme, je l'aime!

DON SALLUSTE, *froidement.*

Mais si. Je le savais.

RUY BLAS

Vous le saviez!

DON SALLUSTE

Pardieu!
Qu'est-ce que cela fait?

RUY BLAS, *s'appuyant au mur pour ne pas tomber, et comme se*
parlant à lui-même.

Donc il s'est fait un jeu,
1405 Le lâche, d'essayer sur moi cette torture!
Mais c'est que ce serait une affreuse aventure!
(*Il lève les yeux au ciel.*)
Seigneur Dieu tout-puissant! Mon Dieu qui m'éprouvez,
Épargnez-moi, Seigneur!

DON SALLUSTE

Ah ça, mais — vous rêvez!
Vraiment! vous vous prenez au sérieux, mon maître.
1410 C'est bouffon. Vers un but que seul je dois connaître,
But plus heureux pour vous que vous ne le pensez,
J'avance. Tenez-vous tranquille. Obéissez.
Je vous l'ai déjà dit et je vous le répète,
Je veux votre bonheur. Marchez, la chose est faite.
1415 Puis, grand'chose après tout que des chagrins d'amour!
Nous passons tous par là. C'est l'affaire d'un jour.
Savez-vous qu'il s'agit du destin d'un empire?

---

1. Sur cette licence poétique, voir note du vers 7.

Qu'est le vôtre à côté? Je veux bien tout vous dire,
Mais ayez le bon sens de comprendre aussi, vous.
1420 Soyez de votre état[1]. Je suis très bon, très doux,
Mais, que diable! un laquais, d'argile humble ou choisie,
N'est qu'un vase où je veux verser ma fantaisie.
De vous autres, mon cher, on fait tout ce qu'on veut.
Votre maître, selon le dessein qui l'émeut,
1425 À son gré vous déguise, à son gré vous démasque.
Je vous ai fait seigneur. C'est un rôle fantasque,
— Pour l'instant. — Vous avez l'habillement complet.
Mais, ne l'oubliez pas, vous êtes mon valet.
Vous courtisez la reine ici par aventure,
1430 Comme vous monteriez derrière ma voiture.
Soyez donc raisonnable.

RUY BLAS, *qui l'a écouté avec égarement et comme ne pouvant*
en croire ses oreilles.

O mon Dieu! — Dieu clément!
Dieu juste! de quel crime est-ce le châtiment?
Qu'est-ce donc que j'ai fait? Vous êtes notre père,
Et vous ne voulez pas qu'un homme désespère!
1435 Voilà donc où j'en suis! — Et, volontairement,
Et sans tort de ma part, — pour voir, — uniquement
Pour voir agoniser une pauvre victime,
Monseigneur, vous m'avez plongé dans cet abîme!
Tordre un malheureux cœur plein d'amour et de foi,
1440 Afin d'en exprimer la vengeance pour soi!
    (Se parlant à lui-même.)
Car c'est une vengeance! oui, la chose est certaine!
Et je devine bien que c'est contre la reine!
Qu'est-ce que je vais faire? Aller lui dire tout?
Ciel! devenir pour elle un objet de dégoût
1445 Et d'horreur! un Crispin,[2] un fourbe à double face!
Un effronté coquin qu'on bâtonne et qu'on chasse!

---

1. *Etat* : condition sociale; 2. *Crispin* : un des noms traditionnels du valet de
comédie; on pense notamment ici à *Crispin, rival de son maître*, de Lesage.

■ QUESTIONS

● Vers 1393-1431. Comment expliquer que Ruy Blas soit d'une telle
faiblesse et d'une telle naïveté face à don Salluste (vers 1403)? Quelles
circonstances, quel trait de caractère le poussent à ne mettre sa confiance
qu'en l'aide de Dieu (vers 1407-1408)? — Étudiez l'attitude de don
Salluste à l'égard de Ruy Blas : pourquoi d'abord de fallacieuses promesses (vers 1411, 1414), puis des menaces directes (vers 1428-1430)?

Jamais! — Je deviens fou, ma raison se confond!
>   *(Une pause. Il rêve.)*
O mon Dieu! voilà donc les choses qui se font!
Bâtir une machine effroyable dans l'ombre,
1450 L'armer hideusement de rouages sans nombre,
Puis, sous la meule, afin de voir comment elle est,
Jeter une livrée, une chose, un valet,
Puis la faire mouvoir, et soudain sous la roue
Voir sortir des lambeaux teints de sang et de boue,
1455 Une tête brisée, un cœur tiède et fumant,
Et ne pas frissonner alors qu'en ce moment
On reconnaît, malgré le mot dont on le nomme,
Que ce laquais était l'enveloppe d'un homme!
>   *(Se tournant vers don Salluste.)*
Mais il est temps encore! oh! monseigneur, vraiment,
1460 L'horrible roue encor n'est pas en mouvement!
>   *(Il se jette à ses pieds.)*
Ayez pitié de moi! grâce! ayez pitié d'elle!
Vous savez que je suis un serviteur fidèle.
Vous l'avez dit souvent. Voyez! je me soumets!
Grâce!

>   **DON SALLUSTE**

>   Cet homme-là ne comprendra jamais.
1465 C'est impatientant!

>   **RUY BLAS**, *se traînant à ses pieds.*

>   Grâce!

>   **DON SALLUSTE**

>   Abrégeons, mon maître.
>   *(Il se tourne vers la fenêtre.)*
Gageons que vous avez mal fermé la fenêtre.
Il vient un froid par là!
>   *(Il va à la croisée et la ferme.)*

──────── **QUESTIONS** ────────

● VERS 1431-1465. D'où vient le caractère pathétique de la tirade de
Ruy Blas? — Quelle résonance prend la supplication à Dieu, comparée
à la prière des vers 1276-1308? Pourquoi Ruy Blas ne comprend-il pas
le sens de son destin (vers 1436)? Quel sentiment l'empêche de dire la
vérité (vers 1443-1446)? — Relevez les images qui défilent en un cor-
tège hallucinant dans l'esprit de Ruy Blas. — Malgré l'incohérence
apparente de cette tirade, qui tourne par instant au monologue, la
supplication qui la termine n'est-elle pas la seule conclusion logique,
dans la situation où se trouve Ruy Blas?

RUY BLAS, *se relevant*.

Ho! c'est trop! A présent
Je suis duc d'Olmedo, ministre tout-puissant!
Je relève le front sous le pied qui m'écrase.

DON SALLUSTE

1470 Comment dit-il cela? Répétez donc la phrase.
Ruy Blas duc d'Olmedo? Vos yeux ont un bandeau.
Ce n'est que sur Bazan qu'on a mis Olmedo.

RUY BLAS

Je vous fais arrêter...

DON SALLUSTE

Je dirai qui vous êtes.

RUY BLAS, *exaspéré*.

Mais...

DON SALLUSTE

Vous m'accuserez? J'ai risqué nos deux têtes.
1475 C'est prévu. Vous prenez trop tôt l'air triomphant.

RUY BLAS

Je nierai tout!

DON SALLUSTE

Allons! vous êtes un enfant.

RUY BLAS

Vous n'avez pas de preuve!

DON SALLUSTE

Et vous pas de mémoire.
Je fais ce que je dis, et vous pouvez m'en croire.
Vous n'êtes que le gant, et moi, je suis la main.
(Bas et se rapprochant de Ruy Blas.)
1480 Si tu n'obéis pas, si tu n'es pas demain
Chez toi, pour préparer ce qu'il faut que je fasse,
Si tu dis un seul mot de tout ce qui se passe,
Si tes yeux, si ton geste en laissent rien percer,
Celle pour qui tu crains, d'abord, pour commencer,
1485 Par ta folle aventure, en cent lieux répandue,
Sera publiquement diffamée et perdue.
Puis elle recevra, ceci n'a rien d'obscur,
Sous cachet, un papier, que je garde en lieu sûr,
Écrit, te souvient-il avec quelle écriture?

1490 Signé, tu dois savoir de quelle signature?
　Voici ce que ses yeux y liront : « Moi, Ruy Blas,
　« Laquais de monseigneur le marquis de Finlas,
　« En toute occasion, ou secrète ou publique,
　« M'engage à le servir comme un bon domestique. »

RUY BLAS, *brisé et d'une voix éteinte.*

1495 Il suffit. — Je ferai, monsieur, ce qu'il vous plaît.
(La porte du fond s'ouvre. On voit rentrer les conseillers du conseil privé. Don Salluste s'enveloppe vivement de son manteau.)

DON SALLUSTE, *bas.*

On vient.
　　(Il salue profondément Ruy Blas. Haut.)
　Monsieur le duc, je suis votre valet.

━━━━━━━━ **QUESTIONS** ━━━━━━━━

● Vers 1466-1496. Cette révolte tardive vous paraît-elle énergique? Pourquoi a-t-elle été provoquée plus directement par les vers 1466-1467? Quelles menaces achèvent de briser Ruy Blas? — En fait, la situation de don Salluste est-elle si forte? Ne tire-t-il pas son écrasante supériorité de la faiblesse de Ruy Blas? Imaginez une parade possible. — Expliquez l'ironie tragique du dernier vers.

■ Sur l'ensemble de la scène v. — Analysez la composition et le mouvement de cette scène; mettez en lumière les différentes tentatives de Ruy Blas pour convaincre, supplier, lutter, et les ripostes chaque fois triomphantes de don Salluste.
　— Comparez cette scène à la scène iv de l'acte premier. N'est-ce pas là que se trouve l'explication de l'effondrement de Ruy Blas? Comment s'expliquerait d'ailleurs qu'un ministre tout-puissant et sûr de lui se révèle si naïf, si peu prévenu de la méchanceté humaine, au point d'être anéanti par ce coup du sort?
　— Y a-t-il ici vraiment opposition de deux caractères ou choc de deux forces qui sont en conflit sur le plan politique, social et moral?

■ Sur l'ensemble de l'acte III. — Faut-il critiquer la triple répétition du procédé dramatique qui consiste à faire surgir inopinément un personnage (Ruy Blas à la scène II, la reine à la scène IV, don Salluste à la scène v)? Montrez que le poète en tire trois effets fort différents, qui donnent à cet acte sa variété.
　— Le progrès de l'action dans cet acte central : comment se réalisent les événements préparés à l'acte II, puis à l'acte premier. Montrez que ce troisième acte est bâti en antithèse : quel moment choisit le poète pour précipiter Ruy Blas dans l'abîme? Le dénouement semble-t-il proche?
　— Le personnage de Ruy Blas : comment peut-il, après avoir été si énergique à la scène III, s'effondrer à la scène IV? Est-il un nerveux, sujet à des alternances de force et de faiblesse? L'action n'est-elle chez lui que l'effet de l'amour, le produit de l'émotivité?

ACTE IV

DON CÉSAR

Une petite chambre somptueuse et sombre. Lambris et meubles de vieille forme et de vieille dorure. Murs couverts d'anciennes tentures de velours cramoisi, écrasé et miroitant par places et sur le dossier des fauteuils, avec de larges galons d'or qui les divisent en bandes verticales. Au fond, une porte à deux battants. A gauche, sur un pan coupé, une grande cheminée sculptée du temps de Philippe II[1], avec écusson de fer battu dans l'intérieur. Du côté opposé sur un pan coupé, une petite porte basse donnant dans un cabinet obscur. Une seule fenêtre à gauche, placée très haut et garnie de barreaux et d'un auvent inférieur comme les croisées des prisons. Sur le mur, quelques vieux portraits enfumés et à demi effacés. Coffre de garde-robe avec miroir de Venise. Grands fauteuils du temps de Philippe III[2]. Une armoire très ornée adossée au mur. Une table carrée avec ce qu'il faut pour écrire. Un petit guéridon de forme ronde à pieds dorés dans un coin. C'est le matin.

Au lever du rideau, Ruy Blas, vêtu de noir, sans manteau et sans la Toison, vivement agité, se promène à grands pas dans la chambre. Au fond se tient son page, immobile et comme attendant ses ordres.

SCÈNE PREMIÈRE. — RUY BLAS, LE PAGE.

RUY BLAS, *à part, et se parlant à lui-même.*

Que faire? — Elle d'abord! elle avant tout! — rien qu'elle!
Dût-on voir sur un mur rejaillir ma cervelle,
Dût le gibet me prendre ou l'enfer me saisir!
1500 Il faut que je la sauve! — Oui! mais y réussir?
Comment faire? Donner mon sang, mon cœur, mon âme,
Ce n'est rien, c'est aisé. Mais rompre cette trame!
Deviner... — deviner! car il faut deviner!
Ce que cet homme a pu construire et combiner!
1505 Il sort soudain de l'ombre et puis il s'y replonge,
Et là, seul dans sa nuit, que fait-il? — Quand j'y songe,

---

1. *Philippe II :* fils de Charles Quint, roi d'Espagne de 1556 à 1598 ; 2. *Philippe III :* voir la note du vers 1192.

■ QUESTIONS ■

■ Sur le décor. — Étudiez le décor très précisément décrit comme dans les actes précédents. Qu'y a-t-il de mystérieux et d'inquiétant dans cette chambre? A quoi voit-on qu'elle appartient à un grand seigneur espagnol de la fin du XVIIe siècle? — En quoi le vêtement de Ruy Blas traduit-il son désarroi?

Dans le premier moment je l'ai prié pour moi !
Je suis un lâche, et puis c'est stupide ! — Eh bien, quoi !
C'est un homme méchant. — Mais que je m'imagine
1510 — La chose a sans nul doute une ancienne origine, —
Que lorsqu'il tient sa proie et la mâche à moitié,
Ce démon va lâcher la reine, par pitié
Pour son valet ! Peut-on fléchir les bêtes fauves ?
— Mais, misérable ! il faut pourtant que tu la sauves !
1515 C'est toi qui l'as perdue ! à tout prix il le faut !
— C'est fini. Me voilà retombé ! De si haut !
Si bas ! J'ai donc rêvé ! — Ho ! je veux qu'elle échappe !
Mais lui ! par quelle porte, ô Dieu, par quelle trappe,
Par où va-t-il venir, l'homme de trahison ?
1520 Dans ma vie et dans moi, comme en cette maison,
Il est maître. Il en peut arranger les dorures.
Il a toutes les clefs de toutes les serrures.
Il peut entrer, sortir, dans l'ombre s'approcher,
Et marcher sur mon cœur comme sur ce plancher.
1525 — Oui, c'est que je rêvais ! le sort trouble nos têtes
Dans la rapidité des choses sitôt faites[1].
Je suis fou. Je n'ai plus une idée en son lieu.
Ma raison, dont j'étais si vain, mon Dieu ! mon Dieu !
Prise en un tourbillon d'épouvante et de rage,
1530 N'est plus qu'un pauvre jonc tordu par un orage !
Que faire ? Pensons bien. D'abord, empêchons-la
De sortir du palais. — Oh ! oui, le piège est là
Sans doute. Autour de moi, tout est nuit, tout est gouffre.
Je sens le piège, mais je ne vois pas. — Je souffre !
1535 C'est dit. Empêchons-la de sortir du palais.
Faisons-la prévenir sûrement, sans délais. —
Par qui ? — je n'ai personne !

---

1. Sitôt que les choses se font aussi rapidement.

━━━ QUESTIONS ━━━

● Vers 1497-1537. Étudiez dans ce monologue l'entrecroisement des thèmes. Quelles raisons psychologiques expliquent ces sautes d'une idée à une autre, d'une préoccupation à une autre, sans qu'aucune aboutisse vraiment ? Notez la parfaite adaptation du rythme aux sentiments. Comparez de ce point de vue ce monologue à celui de la reine (acte II, scène II), mais aussi à la tirade des vers 1239-1268 ; rapprochez le vers 1527 du vers 1267 : n'est-ce pas une justification du poète, s'adressant au spectateur par l'intermédiaire de son personnage ? — Analysez chaque thème et son développement : le salut de la reine et les moyens de ce salut ; le piège de don Salluste ; le retour sur soi.

(Il rêve avec accablement. Puis, tout à coup, comme frappé d'une idée subite et d'une lueur d'espoir, il relève la tête.)

Oui, don Guritan l'aime !

C'est un homme loyal ! Oui !

(Faisant signe au page de s'approcher. Bas.)

— Page, à l'instant même,
Va chez don Guritan, et fais-lui de ma part
1540 Mes excuses ; et puis dis-lui que sans retard
Il aille chez la reine et qu'il la prie en grâce,
En mon nom comme au sien, quoi qu'on dise ou qu'on fasse,
De ne point s'absenter du palais de trois jours.
Quoi qu'il puisse arriver. De ne point sortir. Cours !

(Rappelant le page.)

1545 Ah !

(Il tire de son garde-notes une feuille et un crayon.)

Qu'il donne ce mot à la reine, — et qu'il veille !

(Il écrit sur son genou.)

— « Croyez don Guritan, faites ce qu'il conseille ! »

(Il ploie le papier et le remet au page.)

Quant à ce duel, dis-lui que j'ai tort, que je suis
A ses pieds, qu'il me plaigne et que j'ai des ennuis,
Qu'il porte chez la reine à l'instant mes supplications[1],
1550 Et que je lui ferai des excuses publiques.
Qu'elle est en grand péril. Qu'elle ne sorte point.
Quoi qu'il arrive. Au moins trois jours ! — De point en [point
Fais tout. Va, sois discret, ne laisse rien paraître.

LE PAGE

Je vous suis dévoué. Vous êtes un bon maître.

RUY BLAS

1555 Cours, mon bon petit page. As-tu bien tout compris ?

LE PAGE

Oui, monseigneur ; soyez tranquille.

(Il sort.)

---

1. *Suppliques* : lettre de supplication adressée à un souverain, à un grand personnage ; ici le mot n'a guère que le sens de « supplications ».

RUY BLAS, *resté seul, tombant sur un fauteuil.*

Mes esprits
Se calment. Cependant, comme dans la folie,
Je sens confusément des choses que j'oublie.
Oui, le moyen est sûr. — Don Guritan... — Mais moi?
1560 Faut-il attendre ici don Salluste? Pourquoi?
Non. Ne l'attendons pas. Cela le paralyse
Tout un grand jour. Allons prier dans quelque église.
Sortons. J'ai besoin d'aide, et Dieu m'inspirera!
*(Il prend son chapeau sur une crédence[1], et secoue une sonnette posée
sur la table. Deux nègres, vêtus de velours vert clair et de brocart[2]
d'or, jaquettes plissées à grandes basques, paraissent à la porte du
fond.)*
Je sors. Dans un instant un homme ici viendra.
1565 — Par une entrée à lui. — Dans la maison, peut-être,
Vous le verrez agir comme s'il était maître.
Laissez-le faire. Et si d'autres viennent...
(Après avoir hésité un moment.)
Ma foi,
Vous laisserez entrer!
*(Il congédie du geste les noirs, qui s'inclinent en signe d'obéissance
et qui sortent.)*
Allons!
(Il sort.)
*(Au moment où la porte se referme sur Ruy Blas, on entend un grand
bruit dans la cheminée, par laquelle on voit tomber tout à coup
un homme, enveloppé d'un manteau déguenillé, qui se précipite
dans la chambre. C'est don César.)*

---

1. *Crédence :* buffet ou console ou table sur lesquels on dépose les plats et verres
pour le service; 2. *Brocart :* étoffe de soie brochée de fleurs, d'ornements d'or,
d'argent ou de soie.

--- QUESTIONS ---

● VERS 1537-1568. Le plan prévu par Ruy Blas est-il capable de tenir
en échec don Salluste? Faut-il s'étonner que Ruy Blas devine le plan
de l'adversaire ou être au contraire surpris qu'il ne le prévoie pas mieux,
alors qu'il a toutes les données du problème? — En vous référant aux
vers 1179 et 1273, montrez que les calculs de Ruy Blas se fondent sur
des circonstances que le poète a minutieusement prévues. — Les prévi-
sions de Ruy Blas (vers 1564-1568) : montrez qu'elles préparent dans
tous leurs détails les scènes suivantes. — Est-ce seulement par nécessité
dramatique que V. Hugo fait sortir Ruy Blas? Quelle justification psychologique donne-t-il à son personnage (vers 1562-1563 à rapprocher
des vers 1277-1308, ainsi que des vers 1407-1408)?

Scène II. — DON CÉSAR.

(Effaré, essoufflé, étourdi, avec une expression joyeuse et inquiète en même temps.)

Tant pis! c'est moi!

(Il se relève en se frottant la jambe sur laquelle il est tombé, et s'avance dans la chambre avec force révérences et chapeau bas.)

Pardon! ne faites pas attention, je passe.

1570 Vous parliez entre vous. Continuez, de grâce.
J'entre un peu brusquement, messieurs, j'en suis fâché!

(Il s'arrête au milieu de la chambre et s'aperçoit qu'il est seul.)

— Personne? — Sur le toit tout à l'heure perché,
J'ai cru pourtant ouïr un bruit de voix. — Personne!

(S'asseyant dans un fauteuil.)

Fort bien. Recueillons-nous. La solitude est bonne.

1575 — Ouf! que d'événements! — J'en suis émerveillé
Comme l'eau qu'il secoue aveugle un chien mouillé.
Primo, ces alguazils[1] qui m'ont pris dans leurs serres;
Puis cet embarquement absurde; ces corsaires;
Et cette grosse ville[2] où l'on m'a tant battu;

1580 Et les tentations faites sur ma vertu
Par cette femme jaune; et mon départ du bagne;
Mes voyages; enfin, mon retour en Espagne!
Puis, quel roman! le jour où j'arrive, c'est fort,
Ces mêmes alguazils rencontrés tout d'abord!

1585 Leur poursuite enragée et ma fuite éperdue;
Je saute un mur; j'avise une maison perdue
Dans les arbres, j'y cours; personne ne me voit;
Je grimpe allégrement du hangar sur le toit;
Enfin, je m'introduis dans le sein des familles

1590 Par une cheminée où je mets en guenilles
Mon manteau le plus neuf qui sur mes chausses pend!...

---

1. *Alguazil* : voir page 42, note 5; 2. Alger, capitale des corsaires barbaresques.

QUESTIONS

■ Sur l'ensemble de la scène première. — Quelle transformation s'est produite en Ruy Blas depuis la fin de l'acte précédent? S'est-il complètement ressaisi? — Peut-on légitimement espérer que le plan de don Salluste va échouer? Vers quelles péripéties semble évoluer l'action?

— Pardieu! monsieur Salluste est un grand sacripant!

(Se regardant dans une petite glace de Venise posée sur le grand coffre à tiroirs sculptés.)

— Mon pourpoint m'a suivi dans mes malheurs. Il lutte.

(Il ôte son manteau et mire dans la glace son pourpoint de satin rose usé, déchiré et rapiécé ; puis il porte vivement la main à sa jambe avec un coup d'œil vers la cheminée.)

Mais ma jambe a souffert diablement dans ma chute!

(Il ouvre les tiroirs du coffre. Dans l'un d'entre eux il trouve un manteau de velours vert clair, brodé d'or, le manteau donné par don Salluste à Ruy Blas. Il examine le manteau et le compare au sien.)

1595 — Ce manteau me paraît plus décent que le mien.

(Il jette le manteau vert sur ses épaules et met le sien à la place dans le coffre, après l'avoir soigneusement plié ; il y ajoute son chapeau, qu'il enfonce sous le manteau d'un coup de poing ; puis il referme le tiroir. Il se promène fièrement, drapé dans le beau manteau brodé d'or.)

C'est égal, me voilà revenu. Tout va bien.

Ah! mon très cher cousin, vous voulez que j'émigre

Dans cette Afrique où l'homme est la souris du tigre!

Mais je vais me venger de vous, cousin damné,

1600 Épouvantablement, quand j'aurai déjeuné.

J'irai, sous mon vrai nom, chez vous, traînant ma queue

D'affreux vauriens sentant le gibet d'une lieue,

Et je vous livrerai vivant aux appétits

De tous mes créanciers — suivis de leurs petits.

(Il aperçoit dans un coin une magnifique paire de bottine à canons[1] de dentelles. Il jette lestement ses vieux souliers, et chausse sans façon les bottines neuves.)

1605 Voyons d'abord où m'ont jeté ses perfidies.

(Après avoir examiné la chambre de tous les côtés.)

Maison mystérieuse et propre aux tragédies.

Portes closes, volets barrés, un vrai cachot.

Dans ce charmant logis on entre par en haut,

Juste comme le vin entre dans les bouteilles.

(Avec un soupir.)

1610 — C'est bien bon, du bon vin! —

(Il aperçoit la petite porte à droite, l'ouvre, s'introduit vivement dans le cabinet avec lequel elle communique, puis rentre avec des gestes d'étonnement.)

---

1. *Canons* : ornement de dentelles qu'on attachait au-dessous du genou et qui retombait sur la jambe en l'entourant.

GÉRARD PHILIPE DANS LE RÔLE DE RUY BLAS

Acte IV, scène II. Théâtre national populaire (1954).

                                    Merveille des merveilles!
Cabinet sans issue où tout est clos aussi!

(Il va à la porte du fond, l'entrouvre, et regarde au dehors; puis il la laisse retomber et revient sur le devant.)

Personne! — Où diable suis-je? — Au fait j'ai réussi
A fuir les alguazils. Que m'importe le reste?
Vais-je pas[1] m'effarer et prendre un air funeste
1615 Pour n'avoir jamais vu de maison faite ainsi?

(Il se rassied sur le fauteuil, bâille, puis se relève presque aussitôt.)

Ah çà, mais — je m'ennuie horriblement ici!

(Avisant une petite armoire dans le mur, à gauche, qui fait le coin en pan coupé.)

Voyons, ceci m'a l'air d'une bibliothèque.

(Il y va et l'ouvre. C'est un garde-manger bien garni.)

Justement. — Un pâté, du vin, une pastèque[2],
C'est un en-cas[3] complet. Six flacons bien rangés!
1620 Diable! Sur ce logis j'avais des préjugés.

(Examinant les flacons l'un après l'autre.)

C'est un bon choix. — Allons! l'armoire est honorable.

(Il va chercher dans un coin une petite table ronde, l'apporte sur le devant du théâtre et la charge joyeusement de tout ce que contient le garde-manger, bouteilles, plats, etc.; il ajoute un verre, une assiette, une fourchette, etc. — Puis il prend une des bouteilles.)

Lisons d'abord ceci.

(Il emplit le verre et boit d'un trait.)

                                    C'est une œuvre admirable
De ce fameux poète appelé le soleil!
Xérès-des-Chevaliers[4] n'a rien de plus vermeil.

(Il s'assied, se verse un second verre et boit.)

1625 Quel livre vaut cela? Trouvez-moi quelque chose
De plus spirituel!

(Il boit.)

                                    Ah! Dieu, cela repose!
Mangeons.

(Il entame le pâté.)

                                    Chiens d'alguazils! je les ai déroutés.
Ils ont perdu ma trace.

(Il mange.)

---

1. Voir la note du vers 605; 2. *Pastèque* : melon d'eau, plante des pays méridionaux; 3. *En-cas* : repas froid préparé *en cas* de besoin; 4. Le vin de Xérès vient non de cette ville d'Estrémadure, mais de Xérès en Andalousie.

Oh! le roi des pâtés!

Quant au maître du lieu, s'il survient... —

(Il va au buffet et en rapporte un verre et un couvert qu'il pose sur la table.)

Je l'invite.

1630 — Pourvu qu'il n'aille pas me chasser! Mangeons vite.

(Il met les morceaux doubles.)

Mon dîner fait, j'irai visiter la maison.

Mais qui peut l'habiter? Peut-être un bon garçon.

Ceci peut ne cacher qu'une intrigue de femme.

Bah! quel mal fais-je ici? Qu'est-ce que je réclame?

1635 Rien, — l'hospitalité de ce digne mortel,

A la manière antique,

(Il s'agenouille à demi et entoure la table de ses bras.)

en embrassant l'autel[1].

(Il boit.)

D'abord, ceci n'est point le vin d'un méchant homme.

Et puis, c'est convenu, si l'on vient, je me nomme.

---

1. L'*autel* des dieux lares. C'était, en effet, la façon dont l'étranger demandait l'hospitalité.

■ **QUESTIONS** ─────────────────

■ Sur la scène ii. — Que penser de la coïncidence qui fait tomber don César au moment précis du départ de Ruy Blas dans la seule cheminée de Madrid où il valait mieux qu'il ne tombe pas? Peut-on juger le drame romantique avec la même définition de la vraisemblance que la tragédie classique?

— Analysez la composition de ce monologue; montrez que, sous le désordre apparent, les thèmes se succèdent selon un ordre très naturel : don César se rend compte de sa solitude, rappelle le passé, examine tout ce qui l'entoure, se jette sur la boisson et la nourriture, s'excite et projette une allègre vengeance.

— Étudiez l'importance du geste, de la mimique, des objets dans cette scène : quelle sorte de participation est demandée ici au spectateur? — Dans quelle mesure le comique verbal vient-il renforcer les effets visuels? Relevez les comparaisons burlesques, les calembours (vers 1626), les rimes bizarres, le rythme expressif de certains mouvements (vers 1575-1591). Comparez ces procédés à ceux qui ont été utilisés dans le rôle de don Guritan (acte II, scène IV).

— Si l'on compare ce monologue à certains monologues très célèbres de la comédie classique (par exemple celui de Sosie dans *Amphitryon*, acte I, scène première, ou celui de Figaro dans le *Mariage de Figaro*, acte V, scène III), voit-on le renouvellement apporté par Hugo aux traditions théâtrales? Comparez également ce monologue à celui de Ruy Blas dans la scène précédente (acte IV, scène première). — Comment se précise ici le caractère picaresque de don César? Quelle forme prend chez lui le sentiment de la vengeance?

Ah! vous endiablerez, mon vieux cousin maudit!
1640 Quoi, ce bohémien? Ce galeux? ce bandit?
Ce Zafari? ce gueux? ce va-nu-pieds?... — Tout juste!
Don César de Bazan, cousin de don Salluste;
Oh! la bonne surprise! et dans Madrid quel bruit!
Quand est-il revenu? ce matin? cette nuit?
1645 Quel tumulte partout en voyant cette bombe,
Ce grand nom oublié qui tout à coup retombe!
Don César de Bazan! oui, messieurs, s'il vous plaît.
Personne n'y pensait, personne n'en parlait.
Il n'était donc pas mort? Il vit, messieurs, mesdames!
1650 Les hommes diront : Diable! — Oui-dà! diront les femmes.
Doux bruit, qui vous reçoit rentrant dans vos foyers,
Mêlé de l'aboiement de trois cents créanciers!
Quel beau rôle à jouer! — Hélas! l'argent me manque.
        (Bruit à la porte.)
On vient! Sans doute on va comme un vil saltimbanque
1655 M'expulser. — C'est égal, ne fais rien à demi,
César!

*(Il s'enveloppe de son manteau jusqu'aux yeux. La porte du fond
s'ouvre. Entre un laquais en livrée portant sur son dos une grosse
sacoche.)*

SCÈNE III. — DON CÉSAR, UN LAQUAIS.

DON CÉSAR, *toisant le laquais de la tête aux pieds.*

Qui venez-vous chercher céans[1] l'ami?
        (A part.)
Il faut beaucoup d'aplomb, le péril est extrême.

LE LAQUAIS

Don César de Bazan?

DON CÉSAR, *dégageant son visage du manteau.*

                    Don César! C'est moi-même!
        (A part.)
Voilà du merveilleux!

LE LAQUAIS

                    Vous êtes le seigneur
1660 Don César de Bazan?

---
1. *Céans* : ici, dans la maison (sens classique).

DON CÉSAR

Pardieu! J'ai cet honneur.
César! le vrai César! le seul César! le comte
De Garo...

LE LAQUAIS, *posant sur le fauteuil la sacoche.*

Daignez voir si c'est là votre compte.

DON CÉSAR, *comme ébloui.*
    (A part.)
De l'argent! c'est trop fort!
    (Haut.)

Mon cher...

LE LAQUAIS

Daignez compter.
C'est la somme que j'ai l'ordre de vous porter.

DON CÉSAR, *gravement.*

1665 Ah! fort bien! je comprends.
    (A part.)

Je veux bien que le diable...
Ça, ne dérangeons pas cette histoire admirable.
Ceci vient fort à point.
    (Haut.)

Vous faut-il des reçus?

LE LAQUAIS

Non, monseigneur.

DON CÉSAR, *lui montrant la table.*

Mettez cet argent là-dessus.
    (Le laquais obéit.)
De quelle part?

LE LAQUAIS

Monsieur le sait bien.

DON CÉSAR

Sans nul doute.

1670 Mais...

LE LAQUAIS

Cet argent — voilà ce qu'il faut que j'ajoute —
Vient de qui vous savez pour ce que vous savez.

DON CÉSAR, *satisfait de l'explication.*

Ah!

LE LAQUAIS

Nous devons, tous deux, être fort réservés.
Chut!

DON CÉSAR

Chut!!! — Cet argent vient... — La phrase est magnifique!
Redites-la-moi donc.

LE LAQUAIS

Cet argent...

DON CÉSAR

Tout s'explique!

1675 Me vient de qui je sais...

LE LAQUAIS

Pour ce que vous savez.

Nous devons...

DON CÉSAR

Tous les deux!!!

LE LAQUAIS

Etre fort réservés.

DON CÉSAR

C'est parfaitement clair.

LE LAQUAIS

Moi, j'obéis; du reste
Je ne comprends pas.

DON CÉSAR

Bah!

LE LAQUAIS

Mais vous comprenez!

DON CÉSAR

Peste!

LE LAQUAIS

Il suffit.

DON CÉSAR

Je comprends et je prends, mon très cher.
1680 De l'argent qu'on reçoit, d'abord, c'est toujours clair.

LE LAQUAIS

Chut!

DON CÉSAR

Chut!!! ne faisons pas d'indiscrétion. Diantre!

LE LAQUAIS

Comptez, seigneur!

DON CÉSAR

Pour qui me prends-tu?
(Admirant la rondeur du sac posé sur la table.)
Le beau ventre!

LE LAQUAIS, *insistant.*

Mais...

DON CÉSAR

Je me fie à toi.

LE LAQUAIS

L'or est en souverains[1].
Bons quadruples[2] pesant sept gros[3] trente-six grains[4],
1685 Ou bons doublons au marc[5]. L'argent, en croix-maries[6].
(Don César ouvre la sacoche et en tire plusieurs sacs pleins d'or et d'argent, qu'il ouvre et vide sur la table avec admiration; puis il se met à puiser à pleines poignées dans les sacs d'or, et remplit ses poches de quadruples et de doublons.)

DON CÉSAR, *s'interrompant, avec majesté.*
(A part.)

Voici que mon roman, couronnant ses féeries.
Meurt amoureusement sur un gros million.
(Il se remet à remplir ses poches.)
O délices! je mords à même un galion[7]!
(Une poche pleine, il passe à l'autre. Il se cherche des poches partout et semble avoir oublié le laquais.)

LE LAQUAIS, *qui le regarde avec impassibilité.*

Et maintenant, j'attends vos ordres.

---

1. *Souverain* : monnaie d'or frappée à l'effigie du souverain; en fait, l'expression ne s'emploie guère qu'à propos de monnaies anglaises; 2. *Quadruple* : pièce valant deux doublons; le *doublon* valait lui-même deux écus de deux piastres; 3. *Gros* : huitième de l'once, mesure de poids qui valait elle-même environ trente grammes; 4. *Grain* : soixante-douzième partie du gros; 5. *Marc* : poids de huit onces servant à peser les matières d'or et d'argent; 6. *Croix-marie* : monnaie d'argent marquée du nom de *Marie* avec une *croix*; 7. Voir la note du vers 532.

DON CÉSAR, *se retournant.*

Pour quoi faire?

LE LAQUAIS

1690 Afin d'exécuter, vite et sans qu'on diffère,
Ce que je ne sais pas et ce que vous savez.
De très grands intérêts...

DON CÉSAR, *l'interrompant d'un air d'intelligence.*

Oui, publics et privés!!!

LE LAQUAIS

Veulent que tout cela se fasse à l'instant même.
Je dis ce qu'on m'a dit de dire.

DON CÉSAR, *lui frappant sur l'épaule.*

Et je t'en aime,

1695 Fidèle serviteur.

LE LAQUAIS

Pour ne rien retarder,
Mon maître à vous me donne afin de vous aider.

DON CÉSAR

C'est agir congrûment[1]. Faisons ce qu'il désire.
     (*A part.*)
Je veux être pendu si je sais que lui dire.
     (*Haut.*)
Approche, galion, et d'abord —
     (*Il remplit de vin l'autre verre.*)

Bois-moi ça!

LE LAQUAIS

1700 Quoi, seigneur?...

DON CÉSAR

Bois-moi ça!

---

1. *Congrûment* : d'une façon appropriée à la circonstance. Le mot appartient au vocabulaire de la théologie et de la grammaire; Don César l'emploie ironiquement.

─────── **QUESTIONS** ───────

● VERS 1657-1697. Définissez le comique de situation créé par l'arrivée du laquais. Qu'est-ce qui accroît encore le rire, si l'on rapproche le vers 1662 du vers 1653? — Analysez le mécanisme comique de cette première partie de la scène : sur quoi porte ici le quiproquo?

(Le laquais boit. Don César lui remplit son verre.)
Du vin d'Oropesa[1] !

(Il fait asseoir le laquais, le fait boire, et lui verse de nouveau vin.)
Causons.

(A part.)

Il a déjà la prunelle allumée.

(Haut et s'étendant sur sa chaise.)

L'homme, mon cher ami, n'est que de la fumée
Noire, et qui sort du feu des passions. Voilà.

(Il lui verse à boire.)

C'est bête comme tout, ce que je te dis là.

1705 Et d'abord la fumée, au ciel bleu ramenée,
Se comporte autrement dans une cheminée.
Elle monte gaiement, et nous dégringolons.

(Il se frotte la jambe.)

L'homme n'est qu'un plomb vil.

(Il remplit les deux verres.)

Buvons. Tous tes doublons

Ne valent pas le chant d'un ivrogne qui passe.

(Se rapprochant d'un air mystérieux.)

1710 Vois-tu, soyons prudents. Trop chargé, l'essieu casse.
Le mur sans fondement s'écroule subito[2].
Mon cher, raccroche-moi le col de mon manteau.

LE LAQUAIS, *fièrement.*

Seigneur, je ne suis pas valet de chambre.

(Avant que don César ait pu l'en empêcher, il secoue la sonnette posée sur la table.)

DON CÉSAR, *à part, effrayé.*

Il sonne !

Le maître va peut-être arriver en personne.
1715 Je suis pris !

(Entre un des noirs. Don César, en proie à la plus vive anxiété, se retourne du côté opposé, comme ne sachant que devenir.)

LE LAQUAIS, *au nègre.*

Remettez l'agrafe à monseigneur.

(Le nègre s'approche gravement de don César, qui le regarde faire d'un air stupéfait, puis il rattache l'agrafe du manteau, salue et sort, laissant don César pétrifié.)

---

1. Des deux villes d'Espagne portant ce nom, aucune n'est célèbre par ses crus ;
2. *Subito* : soudain.

DON CÉSAR, *se levant de table.*

    (A part.)

Je suis chez Belzébuth[1], ma parole d'honneur!

    (Il vient sur le devant et se promène à grands pas.)

Ma foi, laissons-nous faire, et prenons ce qui s'offre.
Donc je vais remuer les écus à plein coffre.
J'ai de l'argent! que vais-je en faire?

(Se retournant vers le laquais attablé, qui continue à boire et qui
commence à chanceler sur sa chaise.)

                     Attends, pardon!

    (Rêvant à part.)

1720 Voyons, — si je payais mes créanciers? — fi donc!
   — Du moins, pour les calmer, âmes à s'aigrir promptes,
Si je les arrosais avec quelques acomptes?
   — A quoi bon arroser ces vilaines fleurs-là?
Où diable mon esprit va-t-il chercher cela?
1725 Rien n'est tel que l'argent pour vous corrompre un homme,
Et fût-il descendant d'Annibal qui prit Rome[2],
L'emplir jusqu'au goulot de sentiments bourgeois!
Que dirait-on? me voir payer ce que je dois!
Ah!

    LE LAQUAIS, *vidant son verre.*

Que m'ordonnez-vous?

    DON CÉSAR

                 Laisse-moi, je médite.

1730 Bois en m'attendant.

(Le laquais se remet à boire. Lui continue de rêver, et tout à coup
se frappe le front comme ayant trouvé une idée.)

                Oui.

    (Au laquais.)

                 Lève-toi tout de suite.

Voici ce qu'il faut faire. Emplis tes poches d'or.

---

1. *Belzébuth* : idole des Philistins, identifiée avec Satan, et qui avait le visage
noir et les yeux de braise; 2. Inexactitude due sans doute à un début d'ivresse.

─────── **QUESTIONS** ───────

● Vers 1698-1716. Quelle est l'utilité du vers 1698? A quel genre de
comique ouvre-t-il la voie (vers 1701-1711)? — Le bavardage burlesque
de don César : comment Hugo sait-il transcrire poétiquement l'incohérence de l'ivresse et la philosophie désabusée de l'aventurier qui dialogue avec lui-même? — Pourquoi l'incident des vers 1715-1717 imprime-
t-il un nouveau mouvement à la scène?

*(Le laquais se lève en trébuchant, et emplit d'or les poches de son
justaucorps. Don César l'y aide, tout en continuant.)*

Dans la ruelle, au bout de la Place Mayor[1],
Entre au numéro neuf. Une maison étroite.
Beau logis, si ce n'est que la fenêtre à droite
1735 A sur le cristallin une taie en papier.

LE LAQUAIS

Maison borgne?

DON CÉSAR

Non, louche. On peut s'estropier
En montant l'escalier. Prends-y garde.

LE LAQUAIS

Une échelle?

DON CÉSAR

A peu près. C'est plus roide. — En haut loge une belle
Facile à reconnaître, un bonnet de six sous
1740 Avec de gros cheveux ébouriffés dessous,
Un peu courte, un peu rousse... — Une femme charmante!
Sois très respectueux, mon cher, c'est mon amante.
Lucinda[2], qui jadis, blonde à l'œil indigo,
Chez le pape, le soir, dansait le fandango[3].
1745 Compte-lui cent ducats[4] en mon nom. — Dans un bouge
A côté, tu verras un gros diable au nez rouge,
Coiffé jusqu'aux sourcils d'un vieux feutre fané
Où pend tragiquement un plumeau consterné[5],
La rapière à l'échine et la loque à l'épaule.
1750 Donne de notre part six piastres[6] à ce drôle. —
Plus loin, tu trouveras un trou noir comme un four,
Un cabaret qui chante au coin d'un carrefour.
Sur le seuil boit et fume un vivant qui le hante.
C'est un homme fort doux et de vie élégante,
1755 Un seigneur dont jamais un juron ne tomba,
Et mon ami de cœur, nommé Goulatromba[7].
— Trente écus! — Et dis-lui, pour toutes patenôtres[8],

---

1. La place de Madrid sur laquelle s'élevait le palais royal; 2. Voir le vers 117;
3. *Fandango* : danse espagnole d'un rythme lent, avec accompagnement de casta-
gnettes; 4. Voir la note du vers 187; 5. *Consterné* : abattu. Le mot, qui, même
dans la langue classique, est toujours pris au sens psychologique, est pris ici avec
une signification concrète; 6. Voir vers 459 et la note; 7. Personnage de *Don César
de Bazan*, la comédie inachevée de Victor Hugo, source de ce drame; 8. *Patenôtres* : prières. Le terme, formé sur les premiers mots du *Pater noster*, se dit
habituellement de prières débitées machinalement.

Qu'il les boive bien vite et qu'il en aura d'autres.
Donne à tous ces faquins ton argent le plus rond[1],
1760 Et ne t'ébahis pas des yeux qu'ils ouvriront.

LE LAQUAIS

Après?

DON CÉSAR

Garde le reste. Et pour dernier chapitre...

LE LAQUAIS

Qu'ordonne monseigneur?

DON CÉSAR

Va te saouler, bélître[2]!
Casse beaucoup de pots et fais beaucoup de bruit,
Et ne rentre chez toi que demain — dans la nuit.

LE LAQUAIS

1765 Suffit, mon prince.
(Il se dirige vers la porte en faisant des zigzags.)

DON CÉSAR, *le regardant marcher.*
(A part.)

Il est effroyablement ivre!
(Le rappelant. L'autre se rapproche.)

Ah!... — Quand tu sortiras, les oisifs vont te suivre.
Fais par ta contenance honneur à la boisson.
Sache te comporter d'une noble façon.
S'il tombe par hasard des écus de tes chausses,
1770 Laisse tomber, — et si des essayeurs de sauces[3],
Des clercs[4], des écoliers, des gueux qu'on voit passer,
Les ramassent, — mon cher, laisse-les ramasser.
Ne sois pas un mortel de trop farouche approche,
Si même ils en prenaient quelques-uns dans ta poche,
1775 Sois indulgent. Ce sont des hommes comme nous.
Et puis il faut, vois-tu, c'est une loi pour tous,
Dans ce monde, rempli de sombres aventures,
Donner parfois un peu de joie aux créatures.
(Avec mélancolie.)
Tous ces gens-là seront peut-être un jour pendus!
1780 Ayons donc les égards pour eux qui leur sont dus!
— Va-t'en.

---

1. De beaux écus d'argent non encore usés ni rognés par les services de la Monnaie; 2. *Bélître* : mendiant, gueux; par extension : homme stupide; 3. Des gâte-sauce; 4. *Clercs* : étudiants en théologie.

(Le laquais sort. Resté seul, don César se rassied, s'accoude sur la table, et paraît plongé dans de profondes réflexions.)

C'est le devoir du chrétien et du sage,
Quand il a de l'argent, d'en faire un bon usage.
J'ai de quoi vivre au moins huit jours! je les vivrai.
Et, s'il me reste un peu d'argent, je l'emploierai
1785 A des fondations pieuses. Mais je n'ose
M'y fier, car on va me reprendre la chose.
C'est méprise sans doute, et ce mal-adressé
Aura mal entendu, j'aurai mal prononcé...

(La porte du fond se rouvre. Entre une duègne, vieille, cheveux gris, basquine¹ et mantille² noires, éventail.)

Scène IV. — DON CÉSAR, UNE DUÈGNE³.

LA DUÈGNE, *sur le seuil de la porte.*

Don César de Bazan?

(Don César, absorbé dans ses méditations, relève brusquement la tête.)

DON CÉSAR
Pour le coup!

(A part.)

Oh! femelle!

(Pendant que la duègne accomplit une profonde révérence au fond, il vient stupéfait sur le devant.)

1790 Mais il faut que le diable ou Salluste s'en mêle!

---

1. *Basquine* : vêtement de femme formant une seconde jupe relevée sur la première; 2. *Mantille* : pièce d'étoffe, de dentelle noire, que les Espagnoles portent sur la tête et qui retombe sur les épaules; 3. Personnage des romans espagnols et des romans français imités de l'espagnol, qui jouait généralement le rôle d'entremetteuse (voir vers 1793).

─────── **QUESTIONS** ───────

● Vers 1717-1788. La « générosité » de don César : pourquoi ne veut-il pas payer ses dettes? Quels thèmes familiers à l'auteur de *Notre-Dame de Paris* et, plus tard, des *Misérables* reparaissent ici? Comment Hugo revêt-il ici de couleur espagnole et de saveur picaresque les détails réalistes? — D'après le soliloque des vers 1781-1788, quelle place occupe la religion dans l'épicurisme de don César? Comparez de ce point de vue le personnage de Ruy Blas.

■ Sur l'ensemble de la scène III. — Étudiez le mouvement de cette scène, qui, sous sa désinvolture apparente, se développe selon une progression très naturelle. Comment, sous l'effet du vin, se transforment sous nos yeux les deux personnages en présence? Pourquoi l'ivresse n'agit-elle pas sur chacun d'eux de la même façon?
— Analysez tous les effets comiques qui se combinent dans cette scène. Pourquoi le quiproquo ne peut-il se résoudre?
— A quoi tient la vérité humaine du personnage du laquais?

Gageons que je vais voir arriver mon cousin.
Une duègne!
    (Haut.)

             C'est moi, don César. — Quel dessein?...
    (A part.)
D'ordinaire une vieille en annonce une jeune.

    LA DUÈGNE. *(Révérence avec un signe de croix.)*

Seigneur, je vous salue, aujourd'hui jour de jeûne,
1795 En Jésus Dieu le fils, sur qui rien ne prévaut.

          DON CÉSAR, *à part.*

A galant dénouement commencement dévot.
    (Haut.)
Ainsi soit-il! Bonjour.

          LA DUÈGNE

             Dieu vous maintienne en joie!
    (Mystérieusement.)
Avez-vous à quelqu'un, qui jusqu'à vous m'envoie,
Donné pour cette nuit un rendez-vous secret?

          DON CÉSAR

1800 Mais j'en suis fort capable.

          LA DUÈGNE

(Elle tire de son garde-infante[1] un billet plié et le lui présente, mais sans le lui laisser prendre.)

             Ainsi, mon beau discret,
C'est bien vous qui venez, et pour cette nuit même,
D'adressez ce message à quelqu'un qui vous aime,
Et que vous savez bien?

          DON CÉSAR

            Ce doit être moi.

          LA DUÈGNE

              Bon.
La dame, mariée à quelque vieux barbon,
1805 A des ménagements sans doute est obligée,
Et de me renseigner céans[2] on m'a chargée.
Je ne la connais pas, mais vous la connaissez.
La soubrette m'a dit les choses. C'est assez.
Sans les noms.

---

1. *Garde-infante* : bourrelet formant ceinture; 2. *Céans* : voir la note du vers 1656.

DON CÉSAR

Hors le mien.

LA DUÈGNE

C'est tout simple. Une dame
1810 Reçoit un rendez-vous de l'ami de son âme,
Mais on craint de tomber dans quelque piège, mais
Trop de précautions ne gâtent rien jamais.
Bref, ici l'on m'envoie avoir de votre bouche
La confirmation...

DON CÉSAR

Oh! la vieille farouche!
1815 Vrai Dieu! quelle broussaille autour d'un billet doux!
Oui, c'est moi, moi, te dis-je!

LA DUÈGNE

*(Elle pose sur la table le billet plié, que don César examine avec
curiosité.)*

En ce cas, si c'est vous,
Vous écrirez : *Venez*, au dos de cette lettre.
Mais pas de votre main, pour ne rien compromettre.

DON CÉSAR

Peste! au fait, de ma main!
(A part.)

Message bien rempli!
*(Il tend la main pour prendre la lettre ; mais elle est recachetée, et
la duègne ne la lui laisse pas toucher.)*

LA DUÈGNE

1820 N'ouvrez pas. Vous devez reconnaître le pli.

DON CÉSAR

Pardieu!
(A part.)

Moi qui brûlais de voir!... jouons mon rôle!
(Il agite la sonnette. Entre un des noirs.)
Tu sais écrire?
(Le noir fait un signe de tête affirmatif. Etonnement de don César.)
(A part.)

Un signe!
(Haut.)

Es-tu muet, mon drôle?

(Le noir fait un nouveau signe d'affirmation. Nouvelle stupéfaction de don César.)
      (A part.)

Fort bien! continuez! des muets à présent!

(Au muet, en lui montrant la lettre, que la vieille tient appliquée sur la table.)

— Écrivez-moi là : *Venez.*

(Le muet écrit. Don César fait signe à la duègne de reprendre la lettre, et au muet de sortir. Le muet sort.)
      (A part.)

Il est obéissant!

LA DUÈGNE, *remettant d'un air mystérieux le billet dans son garde-infante et se rapprochant de don César.*

1825 Vous la verrez ce soir. Est-elle bien jolie?

DON CÉSAR

Charmante!

LA DUÈGNE

La suivante est d'abord accomplie.
Elle m'a prise à part au milieu du sermon[1],
Mais belle! un profil d'ange avec l'œil d'un démon.
Puis aux choses d'amour elle paraît savante.

DON CÉSAR, *à part.*

1830 Je me contenterais fort bien de la suivante!

LA DUÈGNE

Nous jugeons, car toujours le beau fait peur au laid,
La sultane à l'esclave et le maître au valet.
La vôtre est, à coup sûr, fort belle.

DON CÉSAR

                Je m'en flatte!

LA DUÈGNE, *faisant une révérence pour se retirer.*

Je vous baise la main.

DON CÉSAR, *lui donnant une poignée de doublons.*

                Je te graisse la patte.

1835 Tiens, vieille!

LA DUÈGNE, *empochant.*

          La jeunesse est gaie aujourd'hui!

---

1. C'est à l'église que se combinaient et avaient lieu les rendez-vous galants.

DON CÉSAR, *la congédiant.*

Va.

LA DUÈGNE. (*Révérences.*)

Si vous aviez besoin... J'ai nom dame Oliva,
Couvent San-Isidro. —
(*Elle sort. Puis la porte se rouvre, et l'on voit sa tête reparaître.*)
                                    Toujours à droite assise,
    Au troisième pilier en entrant dans l'église.
(*Don César se retourne avec impatience. La porte retombe ; puis
elle se rouvre encore, et la vieille reparaît.*)
    Vous la verrez ce soir ! Monsieur, pensez à moi
1840 Dans vos prières.

DON CÉSAR, *la chassant avec colère.*

Ah !
(*La duègne disparaît. La porte se referme.*)

DON CÉSAR, *seul.*

                        Je me résous, ma foi,
A ne plus m'étonner. J'habite dans la lune[1].
Me voici maintenant une bonne fortune ;
Et je vais contenter mon cœur après ma faim.
        (*Rêvant.*)
Tout cela me paraît bien beau. — Gare la fin !
(*La porte du fond se rouvre. Paraît don Guritan avec deux longues
épées nues sous le bras.*)

---

1. Dans un monde de fantaisie.

--------- QUESTIONS ---------

■ Sur la scène IV. — Quel effet produit le comique de répétition s'ajou-
tant au comique de situation ? Relevez tous les procédés comiques qui
reproduisent ceux de la scène précédente : prennent-ils toutefois la
même signification, maintenant que don César est entré dans le jeu ?
— Faites le portrait de la duègne-entremetteuse : quels traits traditionnels du personnage Hugo a-t-il conservés et accentués ? Comparez
la duègne à la vieille dont il est question dans *l'Ecole des femmes* de
Molière aux vers 505-534.
— Comment la verve de don César s'exerce-t-elle sur la duègne ?
Comparez le jeu de don César à celui de la scène précédente.
— La participation du spectateur à cette scène : peut-il avoir des
doutes sur l'identité de la personne qui envoie le message ? Reconnaît-
on la soubrette (vers 1808, 1826) qui a pris contact avec la duègne ?
Quelle impression tragique se dissimule sous l'apparente désinvolture
de la scène ? — Comment don César devient-il inconsciemment l'ins-
trument du destin ? Commentez sa réflexion au vers 1790.

Scène V. — DON CÉSAR, DON GURITAN.

DON GURITAN, *du fond.*

1845 Don César de Bazan?

DON CÉSAR

(Il se retourne et aperçoit don Guritan et les deux épées.)
                                        Enfin! à la bonne heure!
L'aventure était bonne, elle devient meilleure.
Bon dîner, de l'argent, un rendez-vous, — un duel!
Je redeviens César à l'état naturel!

*(Il aborde gaiement, avec force salutations empressées, don Guritan,
qui fixe sur lui un œil inquiétant et s'avance d'un pas roide sur le
devant.)*
C'est ici, cher seigneur. Veuillez prendre la peine
            (Il lui présente un fauteuil. Don Guritan reste debout.)
1850 D'entrer, de vous asseoir. — Comme chez vous, — sans
                                                        [gêne.
Enchanté de vous voir. Ça, causons un moment.
Que fait-on à Madrid? Ah! quel séjour charmant!
Moi, je ne sais plus rien; je pense qu'on admire
Toujours Matalobos[1] et toujours Lindamire[2].
1855 Pour moi, je craindrais plus, comme péril urgent,
La voleuse de cœurs que le voleur d'argent.
Oh! les femmes, monsieur! Cette engeance endiablée
Me tient, et j'ai la tête à leur endroit fêlée.
Parlez, remettez-moi l'esprit en bon chemin.
1860 Je ne suis plus vivant, je n'ai plus rien d'humain.
Je suis un être absurde, un mort qui se réveille,
Un bœuf[3], un hidalgo[4] de la Castille-Vieille[5].

---

1. Voir vers 121; 2. La ballerine d'*Atalante* (voir vers 566); 3. Homme massif;
par suite : lourdaud; 4. Noble espagnol qui prétend descendre d'une ancienne
famille chrétienne; 5. Province d'Espagne (capitale Burgos), particulièrement âpre
et aride.

─────── **QUESTIONS** ───────

● VERS 1845-1850. Comparez ce début de scène avec celui de la scène
précédente et aussi avec l'apparition de don Guritan au vers 880 (acte II,
scène IV). Quel double effet est ainsi obtenu? — Don César répond-il
aussi nettement (vers 1849) que dans la scène précédente à la question
relative à son identité (voir vers 1792)? — A qui don César croit-il avoir
affaire, après avoir reçu le message d'une amoureuse inconnue? Selon
quelle logique les événements se déroulent-ils pour lui (vers 1847)?

On m'a volé ma plume et j'ai perdu mes gants.
J'arrive des pays les plus extravagants.

DON GURITAN

1865 Vous arrivez, mon cher monsieur? Eh bien, j'arrive
Encor bien plus que vous!

DON CÉSAR, *épanoui.*

De quelle illustre rive?

DON GURITAN

De là-bas, dans le nord.

DON CÉSAR

Et moi, de tout là-bas,

Dans le midi.

DON GURITAN

Je suis furieux!

DON CÉSAR

N'est-ce pas?

Moi, je suis enragé!

DON GURITAN

J'ai fait douze cents lieues!

DON CÉSAR

1870 Moi, deux mille! J'ai vu des femmes jaunes, bleues,
Noires, vertes. J'ai vu des lieux du ciel bénis,
Alger, la ville heureuse, et l'aimable Tunis,
Où l'on voit, tant ces Turcs ont des façons accortes,
Force gens empalés accrochés sur les portes.

DON GURITAN

1875 On m'a joué, monsieur!

DON CÉSAR

Et moi, l'on m'a vendu!

DON GURITAN

L'on m'a presque exilé!

DON CÉSAR

L'on m'a presque pendu!

DON GURITAN

On m'envoie à Neubourg, d'une manière adroite,

MARIE-ANNE
D'AUTRICHE
SECONDE FEMM[...]
DE PHILIPPE I[...]
MÈRE DU RO[...]
CHARLES II

—

Portrait
par Vélasquez

—

Musée du Louv[...]

—

Phot. Giraudon

MISES EN SCÈNE DE « RUY BLAS » A LA COMÉDIE-FRANÇAISE

En haut : en 1938. — En bas : en 1960.

Porter ces quatre mots écrits dans une boîte :
« Gardez le plus longtemps possible ce vieux fou. »

DON CÉSAR, *éclatant de rire.*

1880 Parfait! Qui donc cela?

DON GURITAN

Mais je tordrai le cou

A César de Bazan!

DON CÉSAR, *gravement.*

Ah!

DON GURITAN

Pour comble d'audace,
Tout à l'heure il m'envoie un laquais à sa place.
Pour l'excuser! dit-il. Un dresseur de buffet!
Je n'ai point voulu voir le valet. Je l'ai fait
1885 Chez moi mettre en prison, et je viens chez le maître.
Ce César de Bazan! cet impudent! ce traître!
Voyons, que je le tue! Où donc est-il?

DON CÉSAR, *toujours avec gravité.*

C'est moi.

DON GURITAN

Vous! — Raillez-vous, monsieur?

DON CÉSAR

Je suis don César.

DON GURITAN

Quoi!

Encor!

DON CÉSAR

Sans doute, encor!

DON GURITAN

Mon cher, quittez ce rôle.
1890 Vous m'ennuyez beaucoup, si vous vous croyez drôle.

————————— QUESTIONS —————————

● VERS 1851-1887. Don César face à son nouvel interlocuteur : que dire de la dextérité avec laquelle il s'adapte aux situations inattendues? — Le quiproquo dans le quiproquo : qui don César croit-il avoir devant lui? D'où naît l'effet comique de la conversation qui se poursuit sur un rythme de stichomythie? Quelle solidarité s'établit entre les deux interlocuteurs? — Comment le spectateur participe-t-il à ce moment de la scène? Apprend-on des faits nouveaux?

DON CÉSAR

Vous, vous m'amusez fort! Et vous m'avez tout l'air
D'un jaloux. Je vous plains énormément, mon cher.
Car le mal qui nous vient des vices qui sont nôtres
Est pire que le mal que nous font ceux des autres.
1895 J'aimerais mieux encore, et je le dis à vous,
Etre pauvre qu'avare et cocu que jaloux.
Vous êtes l'un et l'autre, au reste. Sur mon âme,
J'attends encor ce soir madame votre femme.

DON GURITAN

Ma femme!

DON CÉSAR

Oui, votre femme!

DON GURITAN

Allons! je ne suis pas
1900 Marié.

DON CÉSAR

Vous venez faire cet embarras!
Point marié! Monsieur prend depuis un quart d'heure
L'air d'un mari qui hurle ou d'un tigre qui pleure,
Si bien que je lui donne, avec simplicité,
Un tas de bons conseils en cette qualité!
1905 Mais, si vous n'êtes pas marié, par Hercule!
De quel droit êtes-vous à ce point ridicule?

DON GURITAN

Savez-vous bien, monsieur, que vous m'exaspérez?

DON CÉSAR

Bah!

DON GURITAN

Que c'est trop fort!

DON CÉSAR

Vrai?

DON GURITAN

Que vous me le paierez!

DON CÉSAR

(Il examine d'un air goguenard les souliers de don Guritan, qui disparaissent sous des flots de rubans selon la nouvelle mode.)
Jadis on se mettait des rubans sur la tête.
1910 Aujourd'hui, je le vois, c'est une mode honnête[1],
On en met sur sa botte, on se coiffe les pieds.
C'est charmant !

DON GURITAN
Nous allons nous battre !

DON CÉSAR, *impassible.*
Vous croyez ?

DON GURITAN
Vous n'êtes pas César, la chose me regarde ;
Mais je vais commencer par vous.

DON CÉSAR
Bon. Prenez garde
1915 De finir par moi.

DON GURITAN
Fat ! Sur-le-champ !
(Il lui présente une des deux épées.)

DON CÉSAR, *prenant l'épée.*
De ce pas.
Quand je tiens un bon duel, je ne le lâche pas !

DON GURITAN
Où ?

DON CÉSAR
Derrière le mur. Cette rue est déserte.

DON GURITAN, *essayant la pointe de l'épée sur le parquet.*
Pour César, je le tue ensuite !

DON CÉSAR
Vraiment ?

DON GURITAN
Certe[2] !

DON CÉSAR, *faisant aussi ployer son épée.*
Bah ! l'un de nous deux mort, je vous défie après
1920 De tuer don César.

---

1. *Honnête* : honorable, qui convient aux honnêtes gens ; 2. Licence orthographique (*certe* au lieu de *certes*) justifiée par la rime.

DON GURITAN

Sortons!

(Ils sortent. On entend le bruit de leurs pas qui s'éloignent. Une petite porte masquée s'ouvre à droite dans le mur, et donne passage à don Salluste.)

Scène VI. — DON SALLUSTE, *vêtu d'un habit vert sombre,*
presque noir.

(Il paraît soucieux et préoccupé. Il regarde et écoute avec inquiétude.)

Aucuns apprêts[1]!

(Apercevant la table chargée de mets.)

Que veut dire ceci?

(Ecoutant le bruit des pas de César et de Guritan.)

Quel est donc ce tapage?

(Il se promène rêveur.)

Gudiel ce matin a vu sortir le page,
Et l'a suivi. — Le page allait chez Guritan. —

---

1. Pas de préparatifs. *Aucuns* au pluriel se justifie ici par l'accord avec *apprêts*, qui ne peut être utilisé qu'au pluriel dans ce sens; don Salluste s'étonne que rien ne semble préparé pour recevoir la reine.

QUESTIONS

● Vers 1888-1920. La progression des effets comiques : comprend-on pourquoi Hugo a retardé jusqu'au vers 1888 le moment où don César se fait nettement reconnaître? Pourquoi les quiproquos rebondissent-ils alors, au lieu de se résoudre? Don Guritan peut-il croire qu'il a devant lui don César? D'autre part, quelle méprise don César commet-il (vers 1891-1898)? — Tout ne devrait-il pas s'éclaircir (vers 1906)? Par quels moyens don César obtient-il ce duel, qui n'a plus finalement de motif? Pourquoi cette obstination de don César? — Le mot de la fin (vers 1919-1920) : en quoi est-ce un « mot de théâtre » qui établit une connivence entre l'auteur et le spectateur?

■ Sur l'ensemble de la scène v. — Le mouvement comique de cette scène : étudiez le mécanisme des quiproquos qui se succèdent et s'enchaînent sans se résoudre : par quelle marche sinueuse la scène aboutit-elle au duel dont il était question dès les premiers vers? — Comparez cette scène aux scènes iii et iv de l'acte III du *Dom Juan* de Molière; quelles habiles variations la virtuosité de Hugo a-t-elle créées sur une situation identique?

— Y a-t-il seulement comique de situation? Montrez tous les effets de contraste que tire le poète en mettant en présence deux personnages si opposés par leur physique et leur caractère : qu'ont-ils cependant de commun?

— Cette scène est-elle seulement pittoresque? Quelle part de satire sociale contient-elle?

Je ne vois pas Ruy Blas. — Et ce page... — Satan !
1925 C'est quelque contre-mine[1]! oui, quelque avis fidèle
Dont il aura chargé don Guritan pour elle !
— On ne peut rien savoir des muets ! — C'est cela !
Je n'avais pas prévu ce don Guritan-là !

(*Rentre don César. Il tient à la main l'épée nue, qu'il jette en entrant sur un fauteuil.*)

Scène VII. — DON SALLUSTE, DON CÉSAR.

DON CÉSAR, *du seuil de la porte.*

Ah ! j'en étais bien sûr ! vous voilà donc, vieux diable !

DON SALLUSTE, *se retournant, pétrifié.*

1930 Don César !

DON CÉSAR, *croisant les bras avec un grand éclat de rire.*

Vous tramez quelque histoire effroyable !
Mais je dérange tout, pas vrai, dans ce moment ?
Je viens au beau milieu m'épater[2] lourdement !

DON SALLUSTE, *à part.*

Tout est perdu !

DON CÉSAR, *riant.*

Depuis toute la matinée,
Je patauge à travers vos toiles d'araignée.
1935 Aucun de vos projets ne doit être debout.
Je m'y vautre au hasard. Je vous démolis tout.
C'est très réjouissant.

DON SALLUSTE, *à part.*

Démon ! qu'a-t-il pu faire ?

DON CÉSAR, *riant de plus en plus fort.*

Votre homme au sac d'argent, — qui venait pour l'affaire !
— Pour ce que vous savez ! — qui vous savez ! —.

(*Il rit.*)

Parfait !

---

1. *Contre-mine* : ouvrage souterrain destiné à détruire une mine creusée par l'ennemi ; 2. *M'épater* : m'étaler.

━━━━ **QUESTIONS** ━━━━

■ Sur la scène VI. — Quelle est l'utilité dramatique de cette scène ? L'arrivée de don Salluste était-elle prévue (voir vers 1564-1565) ? La clairvoyance de don Salluste (vers 1928-1929) nous surprend-elle ? où en est donc l'action à ce moment ? Quelle est la situation des deux adversaires, Ruy Blas et don Salluste ?

DON SALLUSTE

1940 Eh bien ?

Je l'ai soûlé.

DON SALLUSTE

Mais l'argent qu'il avait ?

DON CÉSAR, *majestueusement.*

J'en ai fait des cadeaux à diverses personnes.
Dame ! on a des amis.

DON SALLUSTE

A tort tu me soupçonnes...

Je...

DON CÉSAR, *faisant sonner ses grègues*[1].

J'ai d'abord rempli mes poches, vous pensez.
(Il se remet à rire.)
Vous savez bien ? la dame !...

DON SALLUSTE

Oh !...

DON CÉSAR, *qui remarque son anxiété.*

Que vous connaissez, —
*(Don Salluste écoute avec un redoublement d'angoisse. Don César
poursuit en riant.)*
1945 Qui m'envoie une duègne, affreuse compagnonne,
Dont la barbe fleurit et dont le nez trognonne[2] !...

DON SALLUSTE

Pourquoi ?

DON CÉSAR

Pour demander, par prudence et sans bruit,
Si c'est bien don César qui l'attend cette nuit...

DON SALLUSTE

(A part.)
Ciel !
(Haut.)
Qu'as-tu répondu ?

---

1. *Grègues* : culotte ; 2. Qui a l'aspect d'un trognon (néologisme). Les contemporains riaient aussi de la plaisanterie sur Fleury et Trognon, auteurs en collaboration de manuels d'histoire.

DON CÉSAR

J'ai dit que oui, mon maître!

1950 Que je l'attendais!

DON SALLUSTE, *à part.*

Tout n'est pas perdu peut-être!

DON CÉSAR

Enfin votre tueur, votre grand capitan[1],
Qui m'a dit sur le pré[2] s'appeler — Guritan,
(*Mouvement de don Salluste.*)
Qui ce matin n'a pas voulu voir, l'homme sage,
Un laquais de César lui portant un message,
1955 Et qui venait céans[3] m'en demander raison...

DON SALLUSTE

Eh bien, qu'en as-tu fait?

DON CÉSAR

J'ai tué cet oison.

DON SALLUSTE

Vrai?

DON CÉSAR

Vrai. Là, sous le mur, à cette heure il expire.

DON SALLUSTE

Es-tu sûr qu'il soit mort?

DON CÉSAR

J'en ai peur.

DON SALLUSTE, *à part.*

Je respire!

Allons! bonté du ciel! il n'a rien dérangé!
1960 Au contraire. Pourtant donnons-lui son congé.
Débarrassons-nous-en! Quel rude auxiliaire!
Pour l'argent, ce n'est rien.
(*Haut.*)

L'histoire est singulière.
Et vous n'avez pas vu d'autres personnes?

---

1. *Capitan* : voir note du vers 886; 2. Sur le terrain. L'expression vient du Pré-aux-Clercs, à Paris, où avaient lieu les duels; 3. Voir la note du vers 1656.

DON CÉSAR

Non.

Mais j'en verrai. Je veux continer. Mon nom,
1965 Je compte en faire éclat tout à travers la ville.
Je vais faire un scandale affreux. Soyez tranquille.

DON SALLUSTE

(A part.)
Diable!
(Vivement et se rapprochant de don César.)
Garde l'argent, mais quitte la maison.

DON CÉSAR

Oui! Vous me feriez suivre! On sait votre façon.
Puis je retournerais, aimable destinée,
1970 Contempler ton azur, ô Méditerranée!
Point.

DON SALLUSTE

Crois-moi.

DON CÉSAR

Non. D'ailleurs, dans ce palais-prison,
Je sens quelqu'un en proie à votre trahison.
Toute intrigue de cour est une échelle double[1].
D'un côté, bras liés, morne et le regard trouble,
1975 Monte le patient; de l'autre, le bourreau.
— Or vous êtes bourreau — nécessairement.

DON SALLUSTE

Oh!

DON CÉSAR

Moi! je tire l'échelle, et patatras[2]!

DON SALLUSTE

Je jure...

DON CÉSAR

Je veux, pour tout gâter, rester dans l'aventure.
Je vous sais assez fort, cousin, assez subtil,
1980 Pour pendre deux ou trois pantins au même fil.
Tiens, j'en suis un! Je reste!

---

1. Comme celle de la potence; 2. C'est vous qui tombez, non le pendu.

DON SALLUSTE

Écoute...

DON CÉSAR

Rhétorique!

Ah! vous me faites vendre aux pirates d'Afrique!
Ah! vous me fabriquez ici des faux César!
Ah! vous compromettez mon nom!

DON SALLUSTE

Hasard!

DON CÉSAR

Hasard?

1985 Mets que font les fripons pour les sots qui le mangent.
Point de hasard! Tant pis si vos plans se dérangent!
Mais je prétends sauver ceux qu'ici vous perdez.
Je vais crier mon nom sur les toits.
   (Il monte sur l'appui de la fenêtre et regarde au dehors.)

Attendez!

Juste! des alguazils¹ passent sous la fenêtre.
(Il passe son bras à travers les barreaux, et l'agite en criant.)
1990 Holà!

   DON SALLUSTE, *effaré, sur le devant du théâtre.*
      (A part.)

      Tout est perdu s'il se fait reconnaître!

*(Entrent les alguazils, précédés d'un alcade². Don Salluste paraît
en proie à une vive perplexité. Don César va vers l'alcade d'un air
de triomphe.)*

---

1. *Alguazil* : voir page 42, note 5; 2. *Alcade* : voir page 42, note 4.

■ QUESTIONS

■ SUR LA SCÈNE VII. — S'attendait-on à voir revenir don César? Pourquoi revient-il dans cette maison après avoir tué don Guritan? Montrez
que le premier vers de la scène, préparé par les vers 1790-1791, permet
au dialogue de s'engager immédiatement. Que se passerait-il si don César
était pétrifié lui aussi?

— Analysez le mouvement dramatique de la scène : montrez que
d'un bout à l'autre don César triomphant croit accabler de plus en plus
son adversaire; précisez les différentes phases par lesquelles passent les
sentiments de don Salluste : inquiétude, soulagement, tentatives de
conciliation et de compromis, nouvelle crainte.

— Sont-ce deux caractères qui s'opposent ici ou deux conceptions
de la vie? Opposez notamment la façon dont César imagine sa vengeance (vers 1965-1966, préparés par les vers 1638-1639) à la perfidie
discrète et obstinée de don Salluste.

Scène VIII. — les mêmes, UN ALCADE, DES ALGUAZILS.

DON CÉSAR, *à l'alcade*.

Vous allez consigner dans vos procès-verbaux...

DON SALLUSTE, *montrant don César à l'alcade*.

Que voici le fameux voleur Matalobos!

DON CÉSAR, *stupéfait*.

Comment!

DON SALLUSTE, *à part*.

Je gagne tout en gagnant vingt-quatre heures.

(A *l'alcade*.)

Cet homme ose en plein jour entrer dans les demeures.

1995 Saisissez ce voleur.

(*Les alguazils saisissent don César au collet.*)

DON CÉSAR, *furieux, à don Salluste*.

Je suis votre valet[1],

Vous mentez hardiment!

L'ALCADE

Qui donc nous appelait?

DON SALLUSTE

C'est moi.

DON CÉSAR

Pardieu! c'est fort!

L'ALCADE

Paix! je crois qu'il raisonne.

DON CÉSAR

Mais je suis don César de Bazan en personne!

DON SALLUSTE

Don César? — Regardez son manteau, s'il vous plaît.

2000 Vous trouverez SALLUSTE écrit sous le collet.

C'est un manteau qu'il vient de me voler.

(*Les alguazils arrachent le manteau, l'alcade l'examine.*)

L'ALCADE

C'est juste.

---

1. Formule traditionnelle de politesse, mais employée ici ironiquement (voir aussi vers 1496).

DON SALLUSTE

Et le pourpoint qu'il porte...

DON CÉSAR, *à part.*

Oh! le damné Salluste!

DON SALLUSTE, *continuant.*

Il est au comte d'Albe, auquel il fut volé... —
(Montrant un écusson brodé sur le parement de la manche gauche.)
Dont voici le blason!

DON CÉSAR, *à part.*

Il est ensorcelé!

L'ALCADE, *examinant le blason.*

2005 Oui, les deux châteaux d'or[1]...

DON SALLUSTE

Et puis, les deux chaudières[2].
Enriquez et Gusman.
(En se débattant, don César fait tomber quelques doublons de ses poches. Don Salluste montre à l'alcade la façon dont elles sont remplies.)
Sont-ce là les manières
Dont les honnêtes gens portent l'argent qu'ils ont?

L'ALCADE, *hochant la tête.*

Hum!

DON CÉSAR, *à part.*

Je suis pris!
(Les alguazils le fouillent et lui prennent son argent.)

UN ALGUAZIL, *fouillant.*

Voilà des papiers.

---

1. Détail de blason emprunté, ainsi que le suivant, à l'ouvrage de Vayrac, *État présent de l'Espagne*, 1718; 2. *Chaudière* : ornement du blason qui ne se trouvait que dans les armes de très grandes familles d'Espagne et du Portugal.

DON CÉSAR, *à part.*

Ils y sont !
Oh ! pauvres billets doux sauvés dans mes traverses[1] !

L'ALCADE, *examinant les papiers.*

2010 Des lettres... qu'est cela ? — d'écritures diverses...

DON SALLUSTE, *lui faisant remarquer les suscriptions.*

Toutes au comte d'Albe !

L'ALCADE

Oui.

DON CÉSAR

Mais...

LES ALGUAZILS, *lui liant les mains.*

Pris ! quel bonheur !

UN ALGUAZIL, *entrant, à l'alcade.*

Un homme est là qu'on vient d'assassiner, seigneur.

L'ALCADE

Quel est l'assassin ?

DON SALLUSTE, *montrant don César.*

Lui !

DON CÉSAR, *à part.*

Ce duel ! quelle équipée !

DON SALLUSTE

En entrant, il tenait à la main une épée.
2015 La voilà.

L'ALCADE, *examinant l'épée.*

Du sang. — Bien.
(*A don César.*)

Allons, marche avec eux !

---

1. *Traverses :* revers de fortune, mésaventures.

DON SALLUSTE, *à don César, que les alguazils emmènent.*

Bonsoir, Matalobos.

DON CÉSAR, *faisant un pas vers lui et le regardant fixement.*

Vous êtes un fier gueux[1] !

---

1. Vous êtes un coquin peu ordinaire!

--------- **QUESTIONS** ---------

■ SUR LA SCÈNE VIII. — Comment est monté le coup de théâtre dans cette scène? Énumérez tous les détails qui ont été surpris ou retenus par don Salluste (parfois depuis l'acte premier) et qui lui permettent d'accabler don César. Le spectateur est-il surpris de voir se réaliser ce que don César avait prévu aux vers 1969-1970? Comment le spectateur participe-t-il à cette scène?

— Comparez cette scène à la précédente : montrez que le mouvement est inversé; le rythme est-il toutefois le même ? Rapprochez la réflexion de don César au vers 2008 *(Je suis pris!)* du *Tout est perdu!* de don Salluste au vers 1933 : quel revirement de situation s'est produit entre ces deux exclamations?

■ SUR L'ENSEMBLE DE L'ACTE IV. — Quelle est la situation à la fin de l'acte, si on la compare à celle de son début? Pourrait-on à la représentation supprimer cet acte sans que le spectateur s'en aperçoive? Montrez cependant que cet acte est étroitement lié aux événements de l'acte III puisque, d'une part, l'intrigue amoureuse et, d'autre part, la vengeance de don Salluste suivent leur cours; mais quelle situation crée la substitution de don César à Ruy Blas?

— La virtuosité dramatique de Hugo : comment cet acte IV peut-il satisfaire plus que d'autre le goût de l'action dont le poète parle dans sa Préface? Analysez le mécanisme du comique de situation : comment Hugo ménage-t-il la progression des effets en introduisant successivement le laquais, la duègne, don Guritan et don Salluste? De quelle nature est la participation du spectateur à chacune de ces scènes?

— Le mélange du comique et du tragique : faut-il voir dans ce quatrième acte un simple intermède comique? ou doit-on y voir une fusion plus intime d'une fatalité tragique qui s'accomplit sous les apparences du grotesque?

— Étudiez le personnage de don César : quels traits de sa personnalité se sont précisés depuis l'acte premier? Sa philosophie de la vie : il est l'héritier des héros picaresques, n'est-il pas aussi, par sa verve et sa gouaille, un héritier de l'esprit gaulois, qui a fait naître tant de personnages de Panurge à Figaro?

ACTE V

LE TIGRE ET LE LION

Même chambre. C'est la nuit. Une lampe est posée sur la table.
Au lever du rideau, Ruy Blas est seul. Une sorte de longue robe
noire cache ses vêtements.

Scène première. — RUY BLAS, seul.

C'est fini. Rêve éteint! Visions disparues!
Jusqu'au soir au hasard j'ai marché dans les rues.
J'espère en ce moment. Je suis calme. La nuit,
2020 On pense mieux, la tête est moins pleine de bruit.
Rien de trop effrayant sur ces murailles noires;
Les meubles sont rangés; les clefs sont aux armoires;
Les muets sont là-haut qui dorment; la maison
Est vraiment bien tranquille. Oh! oui, pas de raison
2025 D'alarme. Tout va bien. Mon page est très fidèle.
Don Guritan est sûr alors qu'il s'agit d'elle.
O mon Dieu! n'est-ce pas que je puis vous bénir,
Que vous avez laissé l'avis lui parvenir.
Que vous m'avez aidé, vous, Dieu bon, vous, Dieu juste,
2030 A protéger cet ange, à déjouer Salluste,
Qu'elle n'a rien à craindre, hélas, rien à souffrir,
Et qu'elle est bien sauvée, — et que je puis mourir?
(Il tire de sa poitrine une petite fiole qu'il pose sur la table.)
Oui, meurs maintenant, lâche! et tombe dans l'abîme!
Meurs comme on doit mourir quand on expie un crime,
2035 Meurs dans cette maison, vil, misérable et seul!
(Il écarte sa robe noire, sous laquelle on entrevoit la livrée qu'il
portait au premier acte.)
Meurs avec ta livrée enfin sous ton linceul!
— Dieu! si ce démon vient voir sa victime morte,

─────────── **QUESTIONS** ───────────

■ Sur le décor. — C'est la première fois que le décor ne change pas,
mais, en fait, cette particularité vient de ce que le poète avait d'abord
écrit son drame en quatre actes, avant de fragmenter en deux parties
le dernier acte : pour quels motifs Hugo a-t-il introduit cette division
nouvelle? Sont-ce seulement des motifs particuliers à la mise en scène
de *Ruy Blas*? Quelles raisons d'ordre plus général ont pu s'y ajouter?

(Il pousse un meuble de façon à barricader la porte secrète.)

Qu'il n'entre pas du moins par cette horrible porte!

(Il revient vers la table.)

— Oh! le page a trouvé Guritan, c'est certain,
2040 Il n'était pas encor huit heures du matin.

(Il fixe son regard sur la fiole.)

— Pour moi, j'ai prononcé mon arrêt, et j'apprête
Mon supplice, et je vais moi-même sur ma tête
Faire choir du tombeau le couvercle pesant.
J'ai du moins le plaisir de penser qu'à présent
2045 Personne n'y peut rien. Ma chute est sans remède.

(Tombant sur le fauteuil.)

Elle m'aimait pourtant! — Que Dieu me soit en aide!
Je n'ai pas de courage!

(Il pleure.)

Oh! l'on aurait bien dû

Nous laisser en paix!

(Il cache sa tête dans ses mains et pleure à sanglots.)

Dieu!

(Relevant la tête et comme égaré, regardant la fiole.)

L'homme qui m'a vendu

Ceci me demandait quel jour du mois nous sommes.
2050 Je ne sais pas. J'ai mal dans la tête. Les hommes
Sont méchants. Vous mourez, personne ne s'émeut.
Je souffre. — Elle m'aimait! — Et dire qu'on ne peut
Jamais rien ressaisir d'une chose passée! —
Je ne la verrai plus! — Sa main que j'ai pressée,
2055 Sa bouche qui toucha mon front... — Ange adoré!
Pauvre ange! Il faut mourir, mourir désespéré!
Sa robe où tous les plis contenaient de la grâce,
Son pied qui fait trembler mon âme quand il passe,
Son œil où s'enivraient mes yeux irrésolus,
2060 Son sourire, sa voix... — Je ne la verrai plus!
Je ne l'entendrai plus! Enfin c'est donc possible?
Jamais!

(Il avance avec angoisse sa main vers la fiole; au moment où il la saisit convulsivement, la porte du fond s'ouvre. La reine paraît, vêtue de blanc, avec une mante de couleur sombre, dont le capuchon, rejeté sur ses épaules, laisse voir sa tête pâle. Elle tient une lanterne sourde à la main, elle la pose à terre, et marche rapidement vers Ruy Blas.)

Scène II. — RUY BLAS, LA REINE.

LA REINE, *entrant.*

Don César!

RUY BLAS, *se retournant avec un mouvement d'épouvante et fermant précipitamment la robe qui cache sa livrée.*

Dieu! c'est elle! — Au piège horrible

Elle est prise!
(*Haut.*)

Madame...!

LA REINE

Eh bien! quel cri d'effroi!

César...

RUY BLAS

Qui vous a dit de venir ici?

LA REINE

Toi.

RUY BLAS

2065 Moi? — Comment?

LA REINE

J'ai reçu de vous...

RUY BLAS, *haletant.*

Parlez donc vite!

LA REINE

Une lettre.

────── QUESTIONS ──────

■ Sur la scène première. — Analysez la composition de ce monologue; rapprochez-le du monologue qui commence l'acte IV. Ruy Blas
est-il dans le même état d'esprit?
— Ruy Blas a-t-il retrouvé le calme? Pourquoi ne met-il pas en doute
son plan (vers 2017-2032)? Quelle est à ce moment l'impression du
spectateur? — Quelle décision Ruy Blas a-t-il prise (vers 2032-2045)?
Lui reste-t-il une autre solution? Pourquoi a-t-il revêtu sa livrée, qui
lui semblait au début du drame le signe de sa déchéance (voir vers 350
et 427)? L'importance des vers 2044-2045 : quelle est l'attitude du
héros face au destin? — Le mouvement et le rythme des vers 2046-
2062 : à quoi se révèle la défaillance de Ruy Blas? Quels sont les thèmes
lyriques qui s'entrelacent ici?

RUY BLAS

De moi!

LA REINE

De votre main écrite.

RUY BLAS

Mais c'est à se briser le front contre le mur!
Mais je n'ai pas écrit, pardieu, j'en suis bien sûr!

LA REINE, *tirant de sa poitrine un billet qu'elle lui présente.*

Lisez donc.

(Ruy Blas prend la lettre avec emportement, se penche vers la lampe et lit.)

RUY BLAS, *lisant.*

« Un danger terrible est sur ma tête[1]

2070 « Ma reine seule peut conjurer la tempête...

(Il regarde avec stupeur, comme ne pouvant aller plus loin.)

LA REINE, *continuant, et lui montrant du doigt la ligne qu'elle lit.*

« En venant me trouver ce soir dans ma maison.
« Sinon, je suis perdu. »

RUY BLAS, *d'une voix éteinte.*

Oh! quelle trahison!

Ce billet!

LA REINE, *continuant de lire.*

« Par la porte au bas de l'avenue,
« Vous entrerez la nuit sans être reconnue.

2075 « Quelqu'un de dévoué vous ouvrira. »

RUY BLAS, *à part.*

J'avais

Oublié ce billet.

(A la reine, d'une voix terrible.)

Allez-vous-en!

LA REINE

Je vais

M'en aller, don César. O mon Dieu! que vous êtes
Méchant! Qu'ai-je donc fait?

---

1. C'est le texte de la lettre dictée par don Salluste à Ruy Blas aux vers 481 à 485.

RUY BLAS

O ciel! ce que vous faites?
Vous vous perdez!

LA REINE

Comment?

RUY BLAS

Je ne puis l'expliquer.
2080 Fuyez vite.

LA REINE

J'ai même, et pour ne rien manquer,
Eu le soin d'envoyer ce matin une duègne...

RUY BLAS

Dieu! — mais, à chaque instant, comme d'un cœur qui
[saigne,
Je sens que votre vie à flots coule et s'en va.
Partez!

LA REINE, *comme frappée d'une idée subite.*

Le dévouement que mon amour rêva
2085 M'inspire. Vous touchez à quelque instant funeste.
Vous voulez m'écarter de vos dangers! — Je reste.

RUY BLAS

Ah! voilà, par exemple, une idée! O mon Dieu!
Rester à pareille heure et dans un pareil lieu!

LA REINE

La lettre est bien de vous. Ainsi...

RUY BLAS, *levant les bras au ciel de désespoir.*

Bonté divine!

LA REINE

2090 Vous voulez m'éloigner.

RUY BLAS, *lui prenant les mains.*

Comprenez!

LA REINE

Je devine.
Dans le premier moment vous m'écrivez, et puis...

RUY BLAS

Je ne t'ai pas écrit. Je suis un démon. Fuis!
Mais c'est toi, pauvre enfant, qui te prends dans un piège!

Mais c'est vrai! mais l'enfer de tous côtés t'assiège!
2095 Pour te persuader je ne trouve donc rien?
Écoute, comprends donc, je t'aime, tu sais bien.
Pour sauver ton esprit de ce qu'il imagine,
Je voudrais arracher mon cœur de ma poitrine!
Oh! je t'aime. Va-t'en!

LA REINE

Don César...

RUY BLAS

Oh! va-t'en!
2100 — Mais, j'y songe, on a dû t'ouvrir?

LA REINE

Mais oui.

RUY BLAS

Satan!

Qui?

LA REINE

Quelqu'un de masqué, caché par la muraille.

RUY BLAS

Masqué! Qu'a dit cet homme? est-il de haute taille?
C'est homme, quel est-il? Mais parle donc! j'attends!
(Un homme en noir et masqué paraît à la porte du fond.)

L'HOMME MASQUÉ

C'est moi!
(Il ôte son masque. C'est don Salluste. La reine et Ruy Blas le reconnaissent avec terreur.)

──────── QUESTIONS ────────

■ SUR LA SCÈNE II. — Le spectateur est-il surpris de l'arrivée de la reine? Le coup de théâtre ne touche donc que Ruy Blas : montrez qu'il s'agit du même type de surprise qu'à l'acte précédent, mais dans le registre tragique. — Est-il si invraisemblable que Ruy Blas ait oublié (vers 2065-2076) ce billet qu'il avait écrit pour don Salluste (vers 481-491)? Pourquoi ne s'en est-il pas souvenu quand don Salluste lui a rappelé (vers 1491-1495) l'autre billet écrit en même temps? Revoir aussi le vers 1558. — Pourquoi la reine refuse-t-elle de partir? Quels sentiments l'inspirent (se rappeler les premiers mots du message qu'elle a reçu)? D'où vient le malentendu tragique? Ruy Blas, malgré ses prières et ses supplications, ne fait-il pas une fois de plus preuve de faiblesse? — L'apparition de don Salluste : comparez-la à celle de don Ruy Gomez au dernier acte d'*Hernani*; l'effet est-il ici aussi puissant? Quelle est en tout cas la signification commune de ces deux spectres?

Scène III. — Les mêmes, DON SALLUSTE.

RUY BLAS

Grand Dieu! fuyez, madame!

DON SALLUSTE

Il n'est plus temps.

2105 Madame de Neubourg n'est plus reine d'Espagne.

LA REINE, *avec horreur.*

Don Salluste!

DON SALLUSTE, *montrant Ruy Blas.*

A jamais vous êtes la compagne

De cet homme.

LA REINE

Grand Dieu! c'est un piège, en effet!

Et don César...

RUY BLAS, *désespéré.*

Madame, hélas! qu'avez-vous fait?

DON SALLUSTE, *s'avançant à pas lents vers la reine.*

Je vous tiens. — Mais je vais parler, sans lui déplaire,

2110 A votre Majesté, car je suis sans colère.

Je vous trouve, — écoutez, ne faisons pas de bruit, —

Seule avec don César, dans sa chambre, à minuit.

Ce fait, — pour une reine, — étant public[1], en somme,

Suffit pour annuler le mariage à Rome.

2115 Le saint-père en serait informé promptement.

Mais on supplée au fait par le consentement[2].

Tout peut rester secret.

(*Il tire de sa poche un parchemin qu'il déroule et qu'il présente
à la reine.*)

Signez-moi cette lettre

Au seigneur notre roi. Je la ferai remettre

Par le grand écuyer[3] au notaire mayor[4].

2120 Ensuite, une voiture, où j'ai mis beaucoup d'or,

(*Désignant le dehors.*)

Est là. — Partez tous deux sur-le-champ. Je vous aide.

Sans être inquiétés, vous pourrez par Tolède

---

1. S'il est public; 2. C'est-à-dire que l'on peut éviter l'annulation pontificale
qui serait publique, en renonçant au trône; 3. *Le grand écuyer :* l'intendant général
des écuries; 4. En chef.

Et par Alcantara[1] gagner le Portugal.
Allez où vous voudrez, cela nous est égal.
2125 Nous fermerons les yeux. — Obéissez. Je jure
Que seul en ce moment je connais l'aventure;
Mais, si vous refusez, Madrid sait tout demain.
Ne nous emportons pas[2]. Vous êtes dans ma main.
    (Montrant la table, sur laquelle il y a une écritoire.)
Voilà tout ce qu'il faut pour écrire, madame.

    LA REINE, *atterrée, tombant sur un fauteuil.*
2130 Je suis en son pouvoir!

        DON SALLUSTE

                De vous je ne réclame
Que ce consentement pour le porter au roi.
*(Bas, à Ruy Blas, qui écoute tout, immobile et comme frappé de
la foudre.)*
Laisse-moi faire, ami, je travaille pour toi.
    (A la reine.)
Signez.

      LA REINE, *tremblante,* — *à part.*

    Que faire?

DON SALLUSTE, *se penchant à son oreille et lui présentant une
                plume.*

             Allons! qu'est-ce qu'une couronne?
Vous gagnez le bonheur, si vous perdez le trône.
2135 Tous mes gens sont restés dehors. On ne sait rien
De ceci. Tout se passe entre nous trois.
*(Essayant de lui mettre la plume entre les doigts sans qu'elle la
repousse ni la prenne.)*
                Eh bien?
(La reine, indécise et égarée, le regarde avec angoisse.)
Si vous ne signez point, vous vous frappez vous-même.
Le scandale et le cloître[3]!

      LA REINE, *accablée.*

    O Dieu!

---

1. Le chemin le plus court pour quitter l'Espagne par le sud-ouest; 2. La reine
doit faire ici un mouvement de révolte, qu'il relève avec la familiarité d'une grande
personne vis-à-vis d'un enfant *(nous)* ; 3. Si le scandale est public, le roi fera
enfermer la reine dans un couvent, comme c'est l'usage en ce cas.

DON SALLUSTE, *montrant Ruy Blas.*

César vous aime.
Il est digne de vous. Il est, sur mon honneur,
2140 De fort grande maison. Presque un prince. Un seigneur
Ayant donjon sur roche et fief dans la campagne.
Il est duc d'Olmedo, Bazan, et grand d'Espagne...
(Il pousse sur le parchemin la main de la reine éperdue et tremblante,
et qui semble prête à signer.)

RUY BLAS, *comme se réveillant tout à coup.*

Je m'appelle Ruy Blas, et je suis un laquais!
(Arrachant des mains de la reine la plume, et le parchemin qu'il
déchire.)
Ne signez pas, madame! — Enfin! — Je suffoquais!

LA REINE

2145 Que dit-il? Don César!

RUY BLAS, *laissant tomber sa robe et se montrant vêtu de la*
livrée; sans épée.

Je dis que je me nomme
Ruy Blas, et que je suis le valet de cet homme!
(Se retournant vers don Salluste.)
Je dis que c'est assez de trahison ainsi,
Et que je ne veux pas de mon bonheur! — Merci!
— Ah! vous avez eu beau me parler à l'oreille! —
2150 Je dis qu'il est bien temps qu'enfin je me réveille! —
Quoique tout garrotté[1] dans vos complots hideux,
Et que je n'irai pas plus loin, et qu'à nous deux,
Monseigneur, nous faisons un assemblage infâme,
J'ai l'habit d'un laquais, et vous en avez l'âme!

---

1. *Garrotté :* serré fortement par une corde qu'un garrot (bâton), passé entre ses
fils, resserre en la tordant; le garrot est le supplice des condamnés à mort en Espagne.

— **QUESTIONS** —

● Vers 2105-2142. Don Salluste triomphant (vers 2105) : à quel chan-
tage se livre-t-il à l'égard de la reine (vers 2134) et à l'égard de Ruy
Blas (vers 2133)? Faut-il le croire sur parole et penser qu'il arrêtera là
sa vengeance? — L'attitude de Ruy Blas pendant cette partie de la
scène : comment expliquer ce silence presque total?

● Vers 2143-2154. Pourquoi Ruy Blas ose-t-il maintenant se découvrir?
Pourquoi refuse-t-il le bonheur et l'argent? — Montrez que Ruy Blas
est plus à l'aise sous sa livrée et retrouve son éloquence plébéienne
(vers 2154).

DON SALLUSTE, *à la reine, froidement.*

2155 Cet homme est en effet mon valet.
 (*A Ruy Blas, avec autorité.*)

Plus un mot.

LA REINE, *laissant enfin échapper un cri de désespoir et se tordant les mains.*

Juste ciel!

DON SALLUSTE, *poursuivant.*

Seulement il a parlé trop tôt.
 (*Il croise les bras et se redresse, avec une voix tonnante.*)
Eh bien, oui! maintenant disons tout. Il n'importe!
Ma vengeance est assez complète de la sorte.
 (*A la reine.*)
Qu'en pensez-vous? — Madrid va rire, sur ma foi!
2160 Ah! vous m'avez cassé! je vous détrône, moi.
Ah! vous m'avez banni! je vous chasse, et m'en vante.
Ah! vous m'avez pour femme offert votre suivante!
 (*Il éclate de rire.*)
Moi, je vous ai donné mon laquais pour amant.
Vous pourrez l'épouser aussi! certainement!
2165 Le roi s'en va[1]! — Son[2] cœur sera votre richesse,
 (*Il rit.*)
Et vous l'aurez fait duc afin d'être duchesse!
 (*Grinçant des dents.*)
Ah! vous m'avez brisé, flétri, mis sous vos pieds,
Et vous dormiez en paix, folle que vous étiez!

(*Pendant qu'il a parlé, Ruy Blas est allé à la porte du fond et en a poussé le verrou, puis il s'est approché de lui sans qu'il s'en soit aperçu, par-derrière, à pas lents. Au moment où don Salluste achève, fixant des yeux pleins de haine et de triomphe sur la reine anéantie, Ruy Blas saisit l'épée du marquis par la poignée et la tire vivement.*)

1. La première rédaction (*Le roi se meurt*) était plus nette; 2. Don Salluste montre Ruy Blas.

─────── **QUESTIONS** ───────

● VERS 2155-2168. Quel brutal changement s'opère chez don Salluste? Analysez le rythme et le vocabulaire de cette tirade, comparés à ceux des vers 2109-2128. Le vrai don Salluste apparaît : à quel moment l'avions-nous déjà vu sous ce jour? — Quelle nouvelle imprudence commet encore don Salluste dans son triomphe haineux (vers 2168)?

RUY BLAS, *terrible, l'épée de don Salluste à la main.*

Je crois que vous venez d'insulter votre reine !
(Don Salluste se précipite vers la porte. Ruy Blas la lui barre.)
2170 — Oh ! n'allez point par là, ce n'en est pas la peine,
J'ai poussé le verrou depuis longtemps déjà. —
Marquis, jusqu'à ce jour Satan te protégea,
Mais, s'il veut t'arracher de mes mains, qu'il se montre.
— A mon tour ! — On écrase un serpent qu'on rencontre.
2175 — Personne n'entrera, ni tes gens, ni l'enfer !
Je te tiens écumant sous mon talon de fer !
— Cet homme vous parlait insolemment, madame ?
Je vais vous expliquer. Cet homme n'a point d'âme,
C'est un monstre. En riant hier il m'étouffait.
2180 Il m'a broyé le cœur à plaisir. Il m'a fait
Fermer une fenêtre, et j'étais au martyre !
Je priais ! je pleurais ! je ne peux pas vous dire.
(Au marquis.)
Vous contiez vos griefs dans ces derniers moments,
Je ne répondrai pas à vos raisonnements,
2185 Et d'ailleurs — je n'ai pas compris. — Ah ! misérable !
Vous osez, — votre reine, une femme adorable !
Vous osez l'outrager quand je suis là ! — Tenez,
Pour un homme d'esprit, vraiment, vous m'étonnez !
Et vous vous figurez que je vous verrai faire
2190 Sans rien dire ! — Écoutez, quelle que soit sa sphère,
Monseigneur, lorsqu'un traître, un fourbe tortueux,
Commet de certains faits rares et monstrueux,
Noble ou manant, tout homme a droit, sur son passage,
De venir lui cracher sa sentence au visage,
2195 Et de prendre une épée, une hache, un couteau !...
Pardieu ! j'étais laquais ! quand je serais bourreau ?

LA REINE

Vous n'allez pas frapper cet homme ?

RUY BLAS

Je me blâme
D'accomplir devant vous ma fonction, madame.
Mais il faut étouffer cette affaire en ce lieu.
(Il pousse don Salluste vers le cabinet.)
2200 C'est dit, monsieur ! allez là-dedans prier Dieu !

DON SALLUSTE

C'est un assassinat !

RUY BLAS

Crois-tu?

DON SALLUSTE, *désarmé, et jetant un regard plein de rage autour de lui.*

Sur ces murailles

Rien! pas d'armes!
> (*A Ruy Blas.*)

Une épée au moins!

RUY BLAS

Marquis! tu railles!

Maître! est-ce que je suis un gentilhomme, moi?
Un duel! fi donc! je suis un de tes gens à toi,
2205 Valetaille de rouge et de galons vêtue,
Un maraud qu'on châtie et qu'on fouette, — et qui tue!
Oui, je vais te tuer, monseigneur, vois-tu bien?
Comme un infâme! comme un lâche! comme un chien!

LA REINE

Grâce pour lui!

RUY BLAS, *à la reine, saisissant le marquis.*

Madame, ici chacun se venge.

2210 Le démon ne peut plus être sauvé par l'ange!

LA REINE, *à genoux.*

Grâce!

DON SALLUSTE, *appelant.*

Au meurtre! au secours!

RUY BLAS, *levant l'épée.*

As-tu bientôt fini?

DON SALLUSTE, *se jetant sur lui en criant.*

Je meurs assassiné! Démon!

QUESTIONS

● VERS 2169-2212. D'où naît ce nouveau sursaut de Ruy Blas? Relevez dans ses propos le mélange d'imprécations, de faiblesses, d'indignation plébéienne : se transfigure-t-il en ange de la vengeance? — Quels sentiments poussent la reine à implorer la grâce de don Salluste? Ruy Blas ne devrait-il pas être sensible à cet appel?

— Pourquoi le meurtre a-t-il lieu dans les coulisses, comme par exemple dans l'*Horace* de Corneille? Revient-on à la bienséance chère aux classiques?

« RUY BLAS » AU THÉATRE NATIONAL POPULAIRE (1954)

La Reine (Gaby Sylvia) et don Salluste (Jean Deschamps). Acte V, scène I

RUY BLAS, *le poussant dans le cabinet.*

Tu meurs puni!

(Ils disparaissent dans le cabinet, dont la porte se referme sur eux.)

LA REINE, *restée seule, tombant demi-morte sur le fauteuil.*

Ciel!

(Un moment de silence. Rentre Ruy Blas, pâle, sans épée.)

SCÈNE IV. — LA REINE, RUY BLAS.

RUY BLAS, *d'une voix grave et basse.*

(Ruy Blas fait quelques pas en chancelant vers la reine immobile et glacée, puis il tombe à deux genoux, l'œil fixé à terre, comme s'il n'osait lever les yeux jusqu'à elle.)

Maintenant, madame, il faut que je vous dise.
— Je n'approcherai pas. — Je parle avec franchise.
2215 Je ne suis point coupable autant que vous croyez.
Je sens, ma trahison, comme vous la voyez[1],
Doit vous paraître horrible. Oh! ce n'est pas facile
A raconter. Pourtant je n'ai pas l'âme vile,
Je suis honnête au fond. — Cet amour m'a perdu. —
2220 Je ne me défends pas; je sais bien, j'aurais dû
Trouver quelque moyen. La faute est consommée!
— C'est égal, voyez-vous, je vous ai bien aimée.

LA REINE

Monsieur...

RUY BLAS, *toujours à genoux.*

N'ayez pas peur. Je n'approcherai point.
A Votre Majesté je vais de point en point
2225 Tout dire. Oh! croyez-moi, je n'ai pas l'âme vile! —
Aujourd'hui tout le jour j'ai couru par la ville
Comme un fou. Bien souvent même on m'a regardé.
Auprès de l'hôpital que vous avez fondé,

---

1. C'est-à-dire non encore expliquée par moi.

──────── **QUESTIONS** ────────

■ SUR L'ENSEMBLE DE LA SCÈNE III. — Étudiez le plan de cette scène : comment le triomphe de don Salluste se transforme-t-il pour lui en catastrophe (vers 2143-2169)? Pourquoi le premier sursaut de Ruy Blas (vers 2143) n'a-t-il pas rendu don Salluste plus méfiant?

— Comment Hugo s'y est-il pris pour créer dans cette scène un pathétique violent? Montrez l'importance des gestes.

J'ai senti vaguement, à travers mon délire,
2230 Une femme du peuple essuyer sans rien dire
Les gouttes de sueur qui tombaient de mon front[1].
Ayez pitié de moi, mon Dieu! mon cœur se rompt!

LA REINE

Que voulez-vous?

RUY BLAS, *joignant les mains.*

Que vous me pardonniez, madame!

LA REINE

Jamais.

RUY BLAS

Jamais!
(Il se lève et marche lentement vers la table.)
Bien sûr?

LA REINE

Non. Jamais!

RUY BLAS

(Il prend la fiole posée sur la table, la porte à ses lèvres et la vide d'un trait.)

Triste flamme,
2235 Éteins-toi!

LA REINE, *se levant et courant vers lui.*

Que fait-il?

RUY BLAS, *posant la fiole.*

Rien. Mes maux sont finis.
Rien. Vous me maudissez, et moi je vous bénis.
Voilà tout.

---

1. Épisode qui rappelle le geste de Véronique, essuyant le visage de Jésus marchant au supplice. Ruy Blas gravit aussi son calvaire (vers 2247).

—————— **QUESTIONS** ——————

● Vers 2213-2232. Notez l'attitude de Ruy Blas. Que révèle-t-elle? Quels gestes de la reine se devinent à travers *Je n'approcherai pas* (vers 2214 et 2223)? — Ruy Blas donne-t-il une véritable justification de sa conduite? Que pensez-vous de l'argument répété deux fois (vers 2218 et 2225)? Pourquoi tant d'humilité, de faiblesse alors qu'il pourrait tirer gloire d'avoir châtié le traître? — L'image des vers 2229-2231 : quelle figure se surimprime sur celle de Ruy Blas?

● Vers 2233-2236. Expliquez le *jamais* de la reine (vers 2234). Le suicide de Ruy Blas est-il la conséquence directe de ce refus?

LA REINE, *éperdue.*

Don César!

RUY BLAS

Quand je pense, pauvre ange,
Que vous m'avez aimé!

LA REINE

Quel est ce philtre étrange?
Qu'avez-vous fait? Dis-moi! réponds-moi! parle-moi!
2240 César! je te pardonne et t'aime, et je te crois[1]!

RUY BLAS

Je m'appelle Ruy Blas.

LA REINE, *l'entourant de ses bras.*

Ruy Blas, je vous pardonne!
Mais qu'avez-vous fait là? Parle, je te l'ordonne!
Ce n'est pas du poison, cette affreuse liqueur?
Dis?

RUY BLAS

Si! C'est du poison. Mais j'ai la joie au cœur.
(Tenant la reine embrassée et levant les yeux au ciel.)
2245 Permettez, ô mon Dieu, justice souveraine,
Que ce pauvre laquais bénisse cette reine,
Car elle a consolé mon cœur crucifié,
Vivant, par son amour, mourant, par sa pitié!

LA REINE

Du poison! Dieu! c'est moi qui l'ai tué! — Je t'aime!
2250 Si j'avais pardonné?...

RUY BLAS, *défaillant.*

J'aurais agi de même.
(Sa voix s'éteint. La reine le soutient dans ses bras.)
Je ne pouvais plus vivre. Adieu!

---

1. Sur cette orthographe, voir la note du vers 7.

──── **QUESTIONS** ────

● VERS 2237-2244. Pourquoi ce brusque revirement? Comment s'exprime chez la reine le réveil d'une passion que la vue de la mort ranime dans toute sa force? En revanche, pourquoi Ruy Blas est-il maintenant apaisé? Sur quel ton prononce-t-il le vers 2244?

(Montrant la porte.)

Fuyez d'ici !

— Tout restera secret. — Je meurs.
(Il tombe.)

LA REINE, *se jetant sur son corps.*

Ruy Blas !

RUY BLAS, *qui allait mourir, se réveille à son nom prononcé par la reine.*

Merci !

─────────── QUESTIONS ───────────

● VERS 2245-2252. Le pathétique créé par l'invocation à Dieu. Pourquoi Ruy Blas rappelle-t-il sa condition (vers 2246) et ne reconnaît-il à la reine que de la pitié pour lui (vers 2248) ? En quoi le vers 2250 (*J'aurais agi de même*) est-il une révélation sinon condition à la reine ? En quoi cette révélation peut-elle mettre les deux cœurs à l'unisson, malgré la mort et la douleur ? Quelle est la valeur sentimentale du dernier appel et de la réponse que lui donne Ruy Blas ?

■ SUR L'ENSEMBLE DE LA SCÈNE IV. — Étudiez le mouvement ascendant de cette courte scène : comment Ruy Blas atteint-il à une grandeur sublime et élève-t-il les sentiments de la reine jusqu'à lui ?

— La signification morale et sociale de la scène : faut-il reprocher à Ruy Blas d'avoir caché sa véritable condition à la reine ? Comment l'harmonie de cœurs généreux peut-elle surmonter l'opposition des conditions ?

■ SUR L'ENSEMBLE DE L'ACTE V. — Si nombreux que soient les coups de théâtre, au cours de cet acte, créent-ils chez le spectateur autant de surprise que ceux de l'acte IV ? Montrez que c'est surtout le pathétique qui enrichit cet acte : quels sont les passions, les états d'âme qui se succèdent, se heurtent chez les différents personnages ?

— La logique du dénouement : y avait-il une autre issue possible ? Montrez que cette fin est parfaitement en accord avec la logique des caractères.

Bibliothèque de l'Arsenal. Fonds Rondel.

Dessin paru lors des premières représentations
au théâtre de la Renaissance en 1838.

Marcel Herrand et Jean Marais
dans le film de Jean Cocteau et Pierre Billon (1947).

Phot. Cinémathèque française.

NOTE
(1838)

Il est arrivé à l'auteur de voir représenter en province *Angelo, tyran de Padoue*[1], par des acteurs qui prononçaient *Tisbe*, *Dafne*, fort satisfaisants, du reste, sous d'autres rapports. Il lui paraît donc utile d'indiquer ici, pour ceux qui pourraient l'ignorer, que, dans les noms espagnols et italiens, les *e* doivent se prononcer *é*. Quand on lit *Teve*, *Camporeal*, *Oñate*, il faut dire *Tévé*, *Camporéal*, *Ognaté*. Après cette observation, qui s'adresse particulièrement aux régisseurs des théâtres de province où l'on pourrait monter *Ruy Blas*, l'auteur croit à propos d'expliquer, pour le lecteur, deux ou trois mots spéciaux employés dans ce drame. Ainsi *almojarifazgo*[2] est le mot arabe par lequel on désignait, dans l'ancienne monarchie espagnole, le tribut de cinq pour cent que payaient au roi toutes les marchandises qui allaient d'Espagne aux Indes[3]; ainsi l'impôt des *ports secs*[4] signifie le droit de douane des villes frontières. Du reste, et cela va sans dire, il n'y a pas dans *Ruy Blas* un détail de vie privée ou publique, d'intérieur, d'ameublement, de blason, d'étiquette[5], de biographie, de chiffre, ou de topographie, qui ne soit scrupuleusement exact. Ainsi, quand le comte de Camporeal dit : *La maison de la reine, ordinaire et civile, coûte par an six cent soixante-quatre mille soixante-six ducats*[6], on peut consulter *Solo Madrid es corte*[7], on y trouvera cette somme pour le règne de Charles II, sans un maravédis[8] de plus ou de moins. Quand don Salluste dit : *Sandoval porte d'or à la bande de sable*[9], on n'a qu'à recourir au registre de la grandesse[10] pour s'assurer que don Salluste ne change rien au blason de Sandoval. Quand le laquais du quatrième acte dit : *L'or est en souverains, bons quadruples pesant sept gros trente-six grains, ou bons doublons au marc*[11], on peut ouvrir le livre des monnaies publié sous Philippe IV, *en la imprenta real*[12]. De même pour

---

1. Drame en prose de V. Hugo, représenté avec succès en 1835; 2. Voir vers 1042; 3. Voir la note du vers 160; 4. Voir vers 1047; 5. *Etiquette :* cérémonial relatif au rang que l'on observe à la cour; 6. Voir vers 1017 à 1019; 7. D'Alunzo Nunez de Castro, chronologiste du roi d'Espagne. Le titre signifie « le Seul Madrid est une cour »; 8. *Maravédis :* monnaie espagnole valant un centime et demi; 9. Voir vers 1330; 10. Dignité de grand d'Espagne; 11. Voir vers 1683 à 1685; 12. A l'Imprimerie royale.

le reste. L'auteur pourrait multiplier à l'infini ce genre d'observations, mais on comprendra qu'il s'arrête ici. Toutes ses pièces pourraient être escortées d'un volume de notes dont il se dispense et dont il dispense le lecteur[1]. Il l'a déjà dit ailleurs,
35 et il espère qu'on s'en souvient peut-être, à *défaut de talent, il a la conscience*. Et cette conscience, il veut la porter en tout, dans les petites choses comme dans les grandes, dans la citation d'un chiffre comme dans la peinture des cœurs et des âmes, dans le dessin d'un blason comme dans l'analyse des
40 caractères et des passions. Seulement, il croit devoir maintenir rigoureusement chaque chose dans sa proportion, et ne jamais souffrir que le petit détail sorte de sa place. Les petits détails d'histoire et de vie domestique doivent être scrupuleusement étudiés et reproduits par le poète, mais uniquement
45 comme des moyens d'accroître la réalité de l'ensemble, et de faire pénétrer jusque dans les coins les plus obscurs de l'œuvre cette vie générale et puissante au milieu de laquelle les personnages sont plus vrais et les catastrophes, par conséquent, plus poignantes. Tout doit être subordonné à ce but. L'homme
50 sur le premier plan, le reste au fond.

Pour en finir avec les observations minutieuses, notons encore en passant que Ruy Blas, au théâtre, dit (acte III)[2] : Monsieur de Priego, *comme sujet du roi*, etc., et que dans le livre il dit : *comme noble du roi*. Le livre donne l'expression juste. En
55 Espagne, il y avait deux espèces de nobles, *les nobles du royaume*, c'est-à-dire tous les gentilshommes, et les *nobles du roi*, c'est-à-dire les grands d'Espagne. Or, M. de Priego est grand d'Espagne, et, par conséquent, noble du roi. Mais l'expression aurait pu paraître obscure à quelques spectateurs peu lettrés; et, comme
60 au théâtre deux ou trois personnes qui ne comprennent pas se croient parfois le droit de troubler deux mille personnes qui comprennent, l'auteur a fait dire à Ruy Blas *sujet du roi* pour *noble du roi*, comme il avait déjà fait dire à Angelo Malipieri[3] la *croix rouge* au lieu de la *croix de gueules*. Il en
65 offre ici toutes ses excuses aux spectateurs intelligents.

Maintenant, qu'on lui permette d'accomplir un devoir qui est pour lui un plaisir, c'est-à-dire d'adresser un remerciement public à cette troupe excellente qui vient de se révéler tout à coup par *Ruy Blas* au public parisien dans la belle salle Ven-

---

1. Dans la Préface de *Marie Tudor* ; 2. Voir vers 1336; 3. A la troisième journée, première partie, scène première d'*Angelo, tyran de Padoue*.

tadour[1], et qui a tout à la fois l'éclat des troupes neuves et
l'ensemble des troupes anciennes. Il n'est pas un personnage
de cette pièce, si petit qu'il soit, qui ne soit remarquablement
bien représenté, et plusieurs des rôles secondaires laissent
entrevoir aux connaisseurs, par des ouvertures trop étroites
à la vérité, des talents fort distingués. Grâce, en grande partie,
à cette troupe si intelligente et si bien faite, de hautes destinées
attendent, nous n'en doutons pas, ce magnifique théâtre, déjà
aussi royal[2] qu'aucun des théâtres royaux, et plus utile aux
lettres qu'aucun des théâtres subventionnés.

Quant à nous, pour nous borner aux rôles principaux, féli-
citons M. Féréol de cette science d'excellent comédien avec
laquelle il a reproduit la figure chevaleresque et gravement
bouffonne de don Guritan. Au XVIIe siècle, il restait encore
en Espagne quelques don Quichotte[3] malgré Cervantes.
M. Féréol s'en est spirituellement souvenu.

M. Alexandre Mauzin a supérieurement compris et composé
don Salluste. Don Salluste, c'est Satan, mais c'est Satan grand
d'Espagne de première classe; c'est l'orgueil du démon sous
la fierté du marquis; du bronze sous de l'or; un personnage
poli, sérieux, contenu, sobrement railleur, froid, lettré, homme
du monde, avec des éclairs infernaux. Il faut à l'acteur qui
aborde ce rôle, et c'est ce que tous les connaisseurs ont trouvé
dans M. Alexandre, une manière tranquille, sinistre et grande,
avec deux explosions terribles, l'une au commencement[4],
l'autre à la fin[5].

Le rôle de don César a naturellement eu beaucoup d'aventures dont les journaux et les tribunaux ont entretenu le public[6].
En somme, le résultat a été le plus heureux du monde. Don
César a fort cavalièrement pris au boulevard et fort légitimement donné à la comédie un bien qui lui appartenait, c'est-à-
dire le talent vrai, fin, souple, charmant, irrésistiblement gai
et singulièrement littéraire de M. Saint-Firmin.

---

1. Baptisée par Hugo « théâtre de la Renaissance », et dont *Ruy Blas* fut le
spectacle d'ouverture; 2. Allusion reconnaissante au jeune duc d'Orléans, qui, d'accord
avec Guizot, ministre de l'Instruction publique, avait, dès 1836, encouragé la création
de ce « second Théâtre-Français »; 3. *Don Quichotte* était, en effet, une satire des
romans de chevalerie et de leur action déformante sur un esprit peu solide; 4. Acte premier, scène première; 5. Acte V, scène III; 6. Saint-Firmin, engagé pour jouer le rôle
de don César, n'appartenait pas à la troupe de la Renaissance, mais à celle de la
Gaîté. La direction de ce théâtre et les artistes évincés créèrent des difficultés, finalement aplanies, mais dont le *Journal des débats* de l'époque nous garde le souvenir.

La reine est un ange, et la reine est une femme. Le double aspect de cette chaste figure a été reproduit par Mˡˡᵉ Louise
105 Baudouin avec une intelligence rare et exquise. Au cinquième acte, Marie de Neubourg repousse le laquais et s'attendrit sur le mourant; reine devant la faute, elle redevient femme devant l'expiation. Aucune de ces nuances n'a échappé à Mˡˡᵉ Baudouin, qui s'est élevée très haut dans ce rôle. Elle a eu la pureté,
110 la dignité et le pathétique.

Quant à M. Frédérick Lemaître[1], qu'en dire? Les acclamations enthousiastes de la foule le saisissent à son entrée en scène et le suivent jusqu'après le dénouement. Rêveur et profond au premier acte, mélancolique au deuxième, grand,
115 passionné et sublime au troisième, il s'élève au cinquième acte à l'un de ces prodigieux effets tragiques du haut desquels l'acteur rayonnant domine tous les souvenirs de son art. Pour les vieillards, c'est Lekain[2] et Garrick[3] mêlés dans un seul homme; pour nous, contemporains, c'est l'action de Kean[4]
120 combinée avec l'émotion de Talma[5]. Et puis, partout, à travers les éclairs éblouissants de son jeu, M. Frédérick a des larmes, de ces vraies larmes qui font pleurer les autres, de ces larmes dont parle Horace : *Si vis me flere, dolendum est primum ipse tibi*[6]. Dans *Ruy Blas*, M. Frédérick réalise pour nous
125 l'idéal du grand acteur[7]. Il est certain que toute sa vie de théâtre, le passé comme l'avenir, sera illuminée par cette création radieuse. Pour M. Frédérick, la soirée du 8 novembre 1838 n'a pas été une représentation, mais une transfiguration.

---

1. Ce grand acteur de mélodrame (1800-1876) venait de camper triomphalement, dans *l'Auberge des Adrets*, Robert Macaire, type de bouffon grandiose; 2. *Lekain*, le plus grand acteur du XVIIIᵉ siècle (1728-1778), créa les rôles principaux des tragédies de Voltaire; 3. *Garrick :* acteur et directeur de théâtre anglais (1710-1779); admirable interprète de Shakespeare; 4. *Kean :* acteur anglais de l'époque romantique (1787-1833); 5. *Talma :* grand acteur tragique français, protégé par Napoléon (1763-1826); 6. « Si tu veux que je pleure, tu dois d'abord pleurer toi-même » (Horace, *Art poétique*, vers 102-103). Le texte latin porte *ipsi*, non *ipse ;* 7. A la Comédie-Française, le rôle de Ruy Blas a été interprété ensuite par Mounet-Sully (1879), Albert Lambert fils (1914), Hervé (1925) et Yonnel (1938). A ces mêmes reprises, Febvre, Gary, Desjardins, Debucourt ont joué don Salluste; Coquelin, Paul Mounet, Brunot, Dux ont personnifié don César; Sarah Bernhardt, Julia Bartet, Marie Bell ont incarné la reine. Le Théâtre national populaire a repris *Ruy Blas* en 1954 avec Gérard Philipe dans le rôle de Ruy Blas et Gaby Silvia dans celui de la reine; Jean Deschamps jouait don Salluste, et Daniel Sorano, don César de Bazan.

DOCUMENTATION THÉMATIQUE

réunie par la Rédaction des Nouveaux Classiques Larousse.

1. *RUY BLAS*
DANS LA CORRESPONDANCE DE HUGO

Voici d'abord une lettre de Hugo à Vacquerie écrite en 1839, un an après *Ruy Blas*. Le poète travaille à un drame, *les Jumeaux*, œuvre demeurée inachevée, sur le thème du Masque de fer. Il fait aussi allusion à son activité de membre du Comité des arts et des monuments.

V. H. à Vacquerie.

23 juillet.

Vous m'envoyez des vers charmants, et vos reproches sont des caresses. Je voudrais, moi, vous remercier en vers, et c'est tout au plus si je puis vous remercier en prose. Figurez-vous que je suis dans ces jours décisifs où l'on tourne autour d'une œuvre qu'on a dans l'esprit afin de trouver le meilleur côté pour l'entamer. Vous avez vu l'an dernier combien j'étais absorbé au moment de commencer *Ruy Blas*. Il y a une sorte de tristesse sombre et mêlée de crainte qui précède l'abordage d'une grande idée. Vous savez cela, n'est-ce pas? Je suis dans un de ces instants-là. Seulement, l'idée est-elle grande? Je le crois. Vous en jugerez un jour.

Ma famille sera bien heureuse en vacances, grâce à vous, mon cher poète. Je voudrais bien en être. Mais j'ai un tas de cathédrales à voir pour nos travaux du comité, et j'aurai à peine six semaines à moi. Vous me regretterez un peu, n'est-il pas vrai?

Adieu, je suis à vous de toute âme.

Victor Hugo

Remerciez bien pour moi et les miens votre aimable et excellente famille.

Ces lignes montrent quel était l'état d'esprit du poète au moment de la composition de *Ruy Blas*. Après le témoignage de Hugo lui-même, celui de son amie intime est intéressant à recueillir; non seulement il permet de préciser chronologiquement la composition de l'œuvre, mais il montre aussi comment elle était appréciée.
Les extraits de lettres de Juliette Drouet à Victor Hugo qu'on lira ci-dessous datent de l'été 1838 :

Juliette Drouet à V. H.

31 juillet.

Le temps est encore mauvais et froid ce matin, ce qui ne contribue pas peu à me rendre maussade et grognon. Il faudrait pour me dérider que vous m'apportassiez vos trois actes aujourd'hui. Oh! alors, je pousserais des cris de joie à assourdir toute la rue Saint-Anastase. Jour, mon petit o, mon gros To, M'aimez-vous ti? Pensez-vous à moi? Et voudriez-vous m'avoir auprès de vous sous la table où vous m'écrivez? Dites, seriez-vous content? Vous voyez, à l'attitude, que je serais très peu bruyante. Ainsi, il ne tiendrait qu'à vous de m'avoir toujours sous vos pieds.

12 août, dimanche après-midi, une heure et quart.

Il y avait quinze jours, mon adoré, que vous n'étiez venu déjeuner avec moi. Je m'aperçois que j'ai pris mon papier à l'envers. Heureusement que mon amour est à l'endroit et que vous vous y retrouverez tout de suite. J'ai une plume hideuse. J'aimerais autant écrire avec une tête de pavot. J'en viendrais mieux à bout. En parlant de têtes de pavot, en voilà pour quinze sous qui m'arrivent. Dieu sait dans quel état seront mes doigts quand je les aurai toutes broyées. Mais le bonheur d'être avec vous huit jours me magnétise au point que je ne sens plus aucun mal. Je vais écrire à la mère de Krafft. Si elle peut me prêter un vieux chapeau, ça nous fera toujours une petite économie, et peut-être un jour de plus de bonheur.

Quel miracle que ta pièce, mon pauvre bien-aimé, et que tu es bon de me l'avoir fait admirer la première!

Jamais je n'avais rien entendu de si magnifique. Je n'en excepte pas même tes autres chefs-d'œuvre. C'est une richesse, une magnificence, un éblouissement, dont on ne peut pas se faire une idée avant de l'avoir entendu. C'est miraculeux. Malheureusement, mon esprit en est encore plus obscurci, comme quand les yeux ont trop longtemps fixé le soleil [...].

J'y vois moins que jamais. Je suis bête comme une oie et si ce n'était mon amour qui me tient lieu de chandelle et de lumière, je n'y verrais plus du tout.

Oh! mon beau soleil, vous m'avez aveuglée pour longtemps. Je ne vois plus rien que vos rayons qui me brûlent. Au-dedans, au-dehors de moi, tout ce qui n'est pas vous est noir.

Je m'aperçois que j'ai écrit une grande feuille de papier de plus que votre compte, mais vous n'êtes pas forcé de la lire. Je t'aime.

s. d.

Mon bon petit homme, je t'aime, tu es mon adoré. Je voudrais déjà être sur notre impériale, galopant, galopant bien loin, bien loin, pour être plus longtemps à revenir.

Depuis que tu m'as fait entrevoir la possibilité de jouer dans ta ravissante pièce, je suis comme une pauvre somnambule à qui on a fait boire beaucoup de vin de Champagne. J'y vois double. Je vois de la gloire, du bonheur, de l'amour et de l'adoration, tout cela dans des dimensions gigantesques et impossibles.

Je dis impossibles, parce que je sens bien que tu ne peux pas m'aimer comme je t'aime, et que je ne pourrai jamais, quel que soit mon talent, être à la hauteur de ta sublime poésie. Ce n'est pas modestie de ma part, car je ne crois pas qu'il y ait au monde un homme ou une femme capable de jouer tes rôles tels que tu les as créés dans ton admirable cerveau.

Je t'aime, mon Toto, je t'adore mon petit homme. Tu es mon soleil et ma vie. Tu es mon amour et mon âme. Tu es tout et bien plus encore. Je t'adore.

JULIETTE.

Mardi après-midi, 2 h 30.

... Je suis triste, mon pauvre bien-aimé. Je porte en moi le deuil d'un beau et admirable rôle qui est mort pour moi à tout jamais.

Jamais Marie de Neubourg ne vivra *par moi* et pour moi. J'ai un chagrin plus grand que tu ne peux te l'imaginer. Cette dernière espérance perdue m'a donné un coup terrible. Je suis démoralisée au point de ne pas oser jouer dans la pièce de n'importe qui un rôle de n'importe quoi. Je suis vraiment bien malheureuse.

Pourtant, mon bon ange, je reconnais que ce n'est pas ta faute et que tu as tout fait pour lutter contre mon guignon. Mais cela n'a servi qu'à montrer dans tout son jour ta persévérance et ton dévouement. Je suis bien découragée. Mon Dieu, qu'est-ce que je deviendrai ?

C'est dans ce moment-ci qu'il faut que tu sois bon et indulgent, car je souffre beaucoup. Aime-moi, aime-moi, aime-moi, si tu veux que je vive. Moi, je t'aime trop. C'est malheureusement bien vrai et tu le sais aussi bien que moi. Mais, pour t'aimer moins, je ne le peux pas. Il faut que je t'aime comme il faut que je respire.

JULIETTE.

Lettre de Mme Hugo au directeur du théâtre de la Renaissance : de la ferveur amoureuse on passe à la jalousie mal déguisée.

Adèle Hugo à Anténor Joly.

Vous serez sans doute étonné de me voir me mêler à une chose qui ne regarde en définitive que vous et mon mari. Pourtant, monsieur, il me semble que j'ai un peu le droit d'agir ainsi quand je vois le succès d'une pièce de Victor compromis, et compromis volontairement. Il l'est en effet, je le crains du moins, car le rôle de la Reine a été donné à une personne qui a été un des éléments du tapage qui a été fait à *Marie Tudor*. Je sais que les conditions sont actuellement meilleures, puisqu'au lieu d'aller dans un théâtre malveillant, il va dans un théâtre dévoué, et *chez vous*. Mais, monsieur, ce que vous ne pouvez empêcher, c'est l'opinion; opinion qui est défavorable à tort ou à raison au talent de Mlle Juliette.

J'ai quelque espoir que vous trouverez moyen de donner le rôle à une autre personne. Je ne vois ici, je n'ai pas besoin de vous le dire, que l'intérêt de l'ouvrage, c'est pourquoi j'insiste.

Que mon mari, qui porte intérêt à cette dame, l'ait appuyée pour la faire entrer à votre théâtre, rien de mieux; mais que cela aille jusqu'à mettre en question le succès d'une des plus belles choses qui soient, voilà ce que je ne puis admettre.

D'ailleurs, je suis convaincue que le début de Mlle Juliette sera moins chanceux pour elle, s'il a lieu dans un autre ouvrage.

Ils ne peuvent manquer à votre théâtre, et tout le monde s'en trouvera mieux.

Il faut, monsieur, que, d'une part, je trouve la chose assez grave pour prendre sur moi de m'en ouvrir à vous. Il faut, de plus, que j'aie une parfaite confiance en vous pour m'autoriser à en avoir une si grande à votre égard. Elle va jusqu'au point de ne pas douter que tout ceci restera entièrement entre nous deux.

Adieu, mon cher monsieur, quoi qu'il arrive, croyez à mes affectueux sentiments.

ADÈLE HUGO.

19 août.
N° 1, rue de Boulogne.

2. FANTAISIE DE GAUTIER, AIGREUR DE SAINTE-BEUVE

Théophile Gautier se livre à une amusante parodie du billet que don Salluste dicte à Ruy Blas :

Théophile Gautier à Adèle Hugo.

9 novembre 1838.

Daignez avoir la charmante bonté de remettre au porteur de ce chiffon les billets que vous avez bien voulu me promettre pour la seconde de *Ruy Blas*. Si vous avez quelques places secondaires pour mes marmitons et mes esclaves, ils applaudiront comme des poètes ou des Granier de Cassagnac.

Je mets mes hommages à vos pieds que je baise.

THÉOPHILE GAUTIER.

> Si vous faites cela, Théophile Gautier
> Qui professe pour vous un dévouement entier
> En toute occasion, ou secrète ou publique
> S'engage à vous servir comme un bon domestique.

Sainte-Beuve note dans *Mes poisons* :

> *Ruy Blas* vide de fond en comble la question de Hugo, si tant est qu'elle restât encore quelque peu indécise; c'est un certificat d'incurable magnifiquement armorié, historié, avec de grosses majuscules rouges galonnées d'or, comme les laquais de sa pièce.
>
> Après *Ruy Blas*, Hugo est jugé : il peut encore y avoir pour lui des succès relatifs, il ne peut plus y en avoir de sa part pour l'art même.

Le critique est plus explicite dans une lettre à Victor Pavie :

Sainte-Beuve à Victor Pavie.

Mon cher Pavie,   *Paris, 23 novembre 1838.*

... Beaucoup de nouveau ici et qui se prépare. *Ruy Blas* me paraît un désastre, d'après tout ce qu'on m'en dit, car je ne l'ai pas vu, ni ne le verrai : *Hernani* était une porte, elle pouvait être d'ivoire ou d'airain, vers le ciel ou vers les enfers. Hugo l'a faite infernale, il est entré sous terre depuis ce moment; il creuse, il y bâtit, il en est à sa sixième catacombe. Quand il nous ouvre brusquement cela avec la fierté d'artiste d'un cyclope ou d'un gnome, et nous ôte le couvercle de son souterrain, nous qui sommes tout bêtement accoutumés à ce terre à terre de la surface et à cette lumière du jour, nous n'y voyons que des bizarreries et des obscurités trois fois caverneuses d'où sort un singulier ricanement : c'est le sien, car il triomphe et s'applaudit, croyant avoir fait œuvre de géant. Toujours le même, géant et nain, robuste et difforme. Quasi-modo, Han! Le pire de ceci est le triste reflet qui va frapper le passé, les parties jusque-là chastes et belles qui s'en salissent toujours un peu et nous révèlent des veines qu'autrement on ne découvrirait pas. Tâchez de comprendre toutes ces métaphores.

Cela est bien triste; ces chutes sont les nôtres : Lamartine, Lamennais, Hugo! les plus sobres y perdent; notre essor diminue et n'ose; on est glacé. Et puis le meilleur de nos fonds était à bord de leurs renommées; notre trésor le plus beau de jeunesse, d'enthousiasme, de présages, de sagacité prophétique périt avec eux et nous restons demi ruinés, appauvris. Je le sens et ne cesse de vivre sous cette idée, comme les Polonais avec celle de la patrie perdue.

... Je vous serre la main.

                                                    Sainte-Beuve.

3. *RUY BLAS* RACONTÉ PAR UN « TÉMOIN »

Nous donnons maintenant les passages de *Victor Hugo raconté par un témoin de sa vie* qui concernent la préparation et la représentation de *Ruy Blas*. Le « témoin », notons-le, semble avoir été très directement inspiré par le maître lui-même. Pour faciliter l'utilisation de ces documents, nous avons intercalé dans le texte des sous-titres et quelques commentaires.

3.1. À LA RECHERCHE D'UN THÉÂTRE

On lira dans l'Introduction (pp. 13-14) comment l'évolution du théâtre de Hugo est ponctuée par son passage du Théâtre-Français à la Porte-Saint-Martin et par son retour au Français avec *Angelo, tyran de Padoue.*

Il n'est pas indifférent de connaître les difficultés matérielles qu'éprouvait la « littérature vivante » à l'époque la plus brillante du romantisme, et surtout la nouvelle littérature dramatique. Cette lutte pour obtenir une scène, cette incompatibilité entre la Comédie-Française, « scène de tradition et de conservation » et l'« art nouveau » n'est au fond qu'un des aspects de la lutte entre le néo-classicisme moribond et le romantisme, lutte qui se poursuit, on le voit, bien après la bataille d'*Hernani.*

> [M. Alexandre Dumas] vint un jour chez M. Victor Hugo et lui raconta une conversation qu'il avait eue avec le duc d'Orléans. Le prince s'informant pourquoi il ne faisait plus rien jouer, il lui avait répondu que la littérature nouvelle n'avait pas de théâtre : qu'elle n'avait jamais été chez elle au Théâtre-Français, qu'elle y avait été quelquefois tolérée, jamais acceptée; que sa vraie scène eût été la Porte-Saint-Martin, mais que les procédés du directeur en avaient éloigné tout ce qui avait du talent ou seulement de la dignité, et qu'on y était tombé aux exhibitions des ménageries ambulantes; qu'entre le Théâtre-Français, voué aux morts, et la Porte-Saint-Martin, vouée aux bêtes, l'art moderne était sur le pavé. Il avait ajouté que ce n'était pas lui seul qui se plaignait, que tous les auteurs du drame disaient comme lui, à commencer par M. Victor Hugo, qui ne faisait plus de pièces que de loin en loin et qui en aurait fait deux par an s'il avait eu un théâtre.
>
> Le duc d'Orléans avait dit que c'était là, en effet, un état de choses impossible, que l'art contemporain avait droit à un théâtre et qu'il en parlerait à M. Guizot.
>
> « Maintenant, conclut M. Alexandre Dumas, il faut que vous alliez voir Guizot. J'ai persuadé le prince, persuadez le ministre.
>
> — Un théâtre, c'est très bien, dit M. Victor Hugo, mais il faudrait un directeur. »
>
> M. Alexandre Dumas n'avait personne dont il pût répondre.
>
> « Connaissez-vous quelqu'un, vous? demanda-t-il à M. Victor Hugo.
>
> — Oui et non. Je reçois un journal de théâtre qui est entièrement dans nos idées et qui nous défend tous les deux, évidemment avec conviction et sans arrière-pensée, car le brave garçon

qui fait ce journal ne vient pas même chercher de remerciement, et je ne l'ai pas vu quatre fois. Je crois donc en lui précisément parce que je ne le connais pas. On m'a dit que son rêve serait d'être directeur de théâtre. C'est le directeur du *Vert-Vert*.

— Anténor Joly! dit M. Alexandre Dumas. Mais il n'a pas le sou.

— Avec un privilège il trouvera de l'argent. »

M. Alexandre Dumas fit des objections; puis, avec sa nature facile, céda. Quand il fut sorti, M. Victor Hugo réfléchit qu'ils avaient été bien vite en disposant d'un théâtre qui n'existait pas. Les princes, sollicités de toutes parts, font des réponses polies qu'on prend pour des promesses. Il était vraisemblable que le duc d'Orléans ne pensait déjà plus à sa conversation du matin. M. Victor Hugo n'alla pas chez M. Guizot et pensa lui-même à autre chose.

A quelque temps de là, un ami commun lui dit que M. Guizot s'étonnait de ne pas le voir et avait à lui parler. Il y alla le lendemain matin.

« Eh bien, lui dit M. Guizot en le voyant entrer, vous ne voulez donc pas de votre théâtre? »

M. Guizot lui dit de la façon la plus ouverte et la plus cordiale qu'il avait eu raison de demander un théâtre, que rien n'était plus légitime, qu'à un art nouveau il fallait un théâtre nouveau, que la Comédie-Française, scène de tradition et de conservation, n'était pas l'arène qu'il fallait à la littérature originale et militante, que le gouvernement ne faisait que son devoir en créant un théâtre pour ceux qui créaient un art.

« Maintenant, ajouta M. Guizot, réglons les termes du privilège. »

Le ministre et l'écrivain s'entendirent, et M. Guizot écrivit de sa main les conditions du théâtre, qui étaient très larges, mais exclusivement littéraires. M. Victor Hugo demanda le droit à la musique; il se souvenait de l'effet produit dans *Lucrèce Borgia* par le contraste de la chanson à boire et du psaume; il rêvait de mêler plus amplement encore le chant à la parole; il voulait que l'art tout entier fût possible, depuis les symphonies de *la Tempête* jusqu'aux chœurs de *Prométhée*. M. Guizot accorda tout.

« Maintenant, dit-il, il ne nous manque plus que la signature du ministre de l'Intérieur. Mais je lui ai déjà parlé et nous sommes d'accord. Allez le voir demain, il vous remettra votre privilège.

— Mon privilège? interrogea M. Victor Hugo.

— Sans doute! c'est à vous que nous donnons le théâtre.

— Je ne le prends pas! Je fais de l'art et non du commerce. Je ne veux d'aucun privilège pour moi, ni comme directeur, ni comme auteur. Ce n'est pas pour moi que je demande un théâtre, c'est pour toute la génération nouvelle, qui n'en a pas.

— Soit, dit M. Guizot; mais, pour donner un théâtre, il faut que nous le donnions à quelqu'un. Avez-vous un directeur?

— Oui, M. Anténor Joly.

— Je ne le connais pas; mais, si vous répondez de lui, cela suffit. Menez-le demain chez M. de Gasparin. »

M. Victor Hugo, en rentrant, écrivit un mot à M. Anténor Joly, qui accourut le lendemain matin.

« J'ai une nouvelle à vous apprendre, lui dit M. Victor Hugo; c'est que vous avez un théâtre. »

La reconnaissance de M. Joly fut égale à son ébahissement. Il tenait son rêve! M. Victor Hugo coupa court à ses remerciements en lui disant qu'on les attendait au ministère de l'Intérieur. M. Anténor Joly avait un cabriolet à la porte, ils y montèrent tous deux et furent bientôt dans le cabinet de M. de Gasparin.

Pendant qu'on allait chercher le privilège dans les bureaux, M. Victor Hugo répéta devant M. de Gasparin ce qu'il avait dit devant M. Guizot :

« Il est bien entendu que le théâtre est à la littérature et non à moi. M. Anténor Joly me demandera des pièces s'il y trouve son intérêt, mais il sera aussi libre de ne pas m'en demander que je serai libre de lui en refuser. Il sera un directeur comme un autre et je serai un auteur comme un autre. Il ne s'engage qu'à une chose, c'est à faire de son théâtre le théâtre de la littérature vivante. »

On vint dire des bureaux que le privilège n'était pas prêt et ne pouvait l'être que dans une heure. Il fut convenu que M. Anténor Joly reviendrait dans la journée.

En sortant, le nouveau directeur dit à M. Victor Hugo :

« Puisque vous voulez que j'aie le droit de m'adresser à qui bon me semble, je m'adresse à vous et je vous demande ma pièce d'ouverture. »

M. Victor Hugo lui répondit qu'il serait temps de penser à l'ouverture de la salle quand il y aurait une salle et une troupe, et M. Anténor Joly le quitta pour chercher de l'argent, un terrain et des acteurs.

Cela se passait en octobre 1836. Il s'écoula cinq ou six mois sans que M. Victor Hugo entendît parler de M. Joly. Un jour, on lui annonça M. de Gasparin, qui lui dit : « Mais je croyais que c'était un théâtre de littérature que vous vouliez! » et qui lui montra, en marge du privilège, non signé encore, une note demandant l'autorisation de jouer l'opéra-comique. M. Victor Hugo répondit qu'il y avait erreur, que c'était lui qui avait demandé la musique, mais comme collaboratrice et servante du drame, et non comme maîtresse. Le ministre dit qu'aussi la note l'avait étonné et qu'il allait aviser.

M. Victor Hugo fut un an cette fois sans entendre parler de rien. En juin 1838, M. Anténor Joly reparut. Il avait été vingt-deux mois à trouver de l'argent. Quelqu'un lui en avait offert, mais à la condition d'être codirecteur. Ce n'eût été rien, si ce quelqu'un n'avait pas été un vaudevilliste qui s'était enrichi dans les pompes funèbres et qui avait pour idéal l'opéra-comique. C'était ce vaudevilliste qui avait demandé l'autorisation que le ministre avait d'abord refusée; mais M. Anténor Joly, ne trouvant rien d'aucun autre côté, avait dû subir cet associé et ses exigences, et obtenir du ministre, à force d'instances, le droit à l'opéra. Mais ce serait une clause morte; l'associé comprenait lui-même qu'on attendait un théâtre de drame et que c'était par le drame qu'il fallait commencer; une fois le drame installé, lui, Anténor Joly, serait là pour le maintenir; l'essentiel était de prendre possession du théâtre, et tout était dans le drame d'ouverture; il fallait absolument le nom de M. Victor Hugo, etc.

3.2. LA GENÈSE DE *RUY BLAS*

M. Victor Hugo, auquel Anténor Joly présenta son associé le lendemain, promit une pièce, et se mit à écrire *Ruy Blas*, dont le sujet le préoccupait depuis longtemps.

Sa première idée avait été que la pièce commençât par le troisième acte. Ruy Blas, Premier ministre, duc d'Olmedo, tout-puissant, aimé de la reine; un laquais entre, donne des ordres à ce tout-puissant, lui fait fermer une fenêtre et ramasser son mouchoir. Tout se serait expliqué après. L'auteur, en y réfléchissant, aima mieux commencer par le commencement, faire un effet de gradation plutôt qu'un effet d'étonnement, et montrer d'abord le ministre en ministre et le laquais en laquais. Il écrivit la première scène le 4 juillet et la dernière le 11 août. Ce fut, de tous ses drames, celui qui lui prit le plus de temps. Le dernier acte, comme le quatrième de *Marion de Lorme*, fut écrit en un jour[1]; mais le quatrième acte de *Marion de Lorme* est beaucoup plus long que le cinquième de *Ruy Blas*.

> La « première idée » de Victor Hugo sur l'agencement dramatique de la pièce : essayez d'imaginer l'œuvre ainsi construite, les conséquences de cette modification sur l'ensemble. De quelle nature est le motif invoqué par l'auteur pour son choix définitif ?

---

1. Ce détail est en contradiction avec les dates inscrites par Hugo sur son manuscrit : 8 août au début de l'acte, 11 août à la fin.

3.3. LA RAMPE ET L'ESSENCE DU THÉÂTRE

Pendant que M. Victor Hugo écrivait *Ruy Blas*, M. Joly venait le voir souvent, le consultait sur l'emplacement du nouveau théâtre, lui amenait des architectes, etc. : M. Victor Hugo était pour un terrain qui se trouvait libre près de la porte Saint-Denis, et pour appeler le théâtre *théâtre de la Porte-Saint-Denis*. L'affaire ne se fit pas, à son grand déplaisir, et les deux directeurs en furent réduits au théâtre Ventadour, mal situé, dans une cour où il ne passe personne. Tout ce qu'on put faire pour lui, ce fut de changer son nom et d'appeler ce tombeau *théâtre de la Renaissance*.

M. Anténor Joly vint un matin avec la maquette d'une nouvelle espèce de théâtre. Selon lui, la rampe ne s'expliquait pas; cette rangée de quinquets qui sortait de terre était absurde; dans la réalité, on était éclairé par en haut et non par en bas; la rampe était un contresens; les acteurs n'étaient plus des hommes, etc. La maquette présentait un nouveau système; les quinquets éclairaient, comme le soleil, du haut de portants dissimulés dans la coulisse; on ne serait plus au théâtre, on serait dans la rue, dans un bois, dans une chambre. M. Victor Hugo s'opposa à la suppression de la rampe. Il répondit que la réalité crue de la représentation serait en désaccord avec la réalité poétique de la pièce, que le drame n'était pas la vie même, mais la vie transfigurée en art, qu'il était donc bon que les acteurs fussent transfigurés aussi, qu'ils l'étaient déjà par leur blanc et par leur rouge, qu'ils l'étaient mieux par la rampe, et que cette ligne de feu qui séparait la salle de la scène était la frontière naturelle du réel et de l'idéal.

On voit que Hugo, loin de s'enfermer dans une tour d'ivoire, ne reste indifférent à aucun des aspects du théâtre; on appréciera la belle définition qu'il en donne ici à la lumière de son œuvre et de celle d'autres dramaturges.

3.4. FRÉDÉRICK LEMAÎTRE

Élève de Lafont au Conservatoire, Frédérick Lemaître (1800-1876) entra en 1823 à l'Ambigu où il fut immédiatement célèbre en créant, sur le texte de *l'Auberge des Adrets*, sombre mélodrame, un illustre personnage de coquin burlesque : Robert Macaire. Pendant plus de quarante ans, il joua sur toutes les grandes scènes parisiennes à l'exception de la Comédie-Française. Il avait une stature d'athlète et jouait, dit-on, avec un bonheur particulier les scènes de passion fougueuse.

On se reportera également à la *note* de Victor Hugo aux pages 197-200, où l'auteur évoque le jeu des acteurs.

Avant de promettre *Ruy Blas*, l'auteur s'était enquis de la troupe. On lui avait présenté une liste d'acteurs de vaudeville et de province. Il avait demandé M. Frédérick Lemaître. Ç'avait été, du reste, sa seule condition; il avait voulu, à ce théâtre qu'il avait donné pour rien et dont on avait offert une fois à M. Anténor Joly soixante mille francs, le même traité qu'au Théâtre-Français et à la Porte-Saint-Martin.

M. Frédérick Lemaître faisait une tournée en province; un mot de M. Anténor Joly le fit revenir en grande hâte. Le théâtre étant tout à refaire à l'intérieur et livré aux ouvriers, l'auteur, pour ne pas lire dans les coups de marteau, fit venir les acteurs chez lui. M. Frédérick fut radieux aux trois premiers actes, inquiet au quatrième, sombre au cinquième, et s'esquiva sans rien dire.

On ne pouvait répéter au théâtre. M. Anténor Joly avait obtenu qu'on lui prêtât la salle du Conservatoire. Ce fut là que le lendemain l'auteur distribua les rôles. M. Frédérick Lemaître reçut le sien d'un air résigné, mais il y eut à peine jeté les yeux qu'il poussa un cri d'étonnement et de joie :

« C'est donc Ruy Blas que je joue? »

Il avait cru que c'était don César. Comme il arrive toujours des grandes réussites, sa prodigieuse création de Robert Macaire lui était perpétuellement jetée au visage; on lui répétait sans cesse qu'il ne pouvait plus jouer que cela, qu'il était incapable désormais des rôles sérieux; en voyant les développements que prenait don César au quatrième acte, il s'était dit que M. Victor Hugo pensait comme les autres et lui destinait le rôle comique. Le rôle était beau, mais c'était encore un déguenillé. Au lieu que Ruy Blas le débarrassait des haillons de Robert Macaire, il allait être renouvelé et régénéré; il remercia avec effusion M. Victor Hugo de le délivrer enfin de l'ironie et de la dérision et de le réconcilier avec la passion et avec la poésie.

3.5. LA MUSIQUE, LES STALLES ET LA « FASHION »

Pour édifier le théâtre de l'« art nouveau », il faut lutter sans relâche; un nouvel ennemi se présente : la musique, où les spéculateurs voient des recettes assurées. Cette lutte entre le théâtre et la musique n'est pas sans rappeler celle qui opposa un temps Molière et Lully.

Autre ennemi : les stalles; le « témoin » montre que ces sièges isolés et numérotés sont faits pour la société élégante, la « fashion », non pour le public de l'« art nouveau ».

La musique ne laissa pas longtemps le Conservatoire à la littérature. *Ruy Blas* fut prié de s'en aller. Il n'eut que la Renaissance, plus que jamais en proie aux maçons, aux serruriers, aux menuisiers, aux doreurs et aux tapissiers. Ce fut dans ce pêle-mêle et dans ce vacarme que les dernières répétitions se firent. Un jour, au commencement du troisième acte, M. Victor Hugo, trouvant que deux acteurs se plaçaient mal, se leva pour aller les placer lui-même. Il était à peine debout qu'une large barre de fer tomba de la voûte précisément sur le fauteuil qu'il quittait. Sans la faute de ses acteurs, il était tué roide.

Le drame ne courait pas moins de dangers que l'auteur. M. Anténor Joly n'avait pas résisté à la musique autant qu'il l'avait promis; en même temps que *Ruy Blas*, on répétait un opéra-comique, et le codirecteur, qui était le vrai puisqu'il avait l'argent, fort rare aux répétitions de *Ruy Blas*, n'en manquait pas une de *l'Eau merveilleuse*.

La mélomanie de la vraie direction se révélait en tout. Une fois, en arrivant, M. Victor Hugo vit des menuisiers et des tapissiers occupés à séparer en stalles les banquettes du parterre. M. Anténor Joly lui expliqua que le théâtre, vu sa situation, ne pouvait pas compter sur le public des boulevards, qu'il fallait donc faire un théâtre confortable et riche. M. Victor Hugo répondit que la fashion aurait les stalles d'orchestre, les stalles de balcon et les loges, mais qu'il entendait qu'on laissât au public populaire ses places, c'est-à-dire le parterre et les galeries; que c'était pour lui le vrai public, vivant, impressionnable, sans préjugés littéraires, tel qu'il le fallait à l'art libre; que ce n'était peut-être pas le public de l'opéra, mais que c'était le public du drame; que ce public-là n'avait pas l'habitude d'être parqué et isolé dans sa stalle, qu'il n'était jamais plus ardent, plus intelligent et plus content que lorsqu'il était entassé, mêlé, confondu, et que, quant à lui, si on lui retirait son parterre, il retirerait sa pièce. Les banquettes ne furent pas stalles.

3.6. LA GÉNÉRATION D'*HERNANI*, VACQUERIE, MEURICE

> Pour de plus amples détails sur « les jeunes gens d'*Hernani* » dont parle le « témoin », on se reportera aux documents réunis pour ce drame dans la même collection.

Auguste Vacquerie (1819-1895), dont le frère Charles épousa Léopoldine Hugo, resta toute sa vie un admirateur fervent du poète; journaliste et écrivain d'une fidélité imperturbable à l'idéal romantique, il publia des recueils de vers et deux drames. Quant à Paul Meurice (1820-1905), qui fut l'exécuteur testamentaire de Hugo, il était également journaliste; dramaturge, il collabora avec Gautier, Dumas, George Sand; il publia également des romans.

Il n'y avait plus à compter sur les jeunes gens d'*Hernani;* la célébrité était venue pour quelques-uns, l'âge pour tous; parmi les rapins de 1830, les uns étaient maintenant des maîtres et pensaient à leurs propres œuvres; les autres, n'ayant pu faire leur trouée en art, y avaient renoncé, et, commerçants, industriels, mariés, faisaient pénitence de leurs péchés d'enthousiasme et de littérature. Ceux mêmes qui étaient restés écrivains, peintres et amis avaient quitté la bohème pour la bourgeoisie, s'étaient coupé les cheveux, avaient reconnu le chapeau et la redingote de tout le monde, avaient des femmes ou des maîtresses qu'ils ne pouvaient mener au parterre ni aux combles, trouvaient de mauvais goût les acclamations forcenées et applaudissaient quelquefois du bout des gants.

Une nouvelle génération arrivait. Quelque temps auparavant, un jeune homme de seize à dix-sept ans, qui achevait ses études au collège Charlemagne voisin de la place Royale, s'était présenté chez M. Victor Hugo; c'était M. Auguste Vacquerie. Il avait amené, bientôt après, un de ses camarades de classe, M. Paul Meurice. Tous deux devinrent, et sont restés, les plus sûrs et les plus intimes amis de M. Victor Hugo. M. Auguste Vacquerie fit quatre-vingts lieues pour assister à *Ruy Blas*.

3.7. LA « PREMIÈRE » DE *RUY BLAS*

On notera, à la fin du passage, l'ironie amère du « témoin » malgré le succès de la pièce.

Le soir de la première représentation, la salle n'était pas terminée; les portes des loges, posées précipitamment, grinçaient sur leurs gonds et ne fermaient pas; les calorifères ne chauffaient pas; le froid de novembre glaçait les spectateurs. Les femmes furent obligées de remettre leurs manteaux, leurs fourrures et leurs chapeaux, et les hommes leurs paletots. On remarqua que le duc d'Orléans eut la politesse de rester en habit. La pièce dégela le public. Les trois premiers actes, très bien joués, et plus que très bien, par M. Frédérick, saisirent la salle. Le quatrième, que M. Saint-Firmin dit avec une verve spirituelle, fut moins heureux, mais le succès reprit plus énergique au cinquième, où M. Frédérick Lemaître dépassa les plus grands comédiens. La manière dont il arracha le pardessus de sa livrée, dont il alla tirer le verrou, dont il frappa l'épée sur la table, dont il dit à don Salluste :

> Tenez,
> Pour un homme d'esprit, vraiment, vous m'étonnez!

dont il revint demander pardon à la reine, dont il but le poison, tout fut grand, vrai, profond, splendide, et le poète eut cette joie si rare de voir vivre la figure qu'il avait rêvée.

Un détail à noter, c'est que le parterre et les stalles applaudirent moins que les loges. Le succès, cette fois, vint plutôt du public. L'auteur avait dans la salle des amis qui ne le connaissaient plus et des amis qu'il ne connaissait pas.

Le succès du drame ne fut rien à côté de celui de l'opéra-comique, qu'on joua le lendemain. Pour l'opéra-comique, les portes fermèrent, les gonds se turent, les calorifères chauffèrent, le parterre applaudit. *L'Eau merveilleuse* réussit frénétiquement.

3.8. LA PRESSE ET LE PUBLIC

La presse fut, en général, favorable à *Ruy Blas*. Il y vint du monde, plus peut-être que la musique n'en aurait exigé. Dès la seconde représentation, il y eut un coup de sifflet au troisième acte, quand Ruy Blas ramasse le mouchoir de don Salluste, et il y en eut plusieurs au quatrième. Il y en eut davantage aux représentations suivantes, et le quatrième acte fut de plus en plus attaqué. Les acteurs disaient que c'était la musique qui voulait tuer le drame pour avoir le théâtre à elle seule. M. Frédérick, sortant de scène après le troisième acte, montra à l'auteur un individu assis au parterre qu'il affirma avoir vu siffler, et qui était le claqueur de *l'Eau merveilleuse*. A la représentation suivante, le claqueur était à la même place, quoiqu'il ne fût tenu d'y être que pour l'opéra. M. Victor Hugo, qui voulait en avoir le cœur net, alla dans la salle au troisième acte. Comme toujours, la scène entre Ruy Blas et don Salluste rencontra de la résistance. Au moment où Ruy Blas ramassa le mouchoir, M. Victor Hugo vit le claqueur porter à sa bouche un petit instrument, et un sifflement aigu retentit. L'auteur n'avait pas été seul à voir le geste. M. Frédérick, qui avait à dire à don Salluste :

> Sauvons ce peuple! osons être grands! et frappons!
> Otons l'ombre à l'intrigue et le masque...

n'acheva pas le vers à don Salluste, s'avança jusqu'à la rampe, regarda le claqueur en face, et lui dit :

> aux fripons!

Ruy Blas eut une cinquantaine de représentations. Les sifflets persistèrent jusqu'à la dernière, mais ils s'en tinrent toujours aux troisième et quatrième actes, et le reste n'en continua pas moins de réussir. Aux reprises, les sifflets cessèrent, et le quatrième acte ne manqua jamais d'avoir un succès éclatant.

La presse, en dépit des affirmations du « témoin », fut loin d'être favorable à la pièce; on en jugera par l'extrait de l'article de Gustave Planche que nous donnons plus loin. Balzac se fait l'écho, semble-t-il, du sentiment général quand il écrit à Mme Hanska, le 15 novembre 1838 : « A propos, *Ruy Blas* est une énorme bêtise, une infamie en vers :

> ... une duègne, affreuse compagnonne,
> Dont la barbe fleurit et dont le nez trognonne. »

{ On analysera, d'après les Jugements, l'évolution de l'attitude
{ des critiques à l'égard de la pièce.

4. LE MANUSCRIT ET LES VARIANTES : LE TRAVAIL DU STYLE

Voici la description qu'en donne M. Y. Florenne :

> Le manuscrit de *Ruy Blas*, conservé à la Bibliothèque nationale, n'est pas de premier jet comme celui d'*Hernani* : c'est une mise au net, mais non, certes, une simple copie; les traces du travail abondent : ratures, variantes, ajoutés en marge. Cette marge occupe la moitié de la page... (27 cm sur 20). Le papier est de couleur bleutée. Le premier feuillet porte deux variantes de titres : *La reine s'ennuie* (pendant peu heureux au *Roi s'amuse*) et *la Vengeance de don Salluste*. Mais ce ne sont probablement, le premier surtout, que des titres d'actes. (Édition de *Ruy Blas*, le Livre de poche, p. 599.)

On possède une première version manuscrite du début de la pièce. Elle semble être de très peu antérieure à la version définitive. En l'absence du personnage de Gudiel, la scène se réduit à un soliloque de Salluste suivi d'un bref dialogue avec Ruy Blas.

Voici, d'autre part, quelques variantes de détail relevées sur le manuscrit :

ACTE PREMIER

vers 161 :

> La fontaine de Pampre a de l'eau, j'y vais boire
> En m'étonnant qu'on ait cette malice noire
> De nous faire verser de l'eau par un Bacchus.

vers 246 :

> J'aimerais mieux, monsieur, porter le plâtre et l'auge
> A ce maçon plus noir qu'un pourceau dans sa bauge
> Qui sculpte pour charmer les loisirs des valets
> Un Saturne de pierre au portail du palais.

vers 464 :

R. B.

> Non frère! — A son démon, nul ne peut se soustraire.

D. C.

> Alors, viens me trouver quand tu voudras d'un frère.

ACTE II

Une dernière indication scénique ne figure que sur le manuscrit :

> *Au fond d'autres vieilles femmes, en noir également, travaillent à des broderies diverses. La Camerera paraît par instants comme*

endormie, puis elle se réveille brusquement pour surveiller autour d'elle.

vers 679 :

CASILDA, *à la Reine.*

Eh bien, pour vous désennuyer
Je vais faire monter le nouvel écuyer.

DOÑA MARIA

Qui donc?

CASILDA

Le roi vous donne un nouveau gentilhomme.

DOÑA MARIA

Je ne sais même pas le nom dont il se nomme.
Tu dis que je gouverne, et, chez moi, tu vois bien
On fait des écuyers sans me parler de rien.

CASILDA, *à part.*

Bah! faisons-le monter. C'est peut-être un jeune homme,
Car vraiment cette cour vénérable m'assomme.
Je crois que la vieillesse arrive par les yeux
Et qu'on vieillit plus vite à voir toujours des vieux.

(*Elle va au fond parler à un page qui sort.*)

Il n'est pas encor là. Tant pis! pour qu'on le voie
Quand il arrivera j'ai dit qu'on nous l'envoie.

ACTE III

vers 1062 :

L'heure où notre Espagne entre en agonie et pleure.

vers 1274 :

LA REINE

O César! un esprit sublime est dans ta tête.
Laisse-moi l'approcher. Un baiser sur ton front.
Adieu.

(*Elle baise Ruy Blas au front. Elle sort.*)

RUY BLAS, *seul.*

Devant mes yeux un noir bandeau se rompt.
De ma vie, ô mon Dieu, cette heure est la première.
Tout un monde éclatant regorgeant de lumière
S'entr'ouvre, et, comme un jour qu'on verrait tout à coup,
M'inonde de rayons jaillissant de partout.

vers 1308 [deux vers supprimés et une variante] :

Astre sacré! du jour où pour moi tu brillas
Tu m'as fait loyal, noble et pur!

(*Don Salluste est entré depuis quelques instants.*)

DON SALLUSTE, *lui posant brusquement la main sur l'épaule.*

Hé bien, Ruy Blas!

vers 1378 [variantes successives] :

Laissez tous ces grands mots qui sont hors de service...
Laissez là ce pathos qui n'est d'aucun service;
Car vous tétiez encor votre auguste nourrice...
De ce pathos vidé faut-il qu'on vous guérisse?...
Vous avez de l'esprit; faut-il qu'on vous guérisse
Du pathos? Vous tétiez encor votre nourrice...

vers 1382 [huit vers biffés] :

Chacun pour soi, mon cher. Je parle sans phébus.
Allez-vous prendre l'air d'un redresseur d'abus,
Dogue aboyant autour du fisc et des gabelles?
En l'honneur! n'est-il pas de postures plus belles?
Etre ainsi, c'est se fort compromettre à mon gré;
C'est faire à tout propos un bruit démesuré
Qui sent son factotum et son petit génie;
En deux mots, ce n'est pas de bonne compagnie.

ACTE IV

vers 1568 :

Tant pis! c'est moi!
Je viens très humblement par une porte étrange
Saluer celui, celle ou ceux que je dérange.

vers 1656 [ébauche de la scène III] :

Puis-je savoir à qui je parle

C'est le moment critique

On va me chasser —

— Du moins luttons avec honneur

Risquons-nous — Don César de Bazan

Monseigneur

Daignez voir en ce cas si c'est là votre compte.
De l'argent? qu'est ceci? Mon cher, je suis le comte

[Variante *de plus en plus fort.*]

Don César de Bazan

— J'entends, daignez compter.

[Variante *la somme.*]

— Mais... — C'est l'argent que j'ai l'ordre de vous porter.
— Ah! fort bien, je comprends. (*A part.*) Je veux bien que le diable

M'étouffe. C'est égal, l'histoire est admirable.
Cet argent ne pouvait venir plus à propos.

vers 1778 :

Il faut bien réjouir les hommes du bon Dieu.

vers 1983 :

Ah! vous me fabriquez céans des faux César!
Ah! vous compromettez mon nom!

D. S.

Mais... le hasard!

D. C.

Le hasard est un mets, cousin, dont les sots mangent :
J'en use peu.

ACTE V

Au-dessus du faux titre, on peut lire ce vers :

Elle n'aimait personne et nous étions heureux.

JUGEMENTS SUR « RUY BLAS »

Les jugements sont violemment contrastés. Le théâtre de Hugo a toujours connu des succès discutés ; ses contemporains de formation classique l'ont raillé au nom de la raison et du bon sens. La critique universitaire traditionnelle a souvent refusé toute profondeur à sa psychologie, tout en admirant la splendeur de la poésie. Il est à noter que pourtant la pièce a survécu, qu'elle a été adaptée par Cocteau au cinéma et qu'elle remporte toujours un grand succès populaire. Le T. N. P., en 1954, a merveilleusement rajeuni la pièce ; Gérard Philipe a surtout insisté sur l'humanité de Ruy Blas et joué le rôle en profondeur. En 1938, lors du centenaire, on avait tiré la pièce vers l'opéra-comique, non sans succès aussi ; ces interprétations différentes prouvent la richesse de l'œuvre.

Gustave Planche, défenseur de la tradition, est sans pitié pour Ruy Blas. Encore des antithèses ! Dans Hernani c'était le roi opposé au bandit, dans Marion Delorme c'est la courtisane réhabilité ; la hache du bourreau est dans l'alcôve de Marie Tudor ; l'amour maternel dans le cœur de Lucrèce Borgia balance entre l'inceste et l'adultère, et maintenant voici une reine amoureuse d'un laquais ! Désolation de la désolation ! La peinture de la cour d'Espagne est une caricature puérile, la séance du Conseil une bouffonnerie digne tout au plus des tréteaux du boulevard, et, au quatrième acte, l'arrivée de don César par la cheminée, le pillage de la garde-robe et du buffet, le dialogue de don César et de la duègne, font songer à Bobèche et à Galimafré. Tout cela est d'un cynisme révoltant. M. Hugo s'est enfermé dans un dilemme impitoyable : ou Ruy Blas est une gageure contre le bon sens, ou c'est un acte de folie.

Gustave Planche,
Revue des Deux Mondes (1838).

Les jugements qui suivent la reprise de 1872 s'accordent presque tous dans l'éloge et marquent en tout cas que les passions antiromantiques ne sont plus d'actualité.

Tous les personnages sont dessinés et peints comme des portraits de Vélasquez avec une maestria souveraine, une force de couleur, une liberté de touche, une grandeur d'attitude et un sentiment de l'époque qui font illusion.

Mais à quoi bon insister plus longtemps sur des choses si connues. Faisons plutôt remarquer que jamais le vers dramatique ne fut manié avec une puissance si absolue, avec une aisance si souveraine.

Le *poète lui* fait tout exprimer, depuis les effusions les plus lyriques de l'amour jusqu'aux plus minutieux détails d'étiquette, de blason et de généalogie; depuis la plus haute éloquence jusqu'à la plaisanterie la plus hasardeuse, passant du sublime au grotesque sans le moindre effort, mêlant tous les tons dans le plus magnifique langage que le théâtre ait jamais parlé; la franchise de Molière, la grandeur de Corneille, l'imagination de Shakespeare, fondues au creuset d'Hugo, forment ici un airain de Corinthe supérieur à tous les métaux.

Théophile Gautier,
Gazette de Paris (28 février 1872).

Quelle brusque et prodigieuse fanfare dans la langue que ces vers de Victor Hugo! Ils ont éclaté comme un chant de clairon au milieu des mélopées sourdes et balbutiantes de la vieille école classique. C'était un souffle nouveau, une bouffée de grand air, un resplendissement de soleil. Et ils restent aujourd'hui, ils resteront toujours des bijoux ciselés avec un art exquis. Au détour d'un hémistiche, au coin d'une césure, il y a de soudaines échappées; c'est un paysage qui se déroule; c'est une fière attitude qui s'indique, c'est un amour qui passe, c'est une pensée immortelle qui s'envole. Oui, musique, lumière, couleur, parfum, tout est là. Les vers de Victor Hugo sentent bon, ont des voix de cristal, resplendissent dans de l'or et de la pourpre. Jamais la langue humaine n'a eu cette rhétorique vivante et passionnée.

Emile Zola,
le Voltaire (1872).

C'est un chef-d'œuvre en tous sens, et même de facture. Son intrigue, si complexe et si audacieuse, est tissue, tramée, nouée maille à maille, avec une dextérité si rapide qu'elle emporte toutes les objections [...] Dès la première scène, ce drame redoutable vous tient et ne vous lâche plus. Des ravissements de l'amour vous passez aux effrois de la haine et de la vengeance; les rayons se mêlent aux éclairs, les sanglots du désespoir sont entrecoupés par le chant de la fantaisie. Ruy Blas émeut, don Salluste consterne, César étincelle, la reine séduit et enchante; au fond, les ruines d'un empire qui tombe et s'écroule.

Paul de Saint-Victor,
la Presse (1872).

Après la mort de Victor Hugo, on voit parfois reparaître des jugements peu favorables.

On ne dira jamais assez combien superficiel et artificiel est un système où le drame consiste dans un choc violent d'antithèses monstrueuses; où le mouvement et la richesse du spectacle cachent aux yeux la pauvreté d'action intérieure et morale; où la rhétorique a la parole comme elle ne l'avait jamais eue au XVII° siècle [...] Ruy Blas n'est pas un personnage vivant [...] Lorsqu'une figure a du relief, comme don César de Bazan, c'est le genre de relief des bonshommes de Callot.

Paul Stapfer,
Racine et Victor Hugo (1887).

Francisque Sarcey, souvent défavorable au théâtre romantique, ne ménage pas Ruy Blas, *du moins jusqu'en 1901. L'hommage qu'il rend à la pièce cette année-là efface ses critiques antérieures.*

Le comique du quatrième acte n'est ni dans la situation ni dans l'esprit du dialogue. C'est un comique tout particulier qui résulte tout entier de la sonorité de l'alexandrin et du contraste de cette sonorité avec l'idée exprimée par le vers ou les mots employés par lui. Il y a là, comme dans tout contraste, une source de comique qui n'est à l'usage que des excellents ouvriers en vers, et V. Hugo est le premier de tous.

Francisque Sarcey,
Quarante Ans de théâtre (1901).

L'inspiration dramatique de Victor Hugo procède, comme son inspiration lyrique, de son culte pour le passé. Dans ses pièces comme dans ses vers, c'est la même hantise qui sollicite son imagination, hantise des choses disparues, des brusques éclairs qui ont un instant illuminé le monde, sans presque laisser de trace. Et c'est d'une hallucination de cette espèce que provient Ruy Blas.

Ferdinand Brunetière,
Victor Hugo (1906).

Tout pesé, c'est peut-être Ruy Blas le vrai chef-d'œuvre de Hugo. Certes, *Hernani* a la jeunesse, la jeunesse irrésistible, le sang prompt et étincelant des vingt ans. Mais Ruy Blas possède la force complexe de la maturité, ce je ne sais quoi de plus sérieux et de plus profond qui distingue les quarante ans. Et puis, Ruy Blas contient la merveille qui est tout le rôle de don César de Bazan, et prélude ainsi aux fantaisies joviales ou charmantes du *Théâtre en liberté*.

Fernand Gregh,
l'Œuvre de Victor Hugo (1933).

Les invraisemblances de *Ruy Blas* ne l'empêchent pas d'être plein de mouvement et d'idées dramatiques, et son quatrième acte a créé pour un demi-siècle tout un style de la comédie en vers.

Albert Thibaudet,
Histoire de la littérature française de 1789 à nos jours (1936).

L'attention est la plus funeste disposition d'esprit pour écouter *Ruy Blas*. Il faut se laisser emporter, sans réfléchir un instant, par la chevauchée des rythmes et des images; éblouir par le ruissellement des mots comme Ariane par celui des pierreries de Barbe-Bleue; subir l'envoûtement de cette musique chatoyante, de cette improvisation d'un organiste halluciné et madré, qui réussit dans tous les jeux, la trompette et la « voix humaine » de Ruy Blas, le bourdon et le cromorne de Salluste, le célesta de doña Maria, le fifre de Casilda, la nasarde et le larigot de don César! Cette musique n'a pas la jeunesse, les élans, la volupté de celle d'*Hernani*, la grandeur épique, les sublimes folies des *Burgraves*; son éloquence est chargée de clichés. Elle reste belle cependant. Il faudrait la chanter. *Ruy Blas* est un opéra.

Robert Kemp,
Le Temps (6 juin 1938, représentation du Centenaire).

Quand Francisque Sarcey parle des « absurdités de ce conte de fées étrange » sur lequel Victor Hugo s'est plu à jeter la pourpre de sa poésie, il est insuffisamment informé : *Ruy Blas* n'est pas un conte de fées, Victor Hugo a emprunté la fable de son drame à la vie réelle, et ce drame, il l'a mis en œuvre dans un décor qui a sa réalité historique.

Paul Berret,
Victor Hugo (1939).

La représentation de Ruy Blas au T. N. P. en 1954 s'opposait exactement au style de celle du centenaire. Occasion pour la critique de souligner pour la première fois l'humanité de Ruy Blas :

Le Ruy Blas de Gérard Philipe est le premier qui me touche. Il dit à la perfection les beaux vers si nombreux dans *Ruy Blas*. Il ne les crie pas.

Jacques Lemarchand,
le Figaro littéraire (1954).

Gérard Philipe a eu, selon moi, le mérite de jouer dans la vie, au lieu de la réciter, la grande tirade du IIIᵉ acte.

Gabriel Marcel,
les Nouvelles littéraires (1954).

SUJETS DE DEVOIRS ET D'EXPOSÉS

NARRATION

● Faites-nous assister à une des dernières répétitions de *Ruy Blas* au théâtre de la Renaissance. Tandis que la salle fait toilette, sur le plateau l'auteur et ses interprètes mettent au point quelques scènes, sous l'œil attentif du directeur, Anténor Joly. En faisant alterner narration et dialogue, reconstituez l'atmosphère de fièvre, propre à toutes les veilles de « première ». Expliquez l'ardeur, la joie, l'inquiétude, l'espoir qui animent tour à tour les personnages de cette comédie en marge du drame.

DIALOGUE

● Dans un café littéraire, le lendemain de la première de *Ruy Blas*, une discussion s'élève entre un classique irréductible et un des vainqueurs de la bataille d'*Hernani*. L'un attaque, l'autre défend la pièce nouvelle. Organisez le débat, en vous attachant à la critique de l'œuvre, mais sans négliger les détails empruntés à la biographie de l'auteur, à la vie politique et théâtrale de l'époque.

DISSERTATIONS

● Montrez en quoi *Ruy Blas* illustre les théories de la *Préface de « Cromwell »*.

● *Ruy Blas* drame historique. Sa portée politique.

● Le comique dans *Ruy Blas*, ses diverses formes, sa fusion avec le reste de la pièce.

● Il y a quelques années, un théâtre populaire a fait une reprise de *Ruy Blas*. Expliquez le succès très vif que ce drame y a obtenu.

● L'art de la composition dans *Ruy Blas*.

● Avant de choisir le titre définitif de son drame, Hugo hésitait entre deux autres : *la Reine s'ennuie* et *la Vengeance de don Salluste*. Cette hésitation et ce choix final vous semblent-ils justifiés ?

● Étudier les décors, la figuration, les éclairages, le jeu des acteurs et en montrer l'importance. Conclure à la modernité du drame romantique.

● Discutez ce jugement de Gustave Planche (*Revue des Deux Mondes*, 1838) : « Toute la pièce n'est qu'un puéril entassement de scènes impossibles. Elle ne relève ni de la réalité historique, ni de la réalité humaine, ni de la poésie lyrique. Si *Ruy Blas* était applaudi, il faudrait proclamer la ruine de la poésie dramatique. »

● Que veut dire Émile Zola, quand il écrit (*le Voltaire*, 1872) : « La reine et Ruy Blas sont deux lyres qui se répondent. »

● Le lyrisme dans *Ruy Blas*.

● Discutez, en vous autorisant d'exemples précis, ce jugement de Brunetière (*les Epoques du théâtre français*) : « Dans son *Ruy Blas*, c'est Hugo qui parle, lui toujours, lui partout; qui s'éprend non seulement de ses propres idées, mais de ses métaphores, qui s'y complaît, qui les redouble, qui les amplifie comme il ferait dans une ode; qui, sans égard à la situation, va toujours jusqu'au bout de ce que lui suggère la fécondité de son invention verbale. »

● « *Ruy Blas* est une merveille de style et de versification. Jamais, depuis Corneille et Molière, on n'a parlé au théâtre une langue, je ne dis pas plus colorée, plus imagée, mais plus saine, et, pour trancher le mot, plus classique. »
D'après ce jugement de Sarcey (*Quarante Ans de théâtre*, t. IV, p. 51), retrouvez chez Hugo l'héritage verbal de Corneille et de Molière.

TABLE DES MATIÈRES

IMPRIMERIE HÉRISSEY. — 27000 - ÉVREUX.
Dépôt légal Janvier 1971. — N° 31660. — N° de série Éditeur 11549.
IMPRIMÉ EN FRANCE *(Printed in France)*. — 34 448 B-Avril 1983.